U0154390

特殊幼兒早期療育

Early Intervention for Infants and Young Children
Who Are At Risk or Disabled

何 華 國 著

美國北科羅拉多大學教育學博士
嘉義大學特殊教育學系退休教授
南華大學特殊教育學教授

五南圖書出版公司 印行

著者簡歷

何華國

臺 灣 嘉 義 人
民 國 36 年 生

學 歷

臺南師範專科學校國校師資科畢業
臺灣教育學院輔導學系教育學士
美國北科羅拉多大學特殊教育碩士
美國北科羅拉多大學教育學博士

經 歷

曾任：
　　國民小學級任教師、教務主任
　　國民中學益智班教師、輔導教師
　　臺灣教育學院特殊教育系副教授兼特殊教育中心主任
　　臺南師範學院特殊教育學系教授兼系主任
　　澳洲昆士蘭大學訪問學者
現任：
　　嘉義大學特殊教育學系退休教授
　　南華大學特殊教育學教授

著 作

智能不足國民職業教育

高雄復文圖書出版社，1982

特殊教育：普通班與資源教師如何輔導特殊兒童（編譯）

臺北五南圖書出版公司，1982

傷殘職業復健

高雄復文圖書出版社，1991

啟智教育研究

臺北五南圖書出版公司，2003

人際溝通

臺北五南圖書出版公司，2005

特殊兒童親職教育

臺北五南圖書出版公司，2005

特殊兒童心理與教育

臺北五南圖書出版公司，2005

序

　　在特殊兒童的教育領域裡面，「早期發現，早期療育，成效愈好」似已成了家喻戶曉的一句話。不過我們現實的作為長久以來並非如此。過去的特殊教育大多仍是以小學階段為起點，直到衛生署在1997年開始補助醫院設立「發展遲緩兒童聯合評估中心」後，臺灣特殊幼兒早期療育的發展似乎才逐漸出現全面的動能。

　　特殊幼兒早期療育之所以重要，主要是因為人類在認知、溝通、動作、社會、情緒等方面的發展，嬰幼兒時期往往是個極為關鍵的階段。這種說法是有其理論與實證基礎的。為了對具有特殊發展需求的嬰幼兒及早提供必要的協助，因此，特殊幼兒的早期發現就成了早期療育或介入的核心工作。此外，特殊幼兒的發展需求常是多元的，唯有透過醫療、教育、及社會福利專業團隊的共同介入協助，方能對特殊幼兒及其家庭提供確實的幫助。為促進身心障礙或具有身心障礙危險之嬰幼兒的發展，僅單純強調教育或治療都是不夠的，只有將治療與教育整合而實施的早期療育服務，才能真正符合特殊幼兒的發展需要。

　　本書的撰寫，旨在提供特殊幼兒早期療育一個較完整的參考架構。全書共分四篇，計十四章。其中前導篇包括緒論、早期療育的發展、和早期療育的立法基礎三章。理論篇含早期療育的發展生態學、發展心理分析論、行為與教育學、以及神經生物學基礎四章。過程篇涵蓋早期療育服務架構、特殊幼兒之發現與評量、和特殊幼兒早期療育服務三章。最後的內涵篇則以四章分別討論特殊幼兒復健治療、特殊教育、心理治療、及輔助科技之專業議題。全書內容的安排，從普遍到特殊，由理論到實務，採循序漸進的方式加以組織，以期讀者可以掌握特殊幼兒早期療育的全貌。

臺灣在二十世紀 80 年代以後，對身心障礙國民的發展需求，已建構了具體的服務基礎。在邁入二十一世紀的今天，我們亦看到特殊幼兒早期療育發展的動力。國內早期療育服務能否真正的發展與落實，其關鍵應在專業人員、家長、行政人員、甚至社會大眾對早期療育是否有正確的認知。本書的出版，盼能對特殊幼兒早期療育提供討論的架構與議題，以期對臺灣特殊幼兒早期療育的持續發展略盡棉薄。

　　特殊幼兒早期療育所涉及的專業領域相當廣泛，欲作完整的論述十分不易。作者不揣淺陋，勉力拋磚，意在引玉，疏失或難倖免，尚祈方家不吝指正是幸。

何華國　謹誌
2005 年中秋節
於臺灣諸羅城寓所

目　錄

肆、內涵篇

壹 前導篇

Chapter 1 緒 論

第一節 人類發展的個別差異

個體的生命起源於母體受孕之時。自此以後，其整個身心系統的成長與發展，概有其既定的順序與規律，以次第完成所謂的發展任務（developmental tasks）。這種具有次序與法則的成長與發展現象，大致可歸納出以下的原則或原理（呂俊甫、吳靜吉、王煥琛、曾志朗，1972；Lewis, 1984）：

一、發展是遺傳與環境交互作用的過程

現代心理學家皆認定遺傳論與環境論並非相斥，而是相乘的。心理學家 R. S. Woodworth 更直言遺傳與環境的乘積即是個體發展。因此代表遺傳的「成熟」與代表環境的「學習」因素，都是個體發展不可或缺的。這種發展的互動模式（interactive model of development），也就是 Sameroff & Chandler（1975）所謂的交流模式（transactional model）。

二、發展的過程是繼續不斷且循一定的順序進行

個體的身心發展是循序漸進、有方向的連續變化的。例如，幼兒皆先會站立而後行走，先會畫圓而後畫方，先瞭解具體事物而後學會抽象概念。吾人可由現在追溯過去，也可由現在預測未來。

三、發展是分化與統整的過程

發展初期是整個的未分化的器官或機能，然後逐漸演變成局部的特殊機能；分化之後的局部器官或機能，仍然是有組織有秩序的，而與整個機體維持調和的關係。例如，嬰兒最初出現的是全身運動，到他對肌肉的控制增加時，才有可能學會握、拋、拖等動作。其他如語言、情緒等的發展，亦莫不顯示分化與統整的過程。

四、發展之速率前後不一致，以幼年期為最快

不管是生理或心理方面的發展，皆以嬰幼兒期為最快，且其發展速率也前後不一致。就以身高而言，兩、三歲時即可達到成年身高的一半，此後發展速率漸減，然到青春期又出現快速的發展。剛出生嬰兒神經系統的重量和成人相較，呈一與四之比，到六歲時，則一躍而成九與十之比。在智能的發展，也有先快後慢的傾向；在十六歲至二十歲間已達到頂峰，之後即開始下降，下降速度初期很慢，以後就逐漸加快。

五、發展不能脫離社會與文化的影響

人類的發展受到社會與文化的影響之例證，可謂不勝枚舉。中國唐朝以胖為美的審美觀，從當時女性的圖像表露無遺。清朝時代女性的三寸金蓮，也算是當時社會與文化的產物。多年來臺灣青年在選擇大學科系冷熱的變化，也無非是社會價值觀的反映。

六、發展有個別差異

個體的發展雖有共同的法則，但每一個人皆有其各自遺傳、成

熟、環境、學習等條件，而這些條件沒有人是完全相同的，因此發展上出現個別差異應屬必然。這種個別差異的現象就成為個體發展的特徵。由於在發展過程中，個體的特徵常前後一致，因而在嬰幼兒期的發展狀況，常可用來預測成人時期的發展情形。

　　從前述個體成長與發展原理的探討，吾人可以瞭解個體的發展雖有其遺傳的限度，但環境卻可在此限度下讓個體獲得充分的發展。個體若能順利地成長與發展，應值得慶幸。不過由於遺傳的缺陷、疾病的影響、環境的不利等因素，極可能導致某些兒童的身心發展出現顯著個別差異的違常。六歲以前，可說是身心發展的關鍵期。若這種發展違常在嬰幼兒階段即已顯現，後天環境助力的介入，就變得十分重要。這種對發展違常嬰幼兒所做後天環境助力的介入，即是目前通稱的早期療育（early intervention；或稱早期介入）。

第二節　早期療育的意涵

　　早期療育的概念目前有許多不同的表述方式。茲就現有文獻中常見的見解，臚列如下以方便比較：

一、兒童早期療育（early childhood intervention）係在協助從出生到五歲年幼、殘障、發展上不利兒童及其家庭，所做之持續與系統性的努力（Meisels & Shonkoff, 1990）。

二、Shonkoff & Meisels（2003）指出：

　　兒童早期療育包括提供給從出生到五歲的兒童多方面專業領域的服務，以促進兒童健康與福祉，增進潛能的表現，將發展遲緩減至最少，補救已存在或將出現的障礙，預防功能的退化，並提昇適應性親職與整體家庭功能。這些目標經由對兒童提供個別化發展、教育、與治療性服務，並

對其家庭提供相互計劃性的支持而達成。（pp. XVII-XVIII）

三、早期療育係指為殘障或具有發展出障礙之風險的幼童及其家庭，結合教育、健康照護、與社會服務目標之服務的總合（Hanson & Lynch, 1995）。

四、早期療育係指在懷孕期、嬰兒期、幼兒期，對兒童、家長、與家人所提供的一系列服務（Dunst, 1996）。

五、Kirk、Gallagher & Anastasiow（2000）

早期療育透過提供治療（如語言）或輔具幫助兒童行動（如為傷殘肢體而用的輪椅或肢架），而被設計用來預防缺陷或改善現存的殘障，而且最重要的是對殘障兒童以新的觀點，透過教與學的經驗來培養其優勢。早期療育無法治癒動作或感官的損傷。然而，它對預防進一步的缺損與改善功能卻有實效。例如，一個聾童可能從來沒辦法聽到聲音，但卻能經由使用手語而發揮其認知與社交的潛能（p.84）。

六、美國的殘障者教育法（the Individuals with Disabilities Education Act，簡稱 IDEA; PL 105-17, 1990）：早期療育為發展性的服務（developmental services），它們被設計用來滿足殘障嬰兒或幼兒在下列任何一個或更多領域的發展需求：生理發展、認知發展、語言與說話發展、心理社會發展、或自我照顧技能。

七、早期療育包含支持、服務、與經驗的組合，以儘可能早一點預防或減少長期的問題。通常接受早期療育的兒童，由於生物學（如出生體重過低）或環境的（如貧窮）因素，具有發展、情緒、社會、行為、與學校問題的風險（Feldman, 2004）。

八、早期療育指由社會福利、衛生、教育等專業人員以團隊合作方式，依未滿六歲之發展遲緩兒童及其家庭之個別需求，提供必要之治療、教育、諮詢、轉介、安置與其他服務及照顧。（兒

童及少年福利法施行細則第 5 條，民 93）

　　從前面不同文獻來源對早期療育所揭示的看法，吾人可知儘管見解或有若干出入，但亦顯示早期療育似離不開下列幾個面向：

一、早期療育的對象

　　早期療育的服務，皆是針對殘障或有發展出障礙之風險的幼童及其家庭而設計。不過仍以殘障或有發展出障礙之風險的特殊幼兒，為療育的主體對象。

二、早期療育的時機

　　早期療育介入的時機，可能始自懷孕期，直到學前的幼兒期。不過狹義的早期療育則係針對出生至三歲之前的幼兒所提供的專業團隊服務（Gargiulo & Kilgo, 2005）。

三、早期療育的目標

　　預防缺陷或改善現存的殘障，以促進特殊幼兒在生理、認知、語言、社會情緒、或自我照顧技能等方面的發展，似普遍被視為早期療育的目標。

四、早期療育的內容

　　早期療育乃在結合醫療、教育、與社會福利，以對特殊幼兒提供個別化發展、教育、與治療，並對其家庭提供必要的支持，所做的持續與系統化專業團隊服務的總合。

　　總之，早期療育乃是針對六歲以前經確認或疑似身心障礙的幼兒，以預防缺陷或改善身心功能為目標，結合醫療、教育、與社會

福利等專業團隊所做的持續與系統化的服務。

第三節　特殊幼兒的意義

　　人類自出生、成熟，以至老死，身心各方面都是逐漸地成長與發展的。心理學家為便於研究和討論，通常把這種成長與發展的過程，分成若干階段。其中從出生到兩歲多被稱為嬰兒期（infancy），而兩歲至六歲則被稱為幼兒期（early childhood）。這兩個階段可說是個體身心成長與發展最迅速，也是個體經由學習控制自身與環境，以適應社會最為重要的時期。我國的「兒童及少年福利法」（民92）指未滿十二歲之人為「兒童」。本書對從出生到六歲兒童發展之討論，則概以「幼兒」通稱。

　　在本章第一節曾提到個體身心發展可能出現顯著個別差異的違常。這種發展的異常往往表現在幼兒階段身心功能的未如預期，而出現所謂的發展障礙（developmental disabilities）或發展遲緩（developmental delay）。有許多生物醫學及環境的狀況與風險會妨礙個體的身心發展。為有助於瞭解這些妨礙發展的原由，Tjossem（1976）曾指出導致發展遲緩與障礙的三類危險因素，而這些因素可能常有重複的情形，茲分敘如後：

一、確定的危險（established risk）

　　確定的危險情況包括造成發展遲緩與障礙的遺傳和生物醫學的因素，諸如染色體異常、先天代謝異常、先天畸形、神經管缺陷、先天感染、感覺喪失、導致障礙或發展遲緩的損傷等。儘管每一個兒童的發展速率皆是獨特的，但這些危險情況和障礙間，是有直接的關係存在。兒童所受到的影響，也許是輕微或顯著的，但可以肯定的是，幾乎所有確定的危險狀況皆會導致發展的差異。茲就常見

確定的危險情況列舉如下：

(一)染色體異常

　　某些染色體異常可能是遺傳而來，但有的則是來自於早期細胞分裂染色體的突變。茲分別舉例如下：

1. 遺傳而來的染色體異常

(1)軟骨發育不全（achondroplasia）。

(2)囊胞纖維化（cystic fibrosis）。

(3)苯酮尿症（phenylketonuria；簡稱 PKU）。

(4)泰－沙氏症（Tay-Sachs disease）。

(5) X 染色體脆裂症（fragile-X syndrome）。

(6)杜雙肌萎症（Duchenne muscular dystrophy）。

(7)血友病（hemophilia）。

2. 來自染色體的突變

(1)唐氏症（Down's syndrome；亦稱道恩氏症候，大部分係來自染色體的突變）。

(2)貓啼症（Cridu-chat syndrome；或稱 cat crying syndrome）。

(二)先天畸形

　　發生於胎兒發育過程中的畸形，可能來自於各種不同的成因。雖然有些是由於染色體的異常，不過大部分（65%）是出自目前尚不清楚的原因（Beckman & Brent, 1986）。雖然許多人出生就出現些微生理上如胎記、手指或腳趾彎曲、耳軟骨緊束等的差異，但先天畸形卻是起源於產前階段明顯的生理差異，足以阻礙正常的發展。造成發育中胎兒異常的因素被稱為畸胎原（teratogens）。輻射線、化學藥物等皆可能構成畸胎原。某一畸胎原所能造成傷害的範圍，全視接觸畸胎原的時間與程度而定。兩種最為人知的畸胎原是輻射線與 thalidomide 這種用來控制懷孕期作嘔的藥物。第二次世界大戰時，長崎與廣島原子彈爆炸後，所產生許多先天性畸形，即是輻射

線可怕的影響。而 1950 年代時，懷孕婦女因服用 thalidomide 後，也導致產下短肢畸形（phocomelia）兒的現象。婦女若在懷孕的頭三個月服用 thalidomide，則產下短肢畸形兒的機率會比較高。此外，根據研究，服用抗驚厥藥（anticonvulsant）的婦女，有 10%到 20% 的可能性會產下先天畸形兒（Batshaw & Perret, 1992）。

㈢神經管缺陷

神經管包括脊椎與脊髓。神經管缺陷包含許多會影響這個區域的先天畸形。常見的神經管缺陷有以下的狀況：

　　1. 脊髓膨出脊柱裂（spina bifida with myelomeningocele）。
　　2. 腦水腫症（hydrocephalus）。

㈣先天感染

先天感染指的是在出生前或生產過程中受到細菌、病毒、或原蟲的感染。其常見的感染情況如下：

　　1. 住血原蟲病（toxoplasmosis）。
　　2. 麻疹（rubella）。
　　3. 巨細胞性包涵體病（cytomegalic inclusion disease）。
　　4. 疱疹（herpes）。
　　5. 梅毒（syphilis。
　　6. 愛滋病（acquired immune deficiency syndrome；簡稱 AIDS）。

㈤其他確定的危險狀況尚可包括

　　1. 腦麻痺（cerebral palsy）。
　　2. 童年意外事故。
　　3. 受虐傷害。
　　4. 盲。
　　5. 聾。

二、生物學上的危險（biological risk）

　　有許多生物學上的危險因素，可能導致嬰兒處於不利的發展狀況。而生物學上危險因子的產生，有些和為人父母的高危險行為（如藥物的濫用）有關，有些則和科技的進步有點關係。例如，醫療科技固然成功地搶救了新生命，但有些新的醫療器材卻也衍生出新的問題，如醫院的加護育兒室中醫療器材所產生的噪音，就可能對早產兒造成不利的影響（Slavik, Holloway, Milburn, 1989）。許多具有生物學上危險狀況的嬰兒，或許得以克服其早期經驗到的創傷，但其他人卻可能出現發展遲緩或問題。常見生物學上的危險狀況大致有下列的情形：

㈠早產（prematurity）

　　所謂早產是指在懷孕第三十七週之前出生（足月懷孕為四十週）。

㈡出生患重病。

㈢出生體重過輕

　　出生體重過輕可能是早產兒，也有可能是足月產。若出生體重低於 2,500 公克即屬過輕。

㈣出生前藥物的接觸

　　在生育年齡的婦女若濫用藥物，往往也對胎兒造成危險。這些藥物常見的如下：
　　1.酒精。
　　2.尼古丁。
　　3.古柯鹼（cocaine）。

4.海洛因（heroin）。

5.大麻（marijuana）。

三、環境的危險（environmental risk）

環境的危險指的是會妨礙健康發展的生活境遇。這類的危險常具有累積性，並導致各種發展與行為的問題，這些問題又會隨著兒童年齡增長而惡化。環境的危險最典型的狀況應非貧窮莫屬。貧窮和許多其他的危險狀況皆可能有關聯，如疾病感染、意外、營養與健康不良、有毒環境的接觸、學習問題、無家可歸、家庭暴力等。貧窮和這些可能危險狀況的聯結，將對兒童的發展持續帶來更多與更為複雜的挑戰。

上述所提到的「確定的危險」狀況和發展遲緩與障礙，是有直接的關係存在。至於「生物學上的危險」及「環境的危險」，則可能不利或妨礙嬰幼兒身心的健全發展。這三類危險因素可能造成的影響，其程度或許有別，然學術界皆普遍認為是早期療育應該關注的對象。

然而，美國聯邦政府的立法，在早期療育對象之規定似較限縮。美國在 1997 年通過「殘障者教育法修正案」（the Individuals with Disabilities Education Act Amendments; PL 107-117）所提供的早期療育，其對象即針對從出生到三歲，具經確定之狀況（established conditions）有高度可能性導致發展障礙或發展遲緩的幼兒。所謂經確定之狀況可以包括：

㈠遺傳與新陳代謝異常（Genetic and metabolic disorders）。

㈡神經異常與損傷（Neurological abnormalities and injuries）。

㈢嚴重依附異常（Severe attachment disorders）

㈣顯著的感官障礙（Significant sensory impairments）

發展遲緩則可能出現在下列一種或更多的領域：

㈠認知發展（Cognitive development）。

㈡生理／動作（Physical/motor）方面（含視、聽覺）。

㈢溝通方面（Cognitive development）。

㈣社會或情緒發展（Social or emotional development）。

㈤適應性發展（Adaptive development）。

　　至於對發展遲緩的認定標準，事實上美國各州似相當分歧，有用量化標準，也有依質性判定，更有的採專家認定的。表 1-1 即顯示美國若干州在發展遲緩認定的分歧狀況。

　　由此可見美國早期療育之對象，似只及於具有「確定的危險」狀況之幼兒。至於我國「身心障礙者保護法」（民 93）則提到衛生主管機關應建立疑似身心障礙六歲以下嬰幼兒早期發現通報系統，以適時提供療育與服務。「特殊教育法」（民 93）亦表明對身心障礙國民之特殊教育，除依義務教育之年限規定辦理外，並應向下延伸至三歲。身心障礙者保護法所稱之身心障礙，和特殊教育法所稱

表 1-1　美國在發展遲緩的認定標準

州別	認定標準
Arizona	在一或更多領域有 50% 的遲緩
Hawaii	多專業團隊的共識；未指出量化資料
Indiana	在某一領域低於實際年齡有 1.5 標準差或 20%；在某二領域低於實際年齡有 1 標準差或 15%；根據臨床判斷
Massachusetts	6 個月大：在一或更多領域有 1.5 個月遲緩；12 個月大：在一或更多領域有 3 個月遲緩；18 個月大：在一或更多領域有 4 個月遲緩；24-30 個月大：在一或更多領域有 6 個月遲緩
Montana	在某一領域 50% 遲緩或在二領域 25% 遲緩；根據臨床判斷
Ohio	「可測量到的遲緩」或未達到發展里程碑或根據臨床判斷
South Dakota	低於正常年齡範圍 25%，6 個月遲緩，或在一或更多領域低於 1.5 標準差
Wisconsin	在某一領域 25% 遲緩或低於 1.3 標準差；異常發展；或團隊決定

（修正自 Gargiulo & Kilgo, 2005, p.28）

的身心障礙,雖多數雷同,但仍有歧異。不過由於對建立疑似身心障礙六歲以下嬰幼兒早期發現通報系統的強調,因此,六歲以下嬰幼兒若有身心障礙者保護法和特殊教育法所稱之身心障礙狀況,皆是提供療育與服務的對象。本書對六歲以下身心障礙嬰幼兒則概以「特殊幼兒」稱之。而事實上,「特殊幼兒」的困難多屬發展遲緩的問題,這也難怪目前政府的早期療育通報、轉介、評估、及安置措施,即直接以「發展遲緩」兒童為對象。根據世界衛生組織的統計,發展遲緩兒童的盛行率約為 6% 至 8%(行政院衛生署,2005)。發展遲緩兒童的此一盛行率,的確是值得重視的衛生、教育、與社會福利的問題。

　　就美國和我國立法對特殊幼兒所聲明的概念來看,不管是「從出生到三歲,具經確定之狀況有高度可能性導致發展障礙或發展遲緩的幼兒」,或「疑似身心障礙六歲以下嬰幼兒」之用語,似皆共同強調下列兩項意涵:

　　㈠特殊幼兒係身心障礙或發展遲緩的問題。

　　㈡特殊幼兒的發現應趕在問題出現之前。

第四節　早期療育的成效

　　早期療育的方法是否需要有科學的驗證做為基礎?就目前早期療育的相關立法來看,雖然對療育的內容與實施程序做了規定,但卻未要求其服務須得到研究的支持。歐洲兒童殘障學會(The European Academy of Child Disability)曾提到:

應提供某些服務或設施做為一個關心的社會之一項基本的權利,而非這些必須符合嚴格的科學效能檢測。
(McConachie, Smyth & Bax, 1997, p.5)

儘管如此，歐洲兒童殘障學會卻又進一步表示：

健康服務提供者有責任去試著評量任何為殘障兒童所設立
的方案之效能，並指出哪種療育是無效的。在另一方面，
某些服務像早期療育的提供，是現今被接受的權利，即使
適當評鑑的方法可能還是欠缺。（McConachie et al., 1997,
p.5）

事實上，目前在教育、醫療、與社會服務方面所施行的許多作
為，並未得到驗證。例如，有人常給自閉症兒童吃某些營養品，可
是這種做法對治療自閉症的任何問題，並沒有確實的科學證據可以
證明它們的效果。類似此一情況，在上述的專業領域並非少見。因
此，吾人在實施早期療育時，似乎應該以此為戒。

此外，有些治療方法一開始也許被認為是有益的，可是到最後
卻被證明為有害。以抗生素治療感冒即是一個明顯的例子。抗生素
對感冒固有實效，不過普遍濫用的結果，卻導致細菌與病毒的抗藥
性，其對人類的危害似乎是始料未及的。在另一方面，有些治療的
作為雖本身無害，可是卻花錢費時，最後可能讓人們白忙一場。是
否有危險性，往往是人類任何作為的重要考慮。不過早期療育必須
考量的，不只是沒有危險性，而是它們在效能與成本方面所具有的
優勢為何。

所謂早期療育的效能可以包括效度（efficacy）與效益（effecti-
veness）這兩種情況。所謂效度是指某種實施於理想、嚴密控制的
實驗情境之療育工作，是否能產生效果。而效益則是某種實施於真
實生活情境之療育工作，是否發生效用。即使某種早期療育顯示在
效度或效益方面皆無問題，吾人仍應思考是否這種療育工作值得經
費的投資。例如，若針對某一語言表達遲緩三十個月大的特殊幼
兒，所實施的早期療育，能避免嗣後需要更多密集且昂貴的治療和
特殊教育時，則可以宣稱這樣的早期療育具有成本效益（cost-effec-

tiveness）。要是此一療育服務又包括培養母親的教養知能與家庭管理技巧，並協助找到兼職的機會，所有的這些作為將保持家庭的完整性，且不需公共的救助，如此一來，就又產生節省公共資源的效果了。

早期療育的實施，既然需要注意它可能的成果，則早期療育成效的論證，是此一專業領域一直關切的議題。在 Guralnick（1997）所編輯的專書，對早期療育成效的研究，曾做了深入的探討，最後獲致一項總體的結論，即是早期療育是有效的。針對早期療育的成效研究，筆者將就已知的若干研究結果，分別介紹如下以供參考：

一、RAND 機構的研究

RAND 機構曾針對早期療育存在的科學實證，從事一項客觀的審查（Karoly, Greenwood, Everingham, Hoube, Kilburn, Rydell, Sanders & Chiesa, 1998）。所謂早期療育是被界定為政府單位或其他機構，為改善兒童的健康與發展、教育成就、及經濟福祉，所做的努力。這項研究的目的，是在將這些療育方案對兒童、他們的父母、以及社會的效益加以量化。其結果發現，短期的效益通常是發展性的，如認知表現的增進；至於長期的效益多屬社會性的，如中學完成率的增加、或經濟的獨立。從這項審查所得到的重要啟示，是目標明確的早期療育能產生測量得出來的短期效益，而且某些效益也會在療育方案結束之後長久持續。

二、對出生體重過低嬰兒之研究

Blair & Ramey（1997）指出，就整體而言，出生體重過低（low birth weight; LBW）的嬰兒會出現較多健康、神經發展、與心理方面的問題。自從 1986 年以來，已有許多研究針對出生體重過低嬰兒，探討中心和家庭為本位的介入計畫之效能。研究結果多認為，早期

療育會減少出生體重過低和出生體重正常嬰兒，在出生後前幾年IQ分數的差距。早一點開始，完整、密集的療育最有可能產生效果。不過，療育的效能似乎又受到出生體重與母親教育程度的影響。換句話說，出生體重過低者中，較重的嬰兒、以及教育程度較低的母親，最能從早期療育獲益。

三、對具有神經動作問題危險性的兒童之研究

在早期療育領域中，沒有其他專業像物理治療（physical therapy）一樣，對其介入工作訴諸較嚴謹的科學驗證。不過很不幸的，沒有明確的證據顯示，療育工作對具有動作障礙危險性的兒童是有效的（Pakula & Palmer, 1997）。對動作障礙兒童療育研究所做的統合分析（meta-analysis），也顯示僅有輕微到中等程度的處遇效果。事實上，若與認知及語言療育結果相比，則動作發展所獲得的正面成果，卻是最少的（Harris, 1997）。

針對神經動作障礙幼兒的許多治療介入研究所做的檢討，Harris（1997）指出，物理治療的重點、以及想要證明此一重點的正當性所做的研究，似已被誤導了。治療師一直想改變導因於中樞神經系統損傷（如異常的肌肉彈性、異常的動作形態、關節收縮等）之潛在的障礙，或去加速達成動作能力的指標。不過，Harris 卻認為，物理治療師應該將他們的療育工作轉而向下列兩方面去努力：

㈠使兒童變得更獨立，並能參與非限制性的環境。
㈡教導父母、教師、與其他照顧者，增進兒童參與及減少家庭壓力的方法。

四、對唐氏症兒童之研究

由於唐氏症（Down syndrome）具有獨特及易於辨認的特色，因此具有這類障礙的兒童，多首先被納入早期療育方案及接受實證研

究的對象。目前已有為數不少的研究，曾追蹤過唐氏症者的發展障礙的演變狀況，並去瞭解各種療育對他們的成效。雖然大體而言，唐氏症兒童對早期療育的反應是正面的，但有些學者卻有不同的看法。Gibson & Harris（1988）曾總結提到，目前仍然需要有證據去確認，唐氏症兒童從早期療育方案，比從一般審慎的父母教養作為，能獲得更大的益處。現在的問題，並非是否唐氏症兒童能從語言、動作、與認知領域的特殊協助獲益，而在是否特殊化的方案會優於家庭養育的環境。不過可以確定的，是早期療育可提供唐氏症兒童短期的好處，但是否這些好處能長期持續，則不太確定。

五、對溝通障礙兒童之研究

溝通障礙（communication disorders）一般僅包括語言、說話、與聽力障礙。在探討過五十六篇相關研究後，Mclean & Cripe（1997）曾總結指出，溝通障礙的早期療育，在排除那些障礙，或至少減輕它們對兒童日後說話和語言發展的影響，可以說十分有效。對於療育工作多早就該開始的問題，許多研究似受到語言自然發展的變化所混淆，而難下定論。當療育工作開始為幼兒提供時，吾人有時並不清楚，是否兒童有障礙而需要療育，或所出現的發展遲緩，會隨著成熟而自行矯正。

一般說來，對所有類型的溝通障礙兒童而言，在較早的年齡之療育，似乎比在較大的年齡才提供療育，會更具有效能。在溝通障礙的早期療育中，沒有任何一種方法是適合每一個兒童的。更正確地說，我們必須安排最適合於某一兒童之特定的治療目標、療育環境（如團體或個別）、與過程，以發揮最大的療育效益。

Chapter 2 早期療育的發展

━━━ 第一節　早期療育的發展基礎 ━━━

　　身處二十一世紀的今日，特殊幼兒早期療育的重要性已普遍受到認同，政府與民間在早期療育所做出的努力，也與日俱增。不過早期療育有今天的局面與勢頭，吾人若以世界的眼光加以反思與觀察，實奠基並得力於近代下列領域的發展與貢獻（Meisels & Shonkoff, 2003）：

一、幼兒教育（early childhood education）

　　幼兒教育的受到重視與興起，和十七、十八世紀歐洲若干思想家的倡導不無關係。如Comenius（1592-1670）對人生頭六年教育的重視，並強調兒童在家庭中透過遊戲自然學習的價值。John Locke（1632-1704）提出兒童出生即如一塊空白的石板之見解。Jean-Jacques Rousseau（1712-1778）更主張應在兒童早年自然地開展其個人的才能。從這些思想家所提出的兒童早期教育之價值與重要性，其具體的結果，即是幼稚園（kindergarten）與托兒所（nursery schools）的出現。而幼兒教育對現行早期療育的影響，大致有以下幾方面：

　　㈠強調以兒童為中心的課程。

　　㈡重視家庭之外兒童早期的社會化。

　　㈢增進對兒童發展的瞭解和發展理論的實際應用。

　　㈣兒童早年為日後社會、情緒、與智能發展的基礎所具重要性

的信念。

二、婦幼衛生服務（maternal and child health services）

自十九世紀以來，持續居高不下的嬰兒死亡率、健康狀況的不良、對童工的剝削等問題，一直受到世人的關注。美國在 1912 年遂有勞工部兒童局（Children's Bureau）之設。透過兒童局對嬰幼兒身心健康狀況的許多調查與研究，婦幼衛生中心在全美各地即普遍成立（Steiner, 1976）。這類婦幼衛生服務初期以窮困家庭為主，嗣後也擴展到對傷殘兒童（crippled children）的服務。

美國在 1935 年所制定的社會安全法（Social Security Act）更在婦幼衛生服務、傷殘兒童服務、與兒童福利服務上樹立典範。1965 年的社會安全法又加入醫療補助（Medicaid）的相關規定。此項醫療補助也包括對窮困兒童的早期療育。其具體的作法之一，即是早日定期篩選、診斷與治療方案（the Early and Periodic Screening, Diagnosis and Treatment Program; EPSDT）的實施。

三、特殊教育（special education）

身心障礙者在人類歷史的早期之遭受滅絕、迫害、欺凌、取笑、冷落，文獻上的記載可謂不絕如縷。但自十九世紀以來，經過幾位具有醫學背景教育家，如 Itard、Seguin、Montessori 等的努力，身心障礙者的教育遂逐漸受到重視。身心障礙者的安置措施如教養機構、特殊學校、特殊班、資源班、普通班等的考慮與變化，也多少在反映吾人對殘障者態度的變遷。自二十世紀中葉以來，各國對身心障礙者教育的落實，相關立法的制定，似為共同的特徵。而各國這類特殊教育立法適用對象的向下延伸，更宣示早期療育的重要性，已普遍得到認同。

四、兒童發展研究（child development research）

長久以來，學術界在兒童發展所做的理論與實證上的研究，對早期療育當然也有十分顯著的貢獻。其中最值得注意的無非是本質與教養的爭論（the nature-nurture controversy）、以及照顧者和兒童關係的重要性，茲分敘如後：

㈠本質與教養的爭論

在兒童的發展方面到底遺傳或是環境重要，二十世紀曾有過激烈的爭辯。這種爭辯其實就是本質與教養的論爭。強調生物本質決定者也被稱為成熟論者（maturationist），而主張教養環境大致在控制兒童發展的則被認為是行為論者（behaviorist）。按成熟論者（如 Arnold Gesell）的觀點，早期療育往往被認為徒勞無益；若依行為論者（如 John B. Watson）的看法，早期療育可能就充滿希望。不過到二十世紀中葉，Piaget 的認知發展論興起後，似對本質與教養的爭論起了調和作用。根據認知發展論的見解，在兒童發展的過程中，生物與經驗的因素是相互影響的，因此，傳統上本質與教養的爭論其實是沒有必要的。人類的發展係受到家庭、社會、與環境因素互動的影響（transactional effects）。就早期療育而言，吾人若接受發展的互動模式（transactional model of development），即意味著身心的傷殘可藉環境的因素加以修正或改變，而發展的弱點也可能出自社會與環境的病因。這種著眼於環境與生物因素的雙向論點，對早期療育的研究與服務確已產生重要的影響（Sameroff, Seifer, Baldwin & Baldwin, 1993）。近年來，有許多學者更視兒童為多層次社會系統中的成員。這些多層次社會系統常有助於兒童的發展，但也可能潛藏問題或功能不彰。因而兒童早期療育如要有效，吾人實應注意療育的環境脈絡（context）之安排（Guralnick, 1998）。

㈡照顧者和兒童關係的重要性

當教養環境對兒童發展的影響受到注意時，也有人開始研究早年人際關係的剝奪可能造成的不利結果。其中機構化（institutionalization）對嬰兒認知與社會情緒發展的影響，即是曾被探究的議題（Provence & Lipton, 1962; Spitz, 1945）。這些研究皆指出持續的孤立、缺乏刺激、照顧人力不足等，常會對兒童發展造成破壞性的影響，其結果就可能是成長遲滯、社會關係適應不良、健康出現問題等。此外，也有一些研究在探討早年不利環境造成發展上的後果，吾人可以改變的程度。這些研究最有名的應屬Skeels & Dye（1939）的研究。其研究結果指出，具激勵與回應性的環境可以逆轉嬰兒早年負面、孤立、與不利經驗的影響（Skeels, 1966; Skodak, 1968）。這類實證研究的結論，正顯示兒童早年發展的可塑性，同時也提供早期療育確切的理論基礎。

第二節 早期療育的萌芽期

早期療育觀念的肇始，似和社會大眾對身心障礙者的態度是相關的。身心障礙者從人類歷史早期的受到漠視、虐待、與摒棄，接著受到保護與憐憫，直到十八、十九世紀養護機構的興起，身心障礙兒童的療育需求才逐漸受到注意（何華國，2004）。在對身心障礙兒童的照顧上，十八、十九世紀若干醫學界人士的努力，使早期療育工作得以萌芽。這些醫學界人士的貢獻，值得一提的分別介紹如下：

一、Jean Marc Gaspard Itard（1774-1838）

Itard是位著名的法國醫師，也是現代耳鼻喉科學的創始人。他

在早期療育的貢獻，是對當時 Aveyron 的野男孩（The wild boy of Aveyron）之開創性的療育作為上。

Itard 成長的年代，剛好是在 1789 年法國大革命之後。當時不只出現嶄新的政治思想，更重要的是對人類本質及如何對待其苦痛的觀點，也產生了革命性的變化。在我們現在稱為社會服務的領域方面，精神治療（moral therapy；以今日的語言可稱為心理治療或心智治療）的運動正在歐洲崛起。此一運動的基本理念強調應以人道對待障礙者，不應該視其如瘋狂的動物，而動輒鞭打或鎖鍊，甚至關在牢籠。在 1790 年代的法國，Phillipe Pinel 即是精神治療的巨擘。他就主張對精神病患不應加以鎖鍊。他相信在室外自由活動，以呼吸新鮮空氣，是治療精神病患最好的方法之一。

1799 年，有三個獵人在法國西南方 Aveyron 省山區的 Saint-Sernin，發現並捕捉到一個野男孩——Aveyron，野男孩之名即因 Aveyron 之名而起。這些獵人猜這男孩的年齡約在十一、十二歲之譜。他們發現他全身污穢、赤裸、不會說話、滿身傷痕，並且充滿野性。因此許多人認為他可能是被動物所養大的。這個孩子被捕後，幾經波折，最後法國政府把他送到巴黎，以便對原始狀態的人類心靈提供研究。當時 Phillipe Pinel 是第一位被委以研究任務的學者。不過經 Pinel 研究之後，他認為這個孩子簡直是個極重度智障兒，無可救藥的白痴，也就是說，是個毫無指望的個案（Shattuck, 1980）。在 Pinel 提出其診斷報告的記者會，其中有一位年輕的醫學生就是 Itard。為了證明 Pinel 的觀點是錯的，Itard 說他願意去教導這個孩子。因而這個野孩子就被安置於 Itard 擔任住院醫事人員、而位在巴黎的聾啞教養院。雖然這個孩子是個啞巴，但他的聽力並未受損。由於他喜歡發出"oh"的聲音。這個發聲和法語"Victor"發音中的"-or"相似，因此 Itard 就以"Victor"來稱呼這個孩子（McDermott, 1994）。

Itard 對 Victor 的教導與研究從 1801 年開始，直到 1806 年結束。他將這段時間的工作撰寫了兩份報告。這些報告後來被 George and Muriel Humphrey 翻成英文，而以《Aveyron 的野男孩》（The Wild

Boy of Aveyron）之書名發表（Itard, 1962）。經過 Itard 將近六年的努力之後，Victor 的表現和過去充滿野性缺乏教化的模樣已判若兩人。他穿了衣服，在床上睡覺，使用洗手間，並且使用餐具在餐桌吃東西。他可以被帶著散步以拜訪 Itard 的友人，如果上餐館，也不會表現太離譜。雖然 Victor 有能力可以有正常的表現，但並不表示他不會有時也出狀況。他似乎在說話和與同伴的互動能力方面的進步相當有限。雖然 Victor 對 Itard 的生涯發展有著明顯的影響，但 Itard 除寫了前述的兩份報告外，並沒有進一步對 Victor 有所論述。他僅在 1828 年一篇有關瘖啞的論文中，暗示他相信能適當地訓練野男孩可能是錯的（Shattuck, 1980）。

Itard 對 Victor 的教導主要有下列五個重點（Kolstoe, 1972）：

㈠誘導對社會生活的興趣

Victor 一向習慣的是整天做他所高興的事，不是吃、睡、在廣場上奔跑，就是遊走閒散。Itard 認為這樣下去對智能發展毫無助益，只是讓他變得更懶散而已。因此 Itard 就安排令 Victor 感覺比他習慣的無憂無慮的生活方式更具吸引力的例行活動。其做法就是使用讚美與食物做為增強項目。例如，不讓 Victor 在任何他高興的時間為所欲吃，Itard 即小心地管制食物，並設定飲食的規律時間，逐漸把供食的時間拉長，且次數漸少，直到 Victor 能如一般人按時間飲食為止。Itard 且更進一步將吃飯的時間變成快樂的時光，讓 Victor 會立刻來享用，而不在乎那是一種約束。同樣的，Itard 為了培養 Victor 正常的生活習慣，他也針對睡眠、工作、遊戲等加以訓練，讓他能儘量像其他人一樣有規律的作息。

㈡喚起感官的敏感性

雖然 Victor 對冷、熱、痛顯示相當缺乏敏感性，但 Itard 還是利用這些感官開始從事他的感官訓練。是否 Itard 認為這些是基本的感官，或它們最易訓練，抑或缺乏溝通使得視覺與聽覺難以訓練，並

不得而知。不過 Itard 運用樂與苦的趨避原理做為基本的教學策略，倒是前所未有，也對現代心理學有莫大的啟示。在這類感官訓練中，Itard 常安排讓 Victor 有體驗感覺對比的機會；如睡覺時，儘管 Victor 在冰冷的房間中會被蓋好被子，但他的衣服卻被置於房間的另一頭，因而當 Victor 早上醒來時，他必得從溫暖的被窩起身，在寒冷的房間中加衣保暖。經過訓練後，Victor 可以將對冷、熱的知覺類化到觸覺、嗅覺、與味覺。若以觸覺為例，他可以分辨硬與軟、及粗糙與平滑。不過他倒無法類化到視覺與聽覺。到最後 Itard 不得不認為視覺與聽覺是比觸覺、嗅覺、與味覺要更複雜，所以他也就放棄在短時間內直接去教它們。

(三)擴充知識範圍

Victor 對於文明世界的事物與習俗之經驗幾乎等於零。Itard 即有系統地引導他去認識新的事物，諸如玩具、食物、遊戲、外出用餐及所穿服裝等。在擴充知識的指導上，Itard 很重視善用 Victor 的偏好與興趣而因勢利導。

(四)說話能力的培養

Itard 對 Victor 的說話教學，是由名詞和基於需要開始。例如，當 Victor 口渴時，Itard 會拿著一杯水在 Victor 拿不到的地方，然後進行相關詞彙的教學。在這些說話教學中，Victor 雖然能做某種程度的模仿，不過進展不多。因此，Itard 即放棄說話訓練，而又回到感官訓練。並且先從聽力開始（因聽力和說話具有密切的關係），然後再進行視力訓練。在從事聽力訓練時，所採用的策略包括：1. 帶上眼罩去尋找聲源。2.仿擊各種樂器。3.強調從粗大到精細的聽力區辨能力逐步訓練。最後在從事母音分辨訓練時，雖然 Victor 的學習也有若干進展，但因有一次 Victor 的反應錯誤，Itard 打了他的手。由於這次的驚嚇，Victor 變得害怕出錯，以致不是不反應，即是反應遲鈍，使得 Itard 最後完全放棄這方面的訓練，而轉向視覺區

辨的課程。訓練同樣是從粗大到精細逐步進行，不過Itard已不再使用體罰，而是運用耐心的矯正與慷慨的讚美。在從事視覺訓練時，所採用的重點包括：1.次序的分辨，如按形狀大小排列順序。2.事物的配對，如實物與圖片，圖片與圖片的配對。3.幾何圖形、顏色等的分辨。大體而言，Victor 在視覺區辨的表現算是較具優勢的，不過最後還是遭遇難題，橫生挫折，Itard 不得不放棄這方面的教導。由於 Victor 在配對的能力方面有不錯的表現，Itard 曾用它來教導 Victor 字母、詞彙、詞彙和實物的配對等。

㈤簡單心智能力的運用

Victor 學會將名詞的詞彙卡片和實物相聯結時，Itard 即開始教他將這種能力進一步延伸。這方面的教學大致有以下的重點：

1. **類化的能力**

   如會認出「刀子」後，出示許多不同的刀子讓他形成「刀子」的概念。

2. **教學的原則強調從特定到普通，換句話說，強調從知覺到概念。**

3. **部分與整體關係的教學**

   例如，整本書是由許多部分所組成。

4. **利用比較法以教導諸如大、小、顏色、輕、重等修飾語詞的概念。**

5. **動詞的教學**

   諸如「丟擲」、「碰觸」、「撿起」、「攜帶」等動詞的教學，係在前述名詞與修飾語詞的教學之後。

6. **仿說詞句**

   運用已學會的語詞仿說詞句。

經過上述的努力，儘管 Victor 學到以「整字法」（whole word method）來閱讀，不過字本身對他只具有限的特定意義，而任何要其開口說出那些語詞的努力，皆終歸失敗。到了這個時候，Itard終

於放棄對 Victor 的教導工作。他總共花了五年的時間，有系統地訓練 Victor，但還是無法教會 Victor 讀與寫。當 Victor 進入青少年期後，便變得難以控制，以致需要將其安置於教養機構。他留在教養機構一段時間，但最後是由一直照顧他的 Guerin 太太負責照料，到 1828 年他去世為止。

在 Itard 開始教導 Victor 時，Victor 雖已非嬰幼兒，但可以肯定的是他仍是未受人類文明影響的個體。這種從「零」開始的教導，的確是需要具備創意。綜觀 Itard 對 Victor 療育的努力，他雖無法「治癒」Victor 的「癡呆」，但他已將 Victor 從只具人形的墮落者，轉變成不會說話，不過活得像個人，幾乎是正常的一個孩子。Itard 所運用的許多療育原理諸如趨樂避苦、增強策略、系統教學（如行為控制、感官訓練、擴充知識範圍、說話能力的培養、簡單心智能力的發展）等，仍然受到後世的推崇與採行。Itard 對 Victor 療育最突出的成績，是僅在幾個月的教學之後，Victor 可以表現近乎正常的情緒反應。這似乎告訴我們，對智能障礙者而言，最具改變潛力的，或許就在情緒行為方面（Kolstoe, 1972）。

二、Edouard Onesimus Seguin（1812-1880）

Seguin 是 Itard 的學生，他曾跟隨 Itard 習醫及外科手術。可說是位高明的醫生。他曾為媽媽們寫了一本《溫度測量法手冊》，並發明體溫計。在他任職於重症收容所（Hospice des Incurables）時，他曾教導一個智障男童記憶、比較、說話、寫字與計算達十八個月。由於他的教學十分成功，得到當時巴黎科學院（Paris Academy of Sciences）的支持，他因此繼續從事對智障者的教育工作。

1848 年法國發生革命。由於他是支持革命政府的，但革命政府失敗，導致他離開法國而前往美國。他在 1860 年創辦賓州訓練學校（Pennsylvania Training School）。1870 年又在紐約開辦一所私立的弱智與弱能兒童生理學校（Physiological School for Weak Minded and

Weak Bodied Children）；他經營這所學校一直到 1880 年去世為止。此外，他也協助創立美國智能不足學會（American Association on Mental Deficiency）的前身——美國教養機構醫事人員協會（Association of Medical Officers of American Institutions），並擔任第一任的會長。他在教導智障者的論述相當廣泛，其中最著名的要屬 1866 年出版的《癡呆：採用生理方法的療育》（Idiocy: Its Treatment by the Physiological Method）一書。

Seguin 認為教育是和諧有效地培養精神、智力與身體功能之方法的總體。其教育目標即在對自由意志的支持。他堅信 Itard 所採取的將感官分開訓練的做法是徒勞無益的。他認為人這樣的有機體係以整合的一體（integrated whole）在表現與反應，因此應該要以整個單元加以看待與教導。

Seguin 認為智障的發生，係出自神經系統的缺陷，而非由於來自於環境感覺刺激的不足，以致無法對要學習或保留的刺激加以反應。因此他將智障區分為下列兩類：

㈠表面性的（superficial）

由於感受器官的損傷或羸弱，導致周緣神經系統的受阻而形成的智障。

㈡極重度的（profound）

係導因於從出生即存在的中樞神經系統的缺陷。

對於上述兩類智障，Seguin 認為教育方法是完全相同的。其教育目標係在：將兒童從肌肉系統的教育，引導向神經與感官系統的教育，再從感官的教育導向一般概念的教育；接著從一般概念到抽象思考，最後從抽象思考再導向道德倫理的教育。為了達成這些教育目標，他所採取的乃是生理學的原理（principles of physiology）。Seguin 的療育方案涵蓋下列五方面的重點（Kolstoe, 1972）：

㈠肌肉系統的訓練

　　Seguin 相信特定的身體運動有助於發展表面性智障的感受器官,也對極重度智障腦皮層的神經細胞有幫助,因此他為所有智障兒童實施廣泛的體能訓練活動。每一種活動的設計,皆在提供全部與整合運動的機會。他認定動作的發展是其他教育方案的基礎,所以他特別花費時間與精神,務必要讓這方面的教育成功並饒富樂趣。在從事肌肉系統的訓練時,Seguin 多利用戶外的場地實施,並特別強調遊戲的設計與必要設備的提供。

㈡觸覺訓練

　　Seguin 認為觸覺能力有賴於良好動作能力的發展。他會讓學生戴上眼罩,然後去分辨形狀、大小、質地、溫度、與重量。一旦學生學會以觸覺分辨東西的能力,他即接著從事味覺與嗅覺的訓練。採取這種作法的理由,在於他相信味覺與嗅覺都和觸覺有關,同時這些能力有效發展後,對智能的訓練也有幫助。

㈢聽覺訓練

　　Seguin 除了教學生認識與分辨常見的聲音外,他也別具創意地運用與音樂相關的聲音來訓練學生。他曾提出下列的理由說明音樂的功能:

1. 音樂會讓孩子快樂,而不會有傷害。

2. 在辛苦的活動後,音樂可提供休息的機會。

3. 音樂可讓不願活動的孩子開始動起來。

4. 音樂可讓神經器官警醒、反應加速,並有效地支持思考的運用。

5. 音樂可將忿怒、厭倦、憂鬱等情緒轉化成溫和的感覺。

6. 音樂是極佳的精神安定劑。

由於 Seguin 如此看重音樂的力量,因此在其安排的學習環境

中，可謂音樂聲處處聞。為了製造活動的氣氛，在早上的學習，他會提供快樂、活潑的音樂；下午的活動則提供能引發沉思的音樂；在體育課時播放活潑的音樂；而在說話活動時所提供的樂聲則變得緩慢、綿延。

㈣說話訓練

Seguin 認為說話是最難教的。正因為如此，他鼓勵孩子在從事每一種活動時儘量要發出聲音。例如，在玩遊戲時，孩子可以呼喊、尖叫；甚至在學習時，也可唱可哼。為了讓孩子學會某種聲調，他會利用孩子自然發聲的機會去做練習。例如，當孩子從高處跳下而尖叫時，他會讓孩子只用「啊」或「喔」來叫。其次，他要孩子變化聲調去叫，以獲致不同的效果。接著，他要孩子把叫喊轉變成有目的的聲音或唱或哼。經過這樣的訓練，不消多久，所有的孩子對各種音調與聲音的表現即可收放自如。這在採用模仿的方法以教導構音（articulation）方面算是向前邁了一小步。為了有所強調，Seguin 甚至使用休息與暫停教學生靜止不動（immobility）。值得一提的是，精神訓練（moral training）或自由意志或自律，正是 Seguin 教育方案的終極目標。而教學生不要隨便動，也正與這種目的完全相符。事實上，讓學生靜下來這種作法，幾乎在活動與活動之間皆被採用，也是他的訓練活動中一個十分重要的部分。

㈤學術技能的教學

Seguin 對寫字的教學係安排在閱讀之前。寫字時也要運用到說話的技能。當孩子寫字時，他也要孩子將那個字的發音說出來。如此一來，雖然目的是在教寫字，但視覺、聽覺、說話、與閱讀卻可有效地皆被用上了。至於閱讀的教學則要孩子說出字的發音，將字寫下來，並將字所代表的東西置於孩子的手中。他在字彙的教學所遵循的順序和 Itard 所用者大致相同，都是先教名詞，其次是動詞，最後才是修飾詞。同時兩人所採用的許多練習的方式也都一樣。

　　很顯然地，Seguin 是從 Itard 學到失敗的教訓，但對 Itard 成功之處，也著墨甚深。不過他也有自己獨特的貢獻，這些貢獻也經得起時間的考驗。例如，Itard 主張單獨的去訓練每一種感官，Seguin 卻力主整合或全人訓練的必要。像這種全人觀點的原則，即是目前所有教育工作所賴以遵循的基礎之一。他從感官訓練到學術技能的教學所有的教導工作中，所運用的個別與團體活動的方式，這種做法目前仍然是存在的。尤其重要的是，他確認了從最基礎到複雜的發展順序。他特別將重點放在動作活動，接著才從事觸覺、味覺、嗅覺、聽覺與說話的訓練。不過比較有意思的，雖然他並不忽略視覺的訓練，但他是將視覺和其他技能如寫字等一起教，並不像其他感官訓練活動一樣正式加以教導。這種作法似與現在採用的特別強調視知覺訓練之某些學習程序大相逕庭。Seguin 的教學也相當注意活動的安排須和時間與天候相配合，例如，個別的閱讀活動在溫和、涼爽的天氣、以及注意力容易集中的上午時段，似更易於持久；另外，像在颱風、下雨的日子和下午的時段，則團體教學可免於學生的厭倦乏味。這種將活動的安排和時間與天候相配合的觀念，已成為當今教育工作標準的做法。

三、Dotloressa Maria Montessori（1870-1952）

　　Montessori 是一位傑出的教育家，也是開創幼兒教育的先驅。她出生於義大利的 Ancona 省的 Chiaravalle。她是家中的獨生女。她原本學習工科，二十歲時轉而學醫。1894 年從羅馬大學取得醫學學位，是義大利女性拿到這項學位的第一人。

　　她的第一份工作係任職於羅馬大學的精神科診所。她在那兒發現許多智障者是和精神病患混居在一起的。對於這種現象她頗不以為然。由於對智障兒童的興趣，她遂開始研讀 Seguin 和 Itard 的著作，終於瞭解智障兒童必須透過雙手的操作才能將智力激發出來。她堅決認為智障屬於教育問題，而精神病才是精神醫療的範疇。由

於她的論點極為動人，1898 年她被任命為 Scuola Ortofrenica（羅馬的一所啟智學校）的校長。她將 Seguin 和 Itard 的原理運用到智障孩子身上，另一方面，陸續設計一些教具讓孩子操作，她在那兒也發展出「自動教學技術」（auto-teaching techniques）。這種高度個別化的教學方法對智障兒童十分有效，結果在她卓越的教導下，這群智障兒童竟然能和正常兒童一樣順利通過公立學校的考試。Montessori 覺得這套教育方法若用於普通與資優兒童應該效果會更好。

1907 年，Montessori 為勞動階層家庭的普通兒童，創立第一所兒童之家（House of Children）。這所學校的名聲很快不脛而走。世界各地紛紛成立仿效兒童之家的學校，且很多私立學校即直稱它們為 Montessori 學校。

Montessori 雖深受 Seguin 和 Itard 著作的影響，不過她也有自己的創意。她稱自己所採用的乃是心理學方法（psychological method）。此一方法所根據的是下列三個心理學的原則：

㈠兒童都是彼此不同的，因此須個別加以看待。

㈡兒童必定願意學習。

㈢給予適當的條件，對任何工作，兒童的本性比較喜歡自己教自己。

在學習環境中，她對兒童會有如下簡單明瞭的規範：

㈠兒童對用過的東西須放回原來的地方，且擺在原來的位置。

㈡任何工作一旦開始必須做完。

㈢當某人正在使用某樣東西時，其他人在同一時間不得加以使用。

㈣兒童在教師將某樣材料介紹給他之前，不得取用那樣的材料。

Montessori 教學法的目標是在提供兒童所需要的材料，以將他們的潛能充分發揮出來。其基本的理念是：透過接收來自於環境的感覺刺激，藉由持續觀察、比較、與判斷的運用，兒童得以建立其智能發展的基礎。Montessori 其他的教育觀點值得注意的尚有以下數端：

㈠強調教具的運用

她認為兒童動作知覺的發展要比高層次智能的發展為快，因此她所創作的教具皆重視其可操弄性。

㈡注意環境輕鬆刺激合宜

這種觀念乃承襲Itard的理念。認為安排輕鬆的環境與合宜的刺激，是教育活動應加考慮的因素。

㈢以具體方式呈現抽象概念

此一觀念係得自Seguin的影響。因此她重視透過實際操作玩具與像玩具之類的教具，使得抽象的概念得以具體呈現在孩子面前。

㈣讓孩子選擇他們想學的

Montessori認為兒童才是其能力水準與學習速度最好的判斷者。其理由十分簡單，就他們所選擇的材料之種類與複雜度，即可顯示其發展水準。在這種選擇上，他們實際上是比其教師對自己的需求有更佳的判斷。

㈤每個兒童應以自己的速率來學習

由於個別差異的存在，若規定孩子幾歲開始學閱讀，幾歲開始學算術，或幾歲才能從學校畢業，Montessori 認為這種做法極為武斷，也不合理。她相信每個兒童有他自己的學習速度，教師若能予以尊重，必可使其學習活動的成果達到最大的限度。因此掌控教室的應該是兒童，而不是教師。

㈥教師應有的角色

Montessori 認為你無法教任何人任何事情，你只能將環境安排成兒童可藉著與教材教具互動而學習。因此學校該重視的應是兒童

的活動，教師只在扮演引導者的角色。

(七)強調學習的時間順序性

Montessori認為各種感官是學習的管道，而其運用以觸覺為先，其次才是視覺與聽覺。這些感官能力是智能運作的基礎，而智能運作發展的時間順序，依序為認知、記憶、判斷、比較、與解釋。

(八)對增強的觀念

Montessori 認為增強（reinforcement）僅來自於兒童成功完成工作所獲致的滿足感，因此獎懲是無用的。在 Montessori 的學校沒有失敗，也不比較成績，只有一項可能的結果，那就是成功完成某一項作業。因而學生之間不會有競爭，每個兒童才是他自己的掌控者。

(九)強調獨立學習的重要

兒童若要從 Montessori 的教育方法獲益，他們須能表現自我照顧、自制、及獨立性。為了讓孩子學會獨立，Montessori 會先提供許多孩子有興趣的事物，諸如寵物、遊戲場、玩具等所構成的環境，再加上某些例行活動，以讓他們學習表現獨立。當兒童表現獨立學習的能力後，教師即可讓他們不受干擾自行學習。

(十)寫字比閱讀容易學習

在兒童完成感官訓練後，即可進行較高層次的學術技能訓練（academic skill exercises）。此時是先由寫字教學開始，再將閱讀逐漸融入。其學習的順序依次為：學握鉛筆、模描幾何圖形外圍、在雙線所構成幾何圖形之兩線間模描、模描字彙中的字母、抄寫字彙並將字母一一唸出、寫與讀簡單的語句等。

雖然 Montessori 的教育方法得到舉世的推崇，但也受到不少批評。其中特別值得注意的有以下幾方面：

(一)強調個別而非團體活動，有違民主社會重視團體合作的精神。

(二)從心理學的角度來看，Montessori的學習活動皆有其特定性，並未教導學生作學習遷移。

(三) Montessori 的學習活動皆有其侷限性，並未教導學生發揮想像力或創造性思考。

(四)許多教師對於要他們從嚴肅的師生關係，走向與學生平起平坐，並將兒童活動的掌控權交給兒童，如此角色權威的倒轉，是無法接受的。

(五) Montessori 和 Seguin 及 Itard 一樣皆同受彼等醫學背景的影響。每位都強調採取系統化感覺學習管道的療育。但感官知覺的訓練事實上有其極限，他們的教育活動到最後極可能變得無所適從。也就是說，在兒童學會了基本讀、寫、算的技能後，他們的教育方案並不提供將那些技能應用於較高層次教育活動的機會。因此，他們三人的教育構想可算得上是極佳的學前與小學低年級階段的教育方案，但並未建構出考慮到全人發展的完整教育體系。

第三節　早期療育的社會關注期

比較具體早期療育概念的出現，跟 1930 年代以來兒童早期教育思想的發展具有密切的關係。吾人若謂早期療育方案（early intervention programs）是兒童早期教育方案（early childhood programs）的延伸，也並不為過。像托兒所（nursery school）或幼稚園這類的兒童早期教育方案的發展，多出自心理學者對兒童心理健康關切的結果（Cairns, 1983）；因為有許多心理學者認為兒童的心理健康的培育，端賴早年積極教養兒童的作為。這些早期教育機構所收的多是一般的兒童，身心障礙的孩子大多是被排除在外的。許多重度障礙或智障兒童只能被安置於有如醫院般的收容機構。這類機構所提供的多屬監護性的照顧（custodial care），殊少訓練可言。當時社會

存在的觀念，是一個人的智力及其他能力在出生時已固定下來，我們對身心障礙兒童所能做的相當有限。不過有些家長、特殊教育工作者、與相關的醫療專業人士卻質疑這種觀念的合理性。隨著諸多身心障礙兒童早期療育成效的驗證，早期療育的重要性似已逐漸受到普世的肯定。茲將這些受到注意的早期療育方案或相關研究，分別介紹如後：

一、Skeels & Dye 的研究

Skeels & Dye（1939）的研究包括了實驗組與控制組。其中實驗組是十三名三歲以下的孤兒，平均智商為 64.3。控制組是十二名孤兒，平均智商是 87。實驗組被安置於智障教養機構與智障女性同住。這些智障的女院生和實驗組的孩子混在一起，他們一塊兒遊戲，也會提供具有啟發性的材料讓實驗組的孩子去操弄。控制組的孩子則留在孤兒院中；在裡頭啟發心智的活動是缺乏的。院中的工作人員只在孩子需要照顧時才會和他們有接觸；而即使那樣的接觸也是減少到最低。經過一段時間後，十三名實驗組的孩子智商的增加皆在 7 分以上（有一人增加 58 分；有八人增加超過 20 分）。可是留在孤兒院的控制組在二十一至四十三個月後，有十一人的智商降低了（有十人所降低的智商介於 18 到 45 分，而有五人的智商跌落了 35 分以上）。到最後，實驗組的兒童除兩名孩子外，其餘皆被領養。領養者大部分是中下社會階層的夫婦。而所有十二名控制組的兒童則不是仍留在孤兒院，就是被安置在州立的啟智教養機構。

上述 Skeels & Dye（1939）的研究經過二十年後，Skeels（1966）與 Skodak（1968）再做追蹤研究，其結果有下列的發現：

㈠實驗組的部分

*1.*平均曾受過約十二年的學校教育。

*2.*有三名男性分別做職業輔導員、房地產銷售經理、及空軍士

官。

3. 就業的女性有一名是小學教師、兩名護士、一位美容師、一名店員、與一位空中小姐、兩位家庭幫傭。

(二)控制組的部分

1. 平均完成四年的學校教育。

2. 四名仍在教養機構中並未就業、三名做洗碗工、一名為非技術工、一名在餐廳工作。

3. 有一名男性從教養院進出多次。當他出來時，即與其祖母同住，並代其打雜。另有一名男性為曾待過的教養機構工作。

4. 在控制組唯一適應比較良好的成員是當報紙的排版員。他曾參與某一博士論文研究計畫所辦的一項密集啟發訓練方案，而在該方案實施不久後，他且獲所居住的機構一位女舍監的青睞。

二、Hunt 的研究

Hunt（1961）總結介紹早期療育的相關研究，而以《智力與經驗》一書加以發表，對美國早期療育方案的進一步發展，似起了重要的催化作用。它直接促成了啟蒙（Head Start）計畫的出現。該計畫原本係為來自於貧困家庭的兒童而設之教育方案。不過當啟蒙計畫實施後，身心障礙兒童的家庭也開始給學校、地方、及國會施壓，要求為其子女的教育比照辦理。他們認為身心障礙兒童若能及早教育，則彼等的生活情況將可以獲得改善。就因為身心障礙兒童家庭的這一股壓力，早期療育在美國即獲得迅速的發展。此後美國的早期療育即逐漸步入法制化的發展階段。

事實上，臺灣在民國 57 年時，臺南啟聰學校已設有幼稚部，以提供聽障幼兒早期特殊教育。民國 69 年時，臺北啟聰學校也設有幼兒教育實驗班（教育部社會教育司，1981）。這些都算是臺灣

在早期療育方面較早的實際作為，不過似乎多屬實驗性質，尚未形成制度化與普遍性的發展。

第四節　早期療育的法制化發展

我國在民國 62 年公布的「兒童福利法」雖未明確地提出早期療育的概念，但有若干規定確足供實施早期療育的基礎。這些規定包括：

一、本法所稱兒童，係指未滿十二歲之人。（第 2 條）

二、中央主管機關掌理特殊兒童輔導及殘障兒童重建之計畫事項。（第 6 條）

三、省（市）主管機關掌理特殊兒童輔導及殘障兒童重建之實施事項。（第 7 條）

四、省（市）及縣（市）政府為收容不適於收養或寄養之無依兒童、及身心有重大缺陷不適宜於家庭撫養之兒童，應創辦或獎助籌設下列兒童福利設施：

　　㈠育幼院。

　　㈡育嬰院。

　　㈢教養院。

　　㈣低能兒童教養院。

　　㈤傷殘兒童重建院。

　　㈥精神病兒童保育院。

　　㈦其他兒童教養處所。（第 16 條）

五、政府對特殊及身心不健全之兒童，應按其需要，給予特殊保育。（第 24 條）

民國 59 年教育部曾公布「特殊教育推行辦法」，該辦法在民國 66 年又做了修正。特殊教育推行辦法中有下列兩項規定和早期療育直接相關：

一、特殊學校得分設幼稚部、國民小學部、國民中學部、高級職業部及專科部，其修業年限比照同級學校之規定，必要時得報請主管教育行政機關核准後變更之。（第 6 條）

二、幼稚部特殊學生入學年齡為三足歲至六足歲。（第 9 條）

　　民國 73 年所公布的「特殊教育法」，似在早期療育法制化的發展又向前邁進一步；該法曾提到：

一、學前之特殊教育在家庭、幼稚園、特殊幼稚園（班）或特殊教育學校幼稚部實施。（第 4 條）

二、學前教育階段之特殊教育，由直轄市或縣（市）主管教育行政機關辦理為原則。（第 5 條）

　　民國 82 年所公布的「兒童福利法」，則在早期療育方面有下列稍微具體的規定：

一、縣（市）政府應對發展遲緩之特殊兒童建立早期通報系統並提供早期療育服務。（第 13 條）

二、省（市）及縣（市）政府為收容身心有重大缺陷不適宜於家庭扶養之兒童，應自行創辦或獎勵民間辦理發展遲緩兒童早期療育中心。（第 23 條）

三、政府對發展遲緩及身心不健全之特殊兒童，應按其需要，給予早期療育、醫療、就學方面之特殊照顧。（第 42 條）

　　民國 82 年之後，與身心障礙兒童早期療育有關的立法又陸續被修訂。直至目前為止，這些相關的立法計有下列這幾方面：

一、中華民國憲法增修條文（民 89）。

二、身心障礙者保護法（民 93）。

三、特殊教育法（民 93）。

四、兒童及少年福利法（民 92）。

五、幼稚教育法（民 92）。

　　早期療育在臺灣獲得法制化的發展，其最明顯的效果厥為自民國 75 年之後，特殊學校即陸續增設幼稚部（國立彰化仁愛實驗學校，2005）。在民國 80 年代，早期療育或發展中心更如雨後春筍紛

紛在許多私立社會福利機構成立。而行政院衛生署更在民國 86 年開始補助醫院設立「發展遲緩兒童聯合評估中心」。民國89年4月又發表「婦女健康政策」，宣示推動全民健保兒童預防保健服務，及建立零至六歲發展遲緩兒童篩檢體系之決心，並實施「學前兒童健康與發展篩檢及異常個案管理計畫」。推廣學齡前兒童斜、弱視及視力篩檢計畫，並設置視力保健中心，整合責任區醫療院所，建立視力醫療網。擴大辦理學前兒童聽力篩檢服務計畫。這一系列的措施在臺灣早期療育的發展上，無疑是一個重要的里程碑。

　　至於美國早期療育的法制化則始自 1965 年所制定的初等與中等教育法，其後相關的立法即陸續出現。茲將這些與早期療育有關的法案，就其先後順序臚列如下：

一、初等與中等教育法（the Elementary and Secondary Education Act, 1965）。

二、幼兒特殊教育協助法（the Early Childhood Special Education Assistance Act, 1968）。

三、全體殘障兒童教育法（the Education for All Handicapped Children Act; PL 94-142, 1975）。

四、全體殘障兒童教育法修正案（the Amendments to the Education for All Handicapped Children Act, 1983）。

五、障礙者教育法修正案（the Education of the Handicapped Act Amendments; PL 99-457, 1986）。

六、殘障者教育法（the Individuals with Disabilities Education Act, 簡稱 IDEA；PL 101-476, 1990）。

　　有關我國與美國早期療育相關的立法內容，將於本書第三章再分別加以介紹。

　　從早期療育整個發展過程來看，早期療育所彰顯的乃是下列三種精神：

一、對幼兒提供照顧與保護的社會責任。

二、對兒童的特殊需求照顧的承諾。

三、預防重於治療與早期療育優於日後矯治的信念。

第五節　早期療育的發展趨勢

　　早期療育經過兩百多年的發展，尤其是最近三十年，不管是在學術研究、國家立法、與實務工作的推動方面，皆有極為快速的進展。本節對目前早期療育盛行的觀念或做法、以及未來可能的走向，將以發展趨勢統稱而分別介紹於後（Feldman, 2004）：

一、重視身心障礙的早期發現與預防

　　過去許多成因晦暗不明的身心障礙狀況，拜生物醫學科技的進步，目前已更能掌握其病理機制。例如，孕婦如被檢查出過量的多巴安（dopamine），再加上胎兒的具有過敏性，即可能是形成某種自閉症的機制（Robinson, Schutz, Macciardi, White & Holden, 2001）。就像唐氏症一樣，有愈來愈多的遺傳疾病，將可於胎兒發育階段檢測出來，而使許多即將為人父母者面臨困難的抉擇。類似這樣的研究發現，對身心障礙的早期發現、預防、與療育甚有助益。就以前述的自閉症為例，我們若鑑定出有較高的危險性成為自閉症的新生兒，即可對其緊密追蹤。要是孩子開始顯現初期自閉症的症狀（如缺乏社會性互動、行為固執等）時，則可提供父母改變異常行為的策略，並營造早期特殊的家庭學習環境，以促進孩子的正常發展。此外，隨著遺傳科技的進步，基因治療（gene therapy）的潛力已逐漸受到重視。未來也許透過對異常基因的修護、或以健康的基因加以取代，人類有機會從根本去預防某些身心障礙的發生。

二、重視提供早期親職教育

依據已知的研究結果，吾人已可肯定有許多幼兒的身心障礙，其實是可以避免或預防的。不過由於為人父母者的無知或疏忽（如懷孕期吸煙、教養知能的欠缺等），以致造成子女發展上的惡果。因此，身心障礙的防範未然之道，為人父母或將為人父母者，特別是將為人父母者，已被認定是極為重要的著力點。因而學校（特別是中學階段）、社教、研究等機構，在提供將為人父母者健康的生活態度、兒童發展、產前衛生保健、親職教養、安全性行為等知識和諮詢之早期親職教育，已逐漸受到重視。

三、強調提供最適當的療育模式

特殊幼兒儘管擁有相同的異常標記（如智障、自閉症、腦麻痺等），但他們的身心狀況仍存在明顯的差異。如果某一早期療育方案將不同問題或需求的幼兒，皆一網打盡，一體適用，似難以發揮療育的成效。因此，為特殊幼兒提供量身定做的早期療育方案，已逐漸受到普遍的認同。這種量身定做的療育方案，不僅須考量特殊幼兒的身心特質，也要顧及其父母、家庭、鄰里等生態環境的因素。例如，為某一低收入、社交孤立、單親家庭唐氏症幼兒設計的早期療育方案，可能會和為另一雙親俱全、富有家庭的唐氏症幼兒而安排的療育方案，有著共同與相異的特色。因此特殊幼兒療育方案的設計，必須從生態互動發展的觀點做個別化的考量，方能為彼等提供最適當的療育模式。

四、早期療育概念的擴充

早期療育的起迄時間點，就多年來持續的發展趨向而言，似有

逐漸向上與向下延伸的情形。在向下延伸的部分，吾人可從各國在早期療育對象的立法見其端倪。例如，美國 1975 年通過的全體殘障兒童教育法（the Education for All Handicapped Children Act; PL 94-142），規定各州如欲得到聯邦政府的經費補助，須對三歲至二十一歲的身心障礙者提供免費而適當的教育。但到了 1986 年通過的障礙者教育法修正案（the Education of the Handicapped Act Amendments；PL 99-457），則規定聯邦可提撥經費給各州，發展從出生開始身心障礙兒童及其家庭之服務計畫。至於我國在民國 73 年公布的特殊教育法，只提到學前階段的特殊教育在家庭、幼稚園、特殊幼稚園（班）或特殊教育學校幼稚部實施。但最近修訂的立法，則規定各階段特殊教育之學生入學年齡及修業年限，對身心障礙國民，除依義務教育之年限規定辦理外，並應向下延伸至三歲（特殊教育法第 9 條，民 93）。此外，為適時提供療育與服務，衛生主管機關應建立疑似身心障礙六歲以下嬰幼兒早期發現通報系統（身心障礙者保護法第 14 條，民 93）。在另一方面，為發揮最大與持續的效益，早期療育可能必須向上延伸到小學低年級階段的呼聲，也得到相關研究的支持（Reynolds & Temple, 1998）。

除了早期療育時程的擴充外，許多早期療育方案的療育目標，也出現擴大的需要。長久以來，大多為有學習失敗危險的兒童所設計的療育方案，多專注於改善兒童的認知發展，但若療育方案也強調社會能力的培養，則可能在健康的成人適應方面，產生長期更廣泛的效益（Weikart, 1998）。例如，發展遲緩兒童多被認為出現長期、嚴重行為與精神異常的風險相當高，但很少有嬰幼兒療育方案會注意到這些問題的預防。因此，將有效的行為問題預防策略納入發展遲緩幼兒的療育方案，而擴充早期療育方案的目標，也必然是今後的發展方向。

五、早期療育情境的擴展

在多數人的傳統觀念裡，會認為早期療育的實施，應該是在醫療院所或早療中心之類的場所。這種以療育中心提供療育服務的概念，固有專業人力、器材、時程安排等方面的便利性。不過就特殊幼兒的學習機會而言未必是最有利的。因此，著眼於學習與發展的生態觀點，而強調應將療育情境擴展到家庭與社區的呼聲，已愈來愈受到肯定。換句話說，吾人若能將特殊幼兒及其家人每天參與的生活環境做為其學習的場所，則這樣的環境所提供的經驗不論是刻意安排或偶發的，將提供他們學習日常生活、常規、慣例、家庭與社區慶典和傳統等的機會。透過這樣的安排所獲得的學習經驗，絕對比單純早療中心或學前教育機構所能提供的為多。

六、專業人員的角色趨向間接的提供服務

目前早期療育多強調在社區的環境中，採取更融合、協調、綜合、以家庭為中心的服務（family-centered services），因此，早期療育人員（early interventionist）更需要具備承擔多方面角色的彈性與能力，以從直接服務的提供者轉而扮演間接服務的提供者。早期療育人員這種趨向間接服務角色的轉變，似與當今和早期療育相關的下列兩個概念有關：

㈠以家庭為中心的服務

由於家庭成為服務的中心，因此，家庭在特殊幼兒療育服務有關的規劃、執行、與評鑑方面，勢須從事積極的決策參與。

㈡生態觀點

將特殊幼兒及其家人視為所在社區成員的生態觀點，當然會支

持與強調較間接的服務提供方式（如合作、諮詢、技術協助、訓練等）。

　　為培養早期療育人員承擔上述間接服務的角色，則傳統早期療育團隊各領域專業人員各行其是實施專業訓練的做法，勢必需要有所改變。今後早期療育團隊各領域專業人員的培養，除需具備其各自領域在早期療育的專業知能外，尚應具備執行早期療育所需從事領域間與單位間協調合作的技能。準此以觀，早期療育所有領域的專業人員，就應在兒童發展、鑑定與評量策略、療育技術、家庭系統（family systems）、人際關係與溝通、助人技巧等方面具備完整的知能。此外，他們在從事評量與療育方案的規劃時，應採團隊合作而能分享與運用其他團隊成員的專業知能。從上述早期療育人員未來可能承擔的角色、以及所需具備的知能看來，則早期療育專業人力逐漸走向領域間或專業間合作訓練的模式，應屬必然的結果。

七、充分運用輔助科技

　　拜現代科學技術日新月異的進步，早期療育結合輔助科技（assistive technology）的運用，的確可帶給特殊幼兒更有希望的未來。輔助科技目前已屬於早期療育服務的範疇。不管輔助科技所涉及的技術層次高低，它們對特殊幼兒身心功能的強化、行動能力的改善、生活品質的提昇、學習與溝通能力的增進等，的確可做出極為顯著的貢獻。因此，運用輔助科技以促進特殊幼兒的身心發展，其重要性與必要性，相信會與日俱增。

八、強調採取團隊合作的服務模式

　　由於特殊幼兒的早期療育常需要許多專業與單位如醫療復健、特殊教育、輔助科技、社會工作、心理治療等的配合，因此，其服務工作多採取專業團隊合作的方式進行。這種趨勢目前如此，未來

也不會改變。當跨單位與專業間的合作服務模式是必要時，則如何在滿足特殊幼兒及其家庭的需求，並考慮各單位或專業所存在的資源上的限制，以提供一個協調良好，且少有落差的服務體系，應該是這一合作服務模式要努力以赴的終極目標。至於團隊合作的服務模式所能發揮的效益，大致有以下幾方面：

　　㈠可以更有效的運用各提供服務單位的資源，而有助於服務品質的提昇。

　　㈡由於所有早期療育的服務項目，是在同一合作體系的營運之下，因此可以減少服務的重複提供。

　　㈢由於所有早期療育的服務具有整合、廣泛、與遠程規劃的特性，因此在服務的過程中，可以排除正式轉銜的需要。

Chapter 3　早期療育的立法基礎

第一節　我國早期療育的立法

　　我國早期療育的實施，其具體的法令基礎散見於憲法增修條文、身心障礙者保護法、兒童及少年福利法、特殊教育法、幼稚教育法等及其相關的施行細則。就這些法令內容觀之，我國的早期療育，似已做了下列的宣示：

一、早期療育的對象

(一)為適時提供療育與服務，衛生主管機關應建立疑似身心障礙六歲以下嬰幼兒早期發現通報系統。（身心障礙者保護法第14條，民93）

(二)各階段特殊教育之學生入學年齡及修業年限，對身心障礙國民，除依義務教育之年限規定辦理外，並應向下延伸至三歲，於本法公布施行六年內逐步完成。（特殊教育法第9條，民93）

(三)身心障礙者保護法所稱身心障礙者，係指個人因生理或心理因素致其參與社會及從事生產活動功能受到限制或無法發揮，經鑑定符合中央衛生主管機關所定等級之下列障礙並領有身心障礙手冊者為範圍：

　1.視覺障礙者。

　2.聽覺機能障礙者。

3.平衡機能障礙者。

4.聲音機能或語言機能障礙者。

5.肢體障礙者。

6.智能障礙者。

7.重要器官失去功能者。

8.顏面損傷者。

9.植物人。

10.失智症者。

11.自閉症者。

12.慢性精神病患者。

13.多重障礙者。

14.頑性（難治型）癲癇症者。

15.經中央衛生主管機關認定，因罕見疾病而致身心功能障礙者。

16.其他經中央衛生主管機關認定之障礙者。

前項障礙類別之等級、第7款重要器官及第16款其他障礙類別之項目，由中央衛生主管機關定之。（身心障礙者保護法第3條，民93）

㈣特殊教育法所稱身心障礙，係指因生理或心理之顯著障礙，致需特殊教育和相關特殊教育服務措施之協助者。本法所稱身心障礙，指具有左列情形之一者：

1.智能障礙。

2.視覺障礙。

3.聽覺障礙。

4.語言障礙。

5.肢體障礙。

6.身體病弱。

7.嚴重情緒障礙。

8.學習障礙。

9. 多重障礙。

10. 自閉症。

11. 發展遲緩。

12. 其他顯著障礙。

前項各款鑑定之標準，由中央主管教育行政機關會商相關機關定之。（特殊教育法第 3 條，民 93）

㈤發展遲緩兒童指在認知發展、生理發展、語言及溝通發展、心理社會發展或生活自理技能等方面，有疑似異常或可預期有發展異常情形，並經衛生主管機關認可之醫院評估確認，發給證明之兒童。經評估為發展遲緩兒童，每年至少應再評估一次。（兒童及少年福利法施行細則第 6 條，民 93）

二、早期療育對象的發現與通報

㈠各類兒童及少年福利、教育及醫療機構，發現有疑似發展遲緩兒童或身心障礙兒童及少年，應通報直轄市、縣（市）主管機關。直轄市、縣（市）主管機關應將接獲資料，建立檔案管理，並視其需要提供、轉介適當之服務。（兒童及少年福利法第 22 條，民 92）

㈡直轄市、縣（市）政府為及早發現發展遲緩兒童，必要時，得辦理兒童身心發展篩檢；發現有疑似發展遲緩兒童時，應建立檔案管理，並視其需要提供、轉介適當之服務。（兒童及少年福利法施行細則第 7 條，民 93）

㈢直轄市、縣（市）政府，應鼓勵、輔導、委託民間或自行建立發展遲緩兒童早期通報系統，並提供早期療育服務。（兒童及少年福利法第 19 條，民 92）

三、安置措施

㈠幼稚園之教學應依幼稚教育課程標準辦理，如有實施特殊教育之必要時，應報請主管教育行政機關核准後，設置特殊教育班級。（幼稚教育法施行細則第 4 條，民 91）

㈡幼稚教育係指四歲至入國民小學前之兒童，在幼稚園所受之教育。（幼稚教育法第 2 條，民 92）

㈢特殊教育之實施，分下列三階段：

　1.學前教育階段，在醫院、家庭、幼稚園、托兒所、特殊幼稚園（班）、特殊教育學校幼稚部或其他適當場所實施。

　2.國民教育階段，在醫院、國民小學、國民中學、特殊教育學校（班）或其他適當場所實施。

　3.國民教育階段完成後，在高級中等以上學校、特殊教育學校（班）、醫院或其他成人教育機構等適當場所實施。

　為因應特殊教育學校之教學需要，其教育階段及年級安排，應保持彈性。（特殊教育法第 7 條，民 93）

㈣特殊幼稚園指為身心障礙或資賦優異者專設之幼稚園；所稱特殊幼稚班，指在幼稚園為身心障礙或資賦優異者專設之班。（特殊教育法施行細則第 3 條，民 92）

㈤為辦理身心障礙學生入學年齡向下延伸至三歲事項，直轄市、縣（市）政府應普設學前特殊教育設施，提供適當之相關服務。直轄市、縣（市）政府對於前項接受學前特殊教育之身心障礙學生，應視實際需要提供教育補助費。（特殊教育法施行細則第 6 條，民 92）

㈥學前教育階段身心障礙兒童，應以與普通兒童一起就學為原則。（特殊教育法施行細則第 7 條，民 92）

四、早期療育內容

㈠國家對於身心障礙者之保險與就醫、無障礙環境之建構、教育訓練與就業輔導及生活維護與救助，應予保障，並扶助其自立與發展。（中華民國憲法增修條文第 10 條，民 89）

㈡各級主管機關及目的事業主管機關應建立個別化專業服務制度，經由專業人員之評估，依身心障礙者實際需要提供服務，使其獲得最適當之輔導及安置。前項個別化專業服務制度包括個案管理、就業服務、特殊教育、醫療復健等制度；其實施由各級主管機關及目的事業主管機關依各相關法規規定辦理或委託、輔導民間辦理。（身心障礙者保護法第 15 條，民 93）

㈢身心障礙教育之診斷與教學工作，應以專業團隊合作進行為原則，集合衛生醫療、教育、社會福利、就業服務等專業，共同提供課業學習、生活、就業轉銜等協助；身心障礙教育專業團隊設置與實施辦法，由中央主管教育行政機關定之。（特殊教育法第 22 條，民 93）

㈣早期療育指由社會福利、衛生、教育等專業人員以團隊合作方式，依未滿六歲之發展遲緩兒童及其家庭之個別需求，提供必要之治療、教育、諮詢、轉介、安置與其他服務及照顧。經早期療育後仍不能改善者，輔導其依身心障礙者保護法相關規定申請身心障礙鑑定。（兒童及少年福利法施行細則第 5 條，民 93）

㈤為提供身心障礙兒童及早接受療育之機會，各級政府應由醫療主管機關召集，結合醫療、教育、社政主管機關，共同規劃及辦理早期療育工作。對於就讀幼兒教育機構者，得發給教育補助費。（特殊教育法第 25 條，民 93）

㈥中央衛生主管機關應整合全國醫療資源，辦理嬰幼兒健康檢

查，提供身心障礙者適當之醫療復健及早期醫療等相關服務。各級衛生主管機關對於安置於學前療育機構、相關服務機構及學校之身心障礙者，應配合提供其所需要之醫療復健服務。（身心障礙者保護法第 17 條，民 93）

㈦政府及公私立機構、團體應協助兒童及少年之父母或監護人，維護兒童及少年健康，促進其身心健全發展，對於需要保護、救助、輔導、治療、早期療育、身心障礙重建及其他特殊協助之兒童及少年，應提供所需服務及措施。（兒童及少年福利法第 4 條，民 92）

㈧政府應規劃實施三歲以下兒童醫療照顧措施，必要時並得補助其費用。前項費用之補助對象、項目、金額及其程序等之辦法，由中央主管機關定之。（兒童及少年福利法第 20 條，民 92）

㈨政府對發展遲緩兒童，應按其需要，給予早期療育、醫療、就學方面之特殊照顧。父母、監護人或其他實際照顧兒童之人，應配合前項政府對發展遲緩兒童所提供之各項特殊照顧。早期療育所需之篩檢、通報、評估、治療、教育等各項服務之銜接及協調機制，由中央主管機關會同衛生、教育主管機關規劃辦理。（兒童及少年福利法第 23 條，民 92）

㈩疑似發展遲緩兒童或身心障礙兒童及少年之父母或監護人，得申請警政主管機關建立疑似發展遲緩兒童或身心障礙兒童及少年之指紋資料。（兒童及少年福利法第 21 條，民 92）

⑾各級學校應對每位身心障礙學生擬定個別化教育計畫，並應邀請身心障礙學生家長參與其擬定與教育安置。（特殊教育法第 27 條，民 93）

⑿個別化教育計畫指運用專業團隊合作方式，針對身心障礙學生個別特性所擬定之特殊教育及相關服務計畫，其內容應包括下列事項：

1. 學生認知能力、溝通能力、行動能力、情緒、人際關係、

感官功能、健康狀況、生活自理能力、國文、數學等學業能力之現況。

2. 學生家庭狀況。

3. 學生身心障礙狀況對其在普通班上課及生活之影響。

4. 適合學生之評量方式。

5. 學生因行為問題影響學習者，其行政支援及處理方式。

6. 學年教育目標及學期教育目標。

7. 學生所需要之特殊教育及相關專業服務。

8. 學生能參與普通學校（班）之時間及項目。

9. 學期教育目標是否達成之評量日期及標準。

10. 學前教育大班、國小六年級、國中三年級及高中（職）三年級學生之轉銜服務內容。

轉銜服務應依據各教育階段之需要，包括升學輔導、生活、就業、心理輔導、福利服務及其他相關專業服務等項目。參與擬定個別化教育計畫之人員，應包括學校行政人員、教師、學生家長、相關專業人員等，並得邀請學生參與；必要時，學生家長得邀請相關人員陪同。（特殊教育法施行細則第 18 條，民 92）

㈡針對個別化教育計畫，學校應於身心障礙學生開學後一個月內訂定，每學期至少檢討一次。（特殊教育法施行細則第 19 條，民 92）

㈢特殊教育學校（班）、特殊幼稚園（班）設施之設置，應以適合個別化教學為原則，並提供無障礙之學習環境及適當之相關服務。（特殊教育法第 17 條，民 93）

㈣幼稚教育之實施，應以健康教育、生活教育及倫理教育為主，並與家庭教育密切配合，達成下列目標：

1. 維護兒童身心健康。

2. 養成兒童良好習慣。

3. 充實兒童生活經驗。

4.增進兒童倫理觀念。

5.培養兒童合群習性。

幼稚教育之課程標準，由教育部定之。（幼稚教育法第 3 條，民 92）

㈩任何人對於兒童及少年不得有利用身心障礙或特殊形體兒童及少年供人參觀之行為。（兒童及少年福利法第 30 條，民 92）

㈦身心障礙者醫療復健所需之醫療費及醫療輔助器具，尚未納入全民健康保險給付範圍時，直轄市、縣（市）主管機關應視其障礙等級補助之。前項補助辦法，由中央主管機關會同中央衛生主管機關定之。（身心障礙者保護法第 19 條，民 93）

㈧各級教育主管機關辦理身心障礙者教育，應依其障礙情況及學習需要，提供各項必需之專業人員、特殊教材與各種教育輔助器材、無障礙校園環境、點字讀物及相關教育資源，以符公平合理接受教育之機會。（身心障礙者保護法第 23 條，民 93）

㈨就讀特殊學校（班）及一般學校普通班之身心障礙者，學校應依據其學習及生活需要，提供無障礙環境、資源教室、錄音及報讀服務、提醒、手語翻譯、調頻助聽器、代抄筆記、盲用電腦、擴視鏡、放大鏡、點字書籍、生活協助、復健治療、家庭支援、家長諮詢等必要之教育輔助器材及相關支持服務；其實施辦法，由各級主管教育行政機關定之。（特殊教育法第 24 條，民 93）

五、早期療育行政

㈠兒童及少年福利主管機關：主管兒童及少年福利法規、政策、福利工作、福利事業、專業人員訓練、兒童及少年保護、親職教育、福利機構設置等相關事宜。（兒童及少年福利法第 9 條，民 92）

㈡衛生主管機關：主管婦幼衛生、優生保健、發展遲緩兒童早期醫療、兒童及少年心理保健、醫療、復健及健康保險等相關事宜。（兒童及少年福利法第 9 條，民 92）

㈢教育主管機關：1.主管兒童及少年教育及其經費之補助、特殊教育、幼稚教育、兒童及少年就學、家庭教育、社會教育、兒童課後照顧服務等相關事宜。（兒童及少年福利法第9 條，民 92）2.主管身心障礙者之教育及所需經費之補助、特殊教育教材、教學、輔助器具之研究發展、特殊教育教師之檢定及各類專業人員之教育培育、與身心障礙者就學及社會教育等相關事宜之規劃及辦理。（身心障礙者保護法第 2 條，民 93）

㈣衛生主管機關：主管身心障礙者之鑑定、醫療復健、早期醫療、健康保險與醫療復健輔助器具之研究發展等相關事宜之規劃及辦理。

㈤各級政府應設立及獎勵民間設立學前療育機構，並獎勵幼稚園、托兒所及其他學前療育機構，辦理身心障礙幼兒學前教育、托育服務及特殊訓練。（身心障礙者保護法第 24 條，民 93）

㈥學前教育及國民教育階段之特殊教育，由直轄市或縣（市）主管教育行政機關辦理為原則。（特殊教育法第 8 條，民 93）

㈦早期療育機構屬兒童及少年福利機構之一。（兒童及少年福利法第 50 條，民 92）

六、專業人員培育與任用

㈠為普及身心障礙兒童及青少年之學前教育、早期療育及職業教育，各級主管教育行政機關應妥當規劃加強推動師資培訓及在職訓練。（特殊教育法第 17 條，民 93）

㈡特殊教育學校（班）、特殊幼稚園（班），應依實際需要置

特殊教育教師、相關專業人員及助理人員。（特殊教育法第
17 條，民 93）

㈢特殊教育教師之資格及聘任，依師資培育法及教育人員任用
條例之規定；相關專業人員及助理人員之類別、職責、遴用
資格、程序、報酬及其他權益事項之辦法，由中央主管教育
行政機關定之。（特殊教育法第 17 條，民 93）

第二節　美國早期療育的立法

美國是一個聯邦國家，教育工作一向被認定為各州與地方應負
主要責任的事務。不過對身心障礙兒童的教育，各州因重視程度不
同與資源有別而水準不一。由於家長團體的奔走呼籲、相關專業組
織等的支持，最後終於說服美國國會通過相關立法，以提供身心障
礙兒童適當教育的機會。在這些立法中最值得注意的有以下幾個法
案：

一、初等與中等教育法

初等與中等教育法（the Elementary and Secondary Education Act）
是在 1965 年通過。透過此一法案，聯邦政府可以撥款給予地方教育
單位（Local education agencies），以為身心障礙、弱勢、以及三歲
到二十一歲的兒童設立教育方案。啟蒙教育計畫（the Head Start prog-
rams）就是由此一法案所設置。到了 1972 年，國會又對此一法案加
以修改，要求啟蒙教育計畫兒童就學人數的 10%，須保留給身心障
礙兒童（Beirne-Smith, Patton & Ittenbach, 1994）。

二、幼兒特殊教育協助法

　　幼兒特殊教育協助法（the Early Childhood Special Education Assistance Act）係於 1968 年通過。早期療育方案首次以特別的立法在美國起動。不過它們很快成為聯邦政府的例行性職責，而被稱為殘障兒童早期教育方案（the Handicapped Children Early Education Program; HCEEP）；不久又被稱為第一個機會的服務系統（the First Chance Network）。此一法案旨在各州推動身心障礙兒童的示範教育計畫，以透過早期療育讓身心障礙兒童盡最大可能得到像同年齡非身心障礙兒童一樣的發展水準。這些教育計畫通常是類別取向的，如視障、聽障、腦麻痺兒童等服務計畫。到了 1980 年，殘障兒童早期教育方案更普遍在全國各地實施。

三、全體殘障兒童教育法

　　全體殘障兒童教育法（the Education for All Handicapped Children Act; PL 94-142）是在 1975 年通過，其後也做了若干次的修正。這項法案規定各州如欲得到聯邦政府的經費補助，須對三歲至二十一歲的身心障礙者提供免費而適當的教育（何華國，2004）。這項立法為身心障礙兒童的教育樹立了下述六個基本原則（Kirk, Gallagher & Anastasiow, 2000）：

（一）零拒絕（zero reject）

　　必須提供所有身心障礙兒童免費與適當的教育。

（二）不歧視的評量（nondiscriminatory evaluation）

　　在安置於特殊教育方案之前，每一兒童須經充分的個別評量。其採用的測驗須和兒童的文化及語言背景相符合，且每三年須重新

再做評量。

㈢個別化教育方案（individualized education program; IEP）

必須為接受特殊教育的每一身心障礙學生撰擬個別化教育方案。在此一方案中須描述其目前的成就水準、年度的學習目標、欲提供的特殊教育服務、以及用以評鑑成果的程序。

㈣最少限制的環境（least restrictive environment）

身心障礙學生應儘可能與非身心障礙學生一起接受教育。

㈤適當的過程（due process）

適當的過程是確保教育決策公正與專業人員及家長在做那些決策權責清楚（accountability）之一套法律程序。透過這些程序，當家長不同意學校為其子女所擬定的教育計畫時，可以要求召開公聽會，以獲得從學校系統之外的合格評量人員之個別評量，或採取其他行動確保家人與兒童有管道可以為其利益和關切發聲。

㈥家長的參與（parental participation）

個別化教育方案的研擬須有家長的參與，且他們有權去接觸其子女的教育紀錄。

雖然全體殘障兒童教育法將三歲到五歲的身心障礙兒童納入服務的對象，但要是個別的州不要求對所有兒童提供學前的服務，或這樣的服務和州的法律牴觸的話，這種服務並不是強制性的。倒是此一法案提供「學前獎補助款」（Preschool Incentive Grants），鼓勵各州鑑定與服務三歲到五歲需要特殊教育的兒童。至於對三歲以下殘障嬰幼兒的特殊服務需要，全體殘障兒童教育法或其施行細則並未提及。

四、全體殘障兒童教育法修正案

全體殘障兒童教育法修正案（the Amendments to the Education for All Handicapped Children Act; PL 98-199）於 1983 年通過。它對全體殘障兒童教育法做了許多擴充性的規定。其中有下列兩方面特別與學前殘障兒童有關：

(一)允許運用在「學前獎補助款」項下的聯邦經費，去鑑定與服務三歲以下的殘障兒童。

(二)投入州的補助款以發展並執行綜合性的計畫，以提供從出生開始所有殘障兒童的早期教育。

五、障礙者教育法修正案

障礙者教育法修正案（the Education of the Handicapped Act Amendments; PL 99-457）通過於 1986 年。它可提撥聯邦經費給各州，發展從出生開始身心障礙兒童及其家庭之服務計畫。讓具有殘障危險性、發展遲緩、或可被鑑定的殘障嬰幼兒，能得到他們及其家人所需要的完整服務。從早期療育的觀點來看，這當然比全體殘障兒童教育法更進了一步，也直接肯定身心障礙兒童的療育工作及早開始的重要性。事實上，為了滿足學前身心障礙兒童的教育需要，此一法案特別規劃出下列兩個服務範疇：

(一)**學前範疇**（preschool component）

它是具有強制性的。它要求根據此一法案接受經費補助的各州，須對所有三歲到五歲身心障礙兒童，擬定個別化教育方案，以提供免費適當的學前教育與相關服務。

(二)**嬰兒範疇**（infant component）

它是自願性的。它可提供各州獎補助款，協助設置跨單位委員

會（interagency council），以確保能為出生到二歲的身心障礙兒童，經由「個別家庭服務計畫」（Individual Family Service Plan; IFSP）之擬定，而從事有計畫且協調良好的服務。

　　美國每次教育法案的修訂，即意味著服務體系的更革。例如，在障礙者教育法修正案（PL 99-457）中即出現下列的特色：

㈠個別家庭服務計畫

　　要求對身心障礙兒童及其家庭提供服務計畫，同時也承認家長有權影響其子女的服務計畫。

㈡各種服務的整合

　　要求衛生、社會福利、教育等單位應充分聯繫合作，以對服務資源做有效的整合，庶幾能對身心障礙兒童及其家庭提供有效的服務。

㈢專業人員的培育標準與計畫

　　要求培訓適任的專業人員，以對有身心障礙兒童的家庭提供有效的協助。

㈣各州資源的整合

　　要求各州統合現有的經費資源，以興辦身心障礙兒童的療育計畫，聯邦政府只負擔一小部分的經費而已。

六、殘障者教育法

　　到了 1990 年，障礙者教育法被更名為殘障者教育法（the Individuals with Disabilities Education Act，簡稱 IDEA; PL 101-476）。特別值得注意的是，殘障者教育法（IDEA）除了提出轉銜服務（transition services）的概念，要求協助身心障礙者從學校轉換到離校後

的活動（如中等教育、職業訓練、獨立生活、社區參與等），能提供有效的協調機制外，也要求對學前身心障礙兒童及其家庭，採多領域、跨單位合作（interagency cooperation）之方式，以提供特別加以設計的綜合性服務。同時這樣的服務須是家庭取向，且是在自然的環境中提供的。此外，這個法案還特別強調：

㈠促進與改進身心障礙或具有發展遲緩危險性的兒童之早期鑑定措施。

㈡促進身心障礙或具有身心障礙危險性的嬰兒，從醫療照顧轉銜至早期療育服務，及從早期療育服務轉銜至特殊或普通教育學前服務。

㈢促進對輔助科技（assistive technology）器具與服務之運用。

㈣促進對出生前承受母親藥物濫用問題的兒童之早期療育和學前需求的瞭解。

第三節　臺美早期療育立法的比較

　　就前述我國與美國在早期療育立法的狀況來看，臺灣和美國在立法上似有若干相似與相異之處。就其相似之點言，概有下列數端：

一、兩國皆重視由最上層政府立法，以貫徹早期療育的實施。如相關立法在我國由中央政府的立法院，而美國則由聯邦國會制定。

二、兩國皆將學前教育界定在三歲以上。如美國對所有三歲到五歲身心障礙兒童，提供免費適當的學前教育與相關服務，且是具有強制性的。而在我國則規定，對身心障礙國民，除依義務教育之年限規定辦理外，並應向下延伸至三歲。

三、兩國皆強調為學前以上的身心障礙兒童擬定「個別化教育方案」。同時也皆強調個別化教育方案的研擬須有家長的參與。

四、兩國皆重視早期療育各種服務的整合。我國與美國皆要求衛生、社會福利、教育等單位應充分聯繫合作，以辦理早期療育

工作。換言之，兩國同樣強調專業團隊合作在早期療育的重要性。

五、兩國皆重視早期療育專業人員的培育與任用，以落實相關的服務工作。

六、兩國皆強調輔助科技的運用，以提昇身心障礙兒童醫療與教育復健之成效。

至於我國與美國在早期療育立法的相異之處，則有以下幾方面：

一、對於三歲之前的早期療育，美國的立法似比臺灣做了更清楚的交代。如美國聯邦政府可提供各州獎補助款，協助設置跨單位委員會，以確保能為出生到二歲的身心障礙兒童，從事有計畫且協調良好的服務。而在我國則規定，為適時提供療育與服務，衛生主管機關應建立疑似身心障礙六歲以下嬰幼兒早期發現通報系統。換言之，美國對三歲以下早期療育的資源投入似比臺灣更為積極。

二、美國重視藉由示範方案以帶動早期療育的發展，臺灣則較缺乏這方面的作為。

三、美國曾專為早期療育特別立法，而制定「幼兒特殊教育協助法」，臺灣則不曾有過。

四、美國特別為出生到二歲的身心障礙兒童，要求擬定「個別家庭服務計畫」，臺灣在早期療育的立法並未提及。

五、兩國雖同樣重視轉銜工作的重要性，惟美國特別強調從醫療照顧轉銜至早期療育服務，及從早期療育服務轉銜至特殊或普通教育學前服務，在學前身心障礙嬰幼兒轉銜服務方面，似比臺灣的立法更為明確。

由前面我國與美國在早期療育立法的比較來看，臺灣在立法內容所出現與美國立法的相似點，似反映我國在早期療育的諸多措施，實深受美國的影響。至於兩國立法所存在的歧異，應該是臺灣在早期療育立法欠缺「精密度」的結果。這或可做為爾後我國修正相關立法的參考。

貳 理論篇

Chapter 4　早期療育的發展生態學基礎

第一節　發展生態學的基本概念

　　兒童的健康成長是為人父母者所渴望，也一向是社會所關注的議題。儘管世界各國持續地投入可觀的衛生、教育、與福利資源，以促進其國民身心的健全發展，不過身心障礙至今仍然是無法避免的問題。早期療育雖致力於預防幼兒身心缺陷的發生或以改善其功能為目標，但若吾人無法充分掌握特殊幼兒身心發展困難的原因，則療育的成效似乎難以預期。發展生態學（developmental ecology）從比較宏觀的角度去審視兒童身心發展的問題，應有助於釐清造成發展遲緩或障礙的相關因素，從而提供有益於早期療育的參考架構（frame of reference）。

　　從發展生態學的立場而言，發展的環境和兒童的特質在決定發展的結果，具有同樣的重要性。換句話說，兒童所處多層次的生態環境中，有多方面的因素會影響其身心的發展。對於兒童發展問題的研究，的確現有的學術領域可說各有立場。社會學者會認為社區與家庭的結構問題是促發行為異常的變因；經濟學者認定貧窮是社會不良適應的根源；教育學者致力於學校體系去改善行為與學習問題；而心理學者則強調家庭成員的互動過程在左右兒童的發展。由於發展生態學本身所具有的綜合與包容的特性，因此上述其他學術領域對兒童發展的論點，同樣可以被發展生態學者所接受。

　　Sameroff & Fiese（2003）曾從發展生態學的觀點，對影響兒童發展的因素，有相當深入的詮釋。他們所持的論點，大致可歸納為下列的看法：

一、沒有任何單一因素會傷害或促進兒童的發展。某一個別因素或因素的組合的威力，是在任何一個兒童生活中逐漸累積的。在存在許多負面影響因素的家庭成長的兒童，會比在很少危險因素的家庭成長的兒童表現的為差。此一論點似在否定改變社會的某一作為，就可改變兒童的命運這樣單純的主張。換句話說，生態模式（ecological model）所強調的，乃是發展的複雜性，以及會影響兒童的大量環境因素。

二、兒童遭遇的環境危險因素愈多，則發展的結果愈差；而遭遇的環境助益因素（promotive factors）愈多，則發展的結果愈好。換句話說，想要真正瞭解成功的發展之決定因素，須將注意力放在和個人與家庭攸關之廣泛的生態變項之上。

三、如將家庭收入水準（貧窮或富有）與婚姻狀況（單親或雙親）單獨考慮時，可能對青少年的行為有某些影響，但這些差異跟那些高危險群所具有的許多負面影響因素的累積一比較，即為之遜色。

四、從互動模式（transactional model）的觀點而言，發展的結果既非個體單獨的功能，也非單單經驗的環境所能成事。發展的結果，正是兒童與其家庭和社會環境所提供的經驗持續互動的產物。要想有效預測兒童的發展結果，則須將兒童的特質及其可能經驗到的環境因素一併列入考量。

五、互動模式對於兒童與環境的影響同樣強調。因此，環境所提供的經驗並不被視為獨立於兒童之外。兒童可能已是目前經驗強而有力的決定者，但若不分析環境對兒童的影響，則發展的結果是無法獲致有系統的瞭解的。兒童與環境的互動過程可從圖4-1見其端倪。在圖4-1中，吾人可以發現兒童發展的結果，既非兒童初期狀態，也非環境初期狀態的作用，而是兒童與環境

經歷時間交互作用的複雜結果。在此一例子中，兒童出生的併發症可能使得原本鎮定的母親，變得有點兒焦慮。母親在兒童出生頭幾個月的焦慮，可能導致她在和孩子的互動，充滿不確定與不適當性。嬰兒對這種不調和現象的反應，可能在餵食與睡眠方面，會發展出某些異樣的型態，而令人覺得性情異常。這種性情異常的現象，減少母親從孩子所獲得的喜樂，因而她遂傾向於花較少的時間和孩子相處。要是成人不積極主動和兒童互動，特別是對孩子說話，則兒童可能無法達到語言發展的常模（norms），而出現語言遲緩的現象。因此，瞭解兒童與環境的互動過程，將有助於發現有問題的發展過程，從而研擬可能的療育策略。

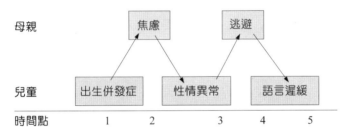

圖 4-1　互動過程導致發展問題舉例

（修正自 Sameroff & Fiese, 2003, p.142）

六、諸多環境因素的牽連固在影響兒童的發展，而這些環境因素也植基於各自的詮釋架構（interpretive framework）。例如，在圖 4-1 中，母親的焦慮是基於對孩子出生併發症意義的解讀，而她的逃避所根據的，乃是對孩子異樣餵食與睡眠型態之意義的詮釋。由此看來，父母的所做所為固然可能影響孩子的發展，但從療育的觀點而言，瞭解他們的詮釋架構也是十分必要的。

七、在生物學中，基因型是指一個生物體的遺傳組成，通常指有關的一個或少數幾個基因；而表現型（phenotype）則是指一個生物體的可觀測性狀。發展生態學者仿借生物學基因型（genotype）的概念，用「環境型」（environtype）來指稱一種社會構造（social organization），這種社會構造在規約（regulate）人類適應其社會的方式，正如基因型在規約每一個體的身體發展結果一樣。這種「環境型」係透過家庭與文化的社會化型態而運作（Sameroff, 1995）。每一個體的環境型也正是規約其發展的根源。因此瞭解影響兒童發展的規約體系（regulatory systems），在早期療育上有其實質的意義。

八、不同的生態環境有不同的環境型，也自然形成特定的發展規約（developmental regulations）。特定環境的發展規約係存在其環境法則（codes）之中。例如，在文化、家庭、個別父母這些環境的子系統（subsystems），就有文化法則（cultural code）、家庭法則（family code）、個別父母法則（individual parental code）之別。這些法則規約著認知與社會情緒的發展，使得兒童最後能扮演社會所界定的角色。在兒童發展過程中，其經驗有一部分係由父母的信仰、價值觀、與人格特質所決定；有一部分是由家庭的互動型態與跨代的歷史經驗所左右；也有一部分則是由文化的社會化信仰、控制、與支持所影響。

九、就發展生態學的立場言，法則和行為是有區別的。環境型是經驗的環境之抽象描述，正如基因型是生物的表現型之抽象描述一樣。做為環境型表徵的法則，必須透過行為加以體現。法則對父母的行為具有組織與規約的影響，但行為和法則並不一樣。

十、從整個發展規約模式（model of developmental regulation）來看，兒童的行為是表現型（即兒童）、環境型（即外在經驗的根源）、與基因型（即生物構造的根源）之間互動的結果。基因型、表現型、與環境型三者間的互動可參見圖 4-2。

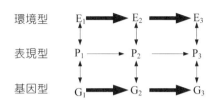

圖 4-2　發展規約模式

（修正自 Sameroff & Fiese, 2003, p.143）

十一、文化法則的要素，是構成社會育兒系統與納入社會化與教育
　　　的成分之複雜的特質。這些過程係深藏於成套的社會控制與
　　　社會支持之中。它們所根據的乃是具有不同社會共識的信
　　　仰，這些信仰從習俗、常模到流行、時尚，可謂形形色色。
　　　不同的文化法則可能形塑出不同的兒童發展環境。例如，吾
　　　人若篤信社會上「出生前的經驗有助於孩子的認知發展」之
　　　說法，則會在懷孕期即實施某些刺激胎兒感覺的措施。至於
　　　有人相信等到孩子六歲可以上小學時，才開始正式學習會比
　　　較好，則是因襲不同文化法則的結果。

十二、家庭法則經由延續好幾代因素的組合規約兒童的發展，這些
　　　因素的組合包括兩人以上協同的努力，並對團體提供歸屬
　　　感。家庭法則最常見諸家庭的互動和信仰上。家庭的互動和
　　　信仰對兒童發展皆可能有影響。例如，在家庭的互動方面，
　　　要是父母反覆表現冷落或強制管教的態度，可能導致兒童發
　　　展的不良適應。至於家庭的信仰對兒童行為的影響，係直接
　　　經由實際的典範，以指導孩子的行為，並告訴孩子對他們的
　　　期望。家庭的互動當然比較貼近兒童的經驗，而家庭的信仰
　　　就可能離兒童較遠。Landesman、Jaccard & Gunderson
　　　（1991）曾指出以下可視為家庭核心任務的六方面功能：
　　　㈠身體的發展與健康。
　　　㈡情緒的發展與福祉。

㈢社會的發展。

㈣認知的發展。

㈤道德與精神的發展。

㈥文化與美學的發展。

家庭法則就在規約其成員各方面的發展，以實現家庭的功能或任務。

十三、吾人如欲瞭解家庭法則，或可從家庭故事（family stories）與家庭慣例（family rituals）的探討入手。當要家庭成員詳述其生活經驗時，他們不僅可能透露出彼此互動的規則，表達對相互關係的信念，他們也會有自己的詮釋架構，反映出彼等如何去瞭解與詮釋所經歷的事件，家庭是如何的合作，意義的歸屬是如何的和家庭與社會的關係信念有所關聯等。家庭故事可以經由其主題內容與敘述故事的過程本身加以檢視，以窺其堂奧。一般家長也常會利用故事，對其家庭成員強調所期待的發展任務。因此，吾人似可從家庭故事，發現兒童是如何的受到家庭環境因素的影響。

十四、家庭慣例是家庭生活有力的組織者。同時跟家庭法則也有關聯。家庭慣例包羅甚廣，如高度因襲形式化的宗教儀式、日常生活的互動型態、解決問題的例行程序等皆屬之。家庭慣例似透過將意義與感情和互動行為的結合在影響家庭生活。家庭慣例對家庭親密關係的維繫、家庭認同感（family identity）的激發、父母婚姻危機的避免等，皆可能有所助益。家庭慣例的穩定以及與家庭實際生活關聯的意義，是和家庭適應狀況相關的。

十五、個別父母的行為也同樣會受到其各自文化與家庭法則規約的影響。就因為他們皆有不可能相同的過去經驗，因此當他們和子女互動時，也存在著個別的父母法則。萬一父母本身存在著自己的發展問題，則他們也可能對孩子的發展帶來不利的影響。就早期療育的立場而言，如何增強或改進父母的育

兒能力固屬重要，但也不應忽略了影響父母行為的文化與家庭法則。因為若把特殊幼兒本身當做唯一的療育對象，而不注意諸多的環境影響因素，其結果有可能只是事倍功半而已。

十六、從懷孕開始，胎兒即置身於和他人的關係世界之中，需要別人提供「營養」，以幫助其生理與心理的成長。這種和外在世界關係的存在，直到成人都不會改變，可能變化的只是在他律（other-regulation）與自律（self-regulation）之間的平衡，有可能因為兒童有能力為自己的福祉承擔漸增的責任而變換。但當孩子最後到達成人階段時，他們又成為他律的一部分，而在影響新生命，也因此開啟下一個世代。吾人若想對發展的體系（developmental system）有完整的瞭解，須特別注意反映在時段、目的、代表的層級、與兒童所帶來的影響之性質，所形成規約過程的複雜性。基於這些考慮，我們可以將發展的規約（developmental regulations）分成下述三類：

(一)大規約（macroregulations）

大規約會長期持續，對兒童的經驗會產生深具目的性的重大影響，如斷乳、入學等。大規約是存在於文化法則的典型規約形式。許多文化法則被記錄下來或口耳相傳，而經由習俗、信仰、神話、與規約兒童健康和教育的實際律法，而傳遞給社會的個別成員。

(二)小規約（miniregulations）

小規約是每天發生的重要照顧活動，包括穿著、餵食、常規訓練等。小規約是存在於家庭法則的典型規約形式，在此類法則中，較低正式的互動在制約家庭成員的照顧行為。

(三)微規約（microregulations）

微規約幾乎是瞬間自發的互動型態，如息事寧人、強制他人等

的反應。微規約係運作於個人的層次。在此一層次中,人格與氣質的差異跟人類特定種性的行為共通性,在對兒童反應的規約方面會取得平衡。

從上面所提到的發展生態學之重要概念來看,吾人似可深刻體會到兒童自母親懷孕開始,即與身外的環境產生關係。兒童個體本身固然有著天賦成長與發展的動能,但他們的發展卻一直受到本身與環境的互動所制約。他們所處的環境可能隨著時間的推移而變遷,彼等在發展上所受到的影響也更形複雜。因此,結合生態學、發展心理學、與分子生物學而建構的發展生態學,對特殊幼兒早期療育最重要的啟示,應該是療育服務的對象不限於幼兒本身,可能對他們造成影響的父母、家人、社區等因素,皆是吾人在研擬療育方案、設計相關策略時,需要謹慎面對與慎重考慮的。

第二節　生態環境影響兒童發展的相關研究

一、羅徹斯特研究（The Rochester Study）

Sameroff、Seifer、Barocas、Zax & Greenspan（1987）針對美國 New York 州 Rochester 地區的兒童,做了一項縱長性研究（longitudinal study）。他們在這些兒童四歲時,評量彼等的十個環境變項。這十個環境變項分列如下:

㈠母親心理疾病的長久性。

㈡母親的焦慮。

㈢反映父母態度的刻板或彈性、信仰、以及母親對其孩子的發展所持價值觀的綜合評量分數。

㈣在嬰兒期母親與孩子自發性積極的互動。

㈤家長的職業。

㈥母親的教育程度。

㈦弱勢少數族群的身分。

㈧家人支持的程度。

㈨生活壓力事件。

㈩家庭大小。

這個研究團隊想去探討上述這些環境危險因素與社會情緒及認知能力分數的相關。他們發現危險分數低與高分的兒童之間，似存在重大的差異。例如，沒有環境危險因素的兒童比具有八或九項危險因素者，智力分數高出三十點以上。同樣的，這些兒童在社會與情緒能力的評量，其得分的範圍，也顯示類似的分布情形。這個研究曾提出以下對早期療育具有啟示性的結論：

㈠環境危險因素的數量，在每一種社經階層中，是兒童發展結果首要的決定變項，而非社經地位本身。

㈡同樣的發展結果，其影響係來自於不同環境危險因素的組合。換句話說，學前兒童的認知發展，對具有相同數量環境危險因素的兒童而言，並不會有所不同。

㈢沒有單一環境因素是和不良或良好的發展結果確定是有關的。果如是，則對兒童發展的問題，似不可能找到有所謂普世適用的療育方案。因此，個別分析家庭環境危險因素之後，再提出個別所需的療育策略，是極為必要的。

二、費城研究（The Philadelphia Study）

這是 Furstenberg、Cook、Eccles、Elder & Sameroff（1999）針對美國賓州費城的青少年所做的研究。他們探討會影響青少年發展的生態系統變項。這些生態系統有近有遠。近的如親子互動，兒童是可以成為主動的參與者；遠的就如涉及與社區的關係。此項研究從反映和青少年不同生態關係的六個群組，選出二十個變項。這些變

項如屬負面，則可能成為危險因素。這六個生態領域及其變項分列如下：

㈠家庭過程

　1.對自律的支持。
　2.行為的控制。
　3.父母的參與。
　4.家庭氣氛。

㈡父母特質

　1.母親的心理健康。
　2.效能觀念。
　3.機智性。
　4.教育程度。

㈢家庭結構

　1.父母婚姻狀況。
　2.家庭擁擠程度
　3.接受福利給予。

㈣家庭對社區事務的處理

　1.制度上的參與。
　2.非正式的網絡。
　3.社會資源。
　4.對經濟壓力的調適。

㈤同儕

　1.與支持社會同儕的關聯性。
　2.與反社會同儕的關聯性。

㈥社區

1. 鄰里的社經地位。

2. 鄰里的問題數量。

3. 學校的氣氛。

在費城研究中,也蒐集到下列的評量資料,用以顯示這些青少年的五類發展結果:

㈠從家長根據一些心理健康量表,而對青少年「心理適應」的報告。

㈡青少年對「自我能力」評量的報告。

㈢青少年對在藥物、犯罪、與性方面之「問題行為」所做的報告。

㈣結合青少年與家長對於運動、宗教、課外活動、與社區計畫,所做的「活動參與」報告。

㈤由家長與青少年所提交的成績單,所顯示的「學業成就」。

這個研究即在探討前述變項和青少年的發展結果之關係。本研究最後獲致以下重要的結論:

㈠對前述五類發展結果皆屬危險變項的,包括缺乏對自律的支持、負面的家庭氣氛、與少有支持社會的同儕。

㈡若將青少年的五類發展結果和危險因素的數量求相關,則發展結果會隨危險因素的增加而巨幅下降。其中,危險因素的漸增,對「心理適應」和「學業成就」的影響最大;相關較小的是青少年對「自我能力」與「活動參與」之報告。因此,青少年認知以及社會情緒的發展,似乎可能受到環境危險因素累積的負面影響。

第三節　發展生態學在早期療育的應用

　　從發展生態學對兒童發展的瞭解，吾人應會提出早期療育需將兒童家庭中相關的多數成員做為介入（intervention）的對象，同時也應結合相關的專業領域共同努力這樣的論點。換句話說，我們所應關心的是兒童全部的發展環境，而非侷限於片面的發展問題。從早期療育的立場，我們就是需要去找到是否有哪些特定的環境，出現影響兒童發展的哪些確切的決定性因素（determinants）。因而要想用單一的療育策略，去解決所有的發展問題，是不可能的。早期療育如果要發揮實效，療育方案應採個別化的設計，並就特定社會環境中特定家庭的特定兒童，針對影響其發展的相關節骨眼（nodal points），去考慮所需的療育策略。Sameroff & Fiese（2003）就曾以發展生態學的角度，提出互動療育模式（transactional model of intervention），頗值得參考。茲將此一模式的要點條列說明如下：

一、依互動療育模式的見解，行為的改變是在某一遵循確切規約原則之共同系統中的個人之間，一系列互動的結果。在找出影響改變的規約根源（regulatory sources）時，即將重點置於多方向的改變。因此，互動療育模式即提出治療（remediation）、再界定（redefinition）、與再教育（reeducation）這三類療育策略，它們也可簡稱為療育的「3Rs」。互動模式 3Rs 早期療育可從圖 4-3 見其梗概。

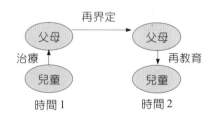

圖 4-3　互動模式 3Rs 早期療育
（採自 Sameroff & Fiese, 2003, p.150）

二、治療在改變兒童對父母的行為方式。換句話說,治療的重點在改變兒童,而很少變更文化或家庭法則。例如,要是兒童被認定有某種疾病,則療育主要可針對疾病的矯治。經由兒童身體狀況的改善,則其將更有能力引發父母的照顧,並成為更具互動能力的家庭成員。治療工作通常係由專業人員在家庭系統之外實施。他們的目標就在改變於兒童身上所鑑定出來的狀況。一旦兒童的情況已被改變,療育工作就算完成。

三、再界定在改變父母詮釋兒童行為的方式。換句話說,再界定係運用於父母和兒童的關係阻礙了兒童正常的成長與發展,需要對家庭法則,特別是典型的家庭(represented family)法則,有所變更時。採取再界定的策略時,父母應去找出孩子正常發展的領域,以對應他們所注意到把孩子視為異常的部分。例如,歸因於兒童的問題或任性,可能令父母不願和孩子有積極的互動。但若將目光重新注意到孩子其他更多可接受的屬性,則有助於促進親子間積極的互動關係。再界定的策略是用在現行的家庭法則不適合於兒童的行為時。特別是當父母認定孩子為異常,且本身無力或不願提供正常的照顧時,尤為適用。此一策略係經由父母信念與期望的改變,以促進更多良好的親子互動。照顧的困難可能出自各式各樣的原因,包括父母無法適應孩子的殘障狀況、父母無法區分他們對孩子的情緒反應與孩子的實際行為之間的差別、以及延續幾代在照顧方面的不良適應型態。運用再界定策略時,或可透過家庭故事的陳述,以掌握父母對孩子的看法。當經由再界定策略,父母改變了他們對孩子的看法與期望後,他們就有可能開始或恢復對孩子提供正常的照顧。

四、再教育在改變父母對兒童作為的方式,亦即教導父母如何養育子女。例如,教導身體障礙兒童的父母定位(或稱擺位)技巧(positioning techniques),即有助於增進父母對孩子的照顧能力。此項策略對缺乏運用文化法則的知識,以規約子女發展的

父母特別有用。再教育也涉及家庭法則，特別是實際家庭（practicing family）法則的變更，兒童的情況並不需要有所改變。再教育對於身處某些危險狀況的家庭或個人，如環境不利、父母的特質（如未成年媽媽、酗酒父母、中輟學生）等，也同樣適用。

五、治療、再界定、與再教育這三類療育策略的選擇與運用，可經由互動診斷過程（transactional diagnosis process），以找出兒童與其環境的互動過程所出現的問題及其相關環境型法則（environtype code）的種類。由於大部分的特殊幼兒由父母帶著尋求協助時，多半是被認為孩子本身有問題，因此第一個需要做的決定是：治療是否是適當或可能成功。這類的治療多由家庭環境之外的醫療專業人員負責。治療最少在下列兩種狀況會有無法成功的情形：

㈠沒有方法可以改變兒童的狀況；或

㈡在兒童身上找不到需要改變的狀況。

要是有上述的情形，則為人父母者對兒童發展的認知，以及他們對孩子的反應狀況即應加以探究。當為人父母者顯示出知曉文化法則，但卻不將之用於孩子身上的證據時，就必須採取再界定的策略了。要是兒童的問題被認定是由於父母對文化法則知識的缺乏，則顯示再教育的必要性。

六、建立在發展生態學基礎上的診斷與療育互動模式（transactional model of diagnosis and intervention），所實施的治療、再界定、或再教育之任何介入策略，不僅針對其所欲的療育對象會有作用，也會影響其他方面的發展議題（developmental agenda）。例如，針對個別兒童的治療，當鼓勵對兒童再界定時，可能藉促進親子互動關係，而影響家庭法則。

綜合言之，按發展生態學的理念，文化與遺傳法則似提供了兒童發展的環境脈絡。兒童發展的問題，也可以解讀為在教養兒童的規約體系中之偏差現象。而兒童發展問題的預防，可以透過改變兒

童以適應規約體系、或改變規約體系以適應兒童加以達成。治療、再界定、與再教育是發展生態學應用於早期療育的三種具體的介入策略。這三種介入策略多應用於家庭這個層次。其中治療係以特殊幼兒為對象，再界定與再教育則多是針對父母而做的努力。治療基本上屬醫療行為，再界定可透過親職諮商（parent counseling）而進行，至於再教育則應可劃歸為親職教育（parent education）的範疇。

　　從發展生態學對兒童發展的詮釋、以及對解決兒童發展問題的見解來看，它應該是早期療育足以借重的一個比較周延的理論體系。惟此一理論體系對兒童發展問題的解讀，雖提供一個宏觀且具有系統的視野，不過它確實需要更多的研究進一步加以驗證。

Chapter **5**　　早期療育的發展心理分析論基礎

─── 第一節　發展心理分析論的基本概念 ───

　　發展心理分析論（developmental-psychoanalytic perspective）是結合傳統心理分析（psychoanalysis）與現代發展科學（developmental sciences）的觀點而成的一套理論體系。因此，從這套理論體系不僅可以看到傳統心理分析的身影，也可以感受到發展科學的氣氛。Emde & Robinson（2003）曾從發展心理分析的觀點，論及早期療育理論的指導原則。在他們的論述中，曾指出發展心理分析論以下的若干基本概念：

一、個性與意義

　　發展中的個體是獨特的，且他們會變得逐漸複雜。發展是發生在生物和社會文化相互影響的環境之中。個性是被建構，且是共同被建構的；因此特定稟賦的優勢和特定文化的價值得以整合在一起。對個性（individuality）與個人意義（personal meaning）的重視，向來是心理分析論的傳統與貢獻。個性的優勢與意義，似隨著吾人對複雜性理解的逐漸增加而受到重視。發展系統研究的觀點強調：不僅發展中的兒童以構成的複雜性而言，能被瞭解得最清楚，而且這樣的複雜性會隨著發展而日益增加。發展的過程就定義而言，係

「向上」（run up）以獲得漸增的結構水準；有別於過去心理分析與其他驅力降低的觀點（Freud, 1920; Rapaport, 1959），發展過程不會「向下」（run down）以減損結構及消散能量。

處於特定文化之發展中的個人，會以獨特的方式建構意義，而這種獨特的方式在某種程度上係在打開個人適應的路徑。兒童具有潛能，以特殊的方式去經歷發展的過程，主動地發現這個世界，並從顯著他人（significant others）的文化所提供者，去共同建構意義。

「個性」一詞是有幾種隱含的意義。就社會文化的意涵言，它係指自我和他人有關的經驗，因此就個體來講，所經驗到的文化變因是有其重要性的。若以一個人與他人的關聯性和這個人有別於他人的自主性對比之後，則我們所經驗到的個體正是文化差異程度的顯現。「個性」一詞的另一個意義，即涵蓋生物學，且其意義和快速增加的遺傳學知識有關。我們可說正處於一個在人類遺傳學革命性發現的時代，在這樣的時代裡頭，個性的複雜度以及我們如何能倚賴個性的優勢這樣新的可能性，皆是可以預見的。

較早簡化的思維方式已不再有效。本質與教養，或遺傳和環境的影響，在發展上是一起作用，而非分開的。正如Gottlieb（1992）所說的「基因和環境的共同作用」（co-action of genes with the environment）、以及 Hinde（1992）所謂的「持續的互動」（continuous interplay）。這些影響之間的動態關係，是令人側目，且也令療育人員感到鼓舞的。因為發展中的個體被認為在影響他表現那些基因，且能影響他的環境，而環境反過來也能影響基因的表現（Scarr, 1992）。當我們對生物學的變因（如經由基因的發現）知道得愈多，我們也能對可以增進發展的能力、矯治可能的缺陷、或預防異常的環境變因知道得更多。

二、早期發展的基本動機

心理分析對動機的論點，目前已另有新的方向。過去對性與攻

擊動機的強調，現時已盛況不再，而注意到兒童早期發展的若干基本動機。這些動機是天生的傾向，在極早的嬰兒期就已出現。這些動機是由具有感情的照顧者所培育出來的。這樣的基本動機終生持續，也因此可被視為十分重要的發展樣態。這些動機是發展過程的一些面向，而它們就在早期受到照顧的經驗中獲得鞏固。茲將這些基本動機列述如下：

(一)活動（activity）

活動是第一個基本動機。吾人若提供一個調合的照顧環境，嬰兒就表現主動、探索、並受到激勵去掌控世界，且達成發展的題項。

(二)自我規約（self-regulation）

自我規約被認為是第二個基本動機。它係指有一種天生的傾向去對行為與生理狀況加以規約。這樣的規約包括睡眠的循環、清醒狀態、專注、以及諸如自我覺知（self-awareness）、表徵性思考（representational thinking）、語言等個人為達到種性重要的發展目標之一種較長期生來就有的傾向。

(三)社會適應（social-fittedness）

此一第三個基本動機，係指嬰兒受激勵和先已調適，以開啟、維持、與結束人際互動的程度。有許多研究已指出，人類對於人際互動的動態複雜性具有生物的準備基礎，如果有照顧的經驗去支持它，並培育它發展的話（Stern, 1985）。

(四)情感檢視（affective monitoring）

情感檢視是第四個基本動機，它指從嬰兒早期開始有一種根據甚麼是愉快或不愉快，去檢視經驗的傾向。從母親的觀點而言，嬰兒情感的表達在引導照顧行為。事實上，嬰兒的啼哭、感覺有興趣、機警的表示、燦爛的微笑等，所傳達出來的訊息，是會給照顧

他的人帶來影響的。在六個月時，嬰兒即可能出現重大的發展。此時嬰兒開始以新的方式去檢視別人的情緒表現。當遇到不確定的情況時，嬰兒會採取社會參照（social referencing）的方式，找出顯著他人的情緒表現，據以引導他的行為。因而，要是母親微笑，就會鼓勵嬰兒去接近樣子怪異的玩具或陌生人；要是母親看似害怕或生氣，嬰兒即會因此躊躇退縮。因此，社會參照對嬰兒的情感檢視，可謂增加共同意義（shared meaning）一個新的層次。

㈤認知同化（cognitive assimilation）

認知同化為第五個基本動機。它是指從一開始，嬰兒就有一種去探索環境，以追尋新事物，並使之熟悉的傾向。此一動機和第一個動機（活動）是有重疊之處，不過這個動機的強調，對兒童「弄清楚」（get it right）環境這樣更具方向性的傾向之解釋，應該是有幫助的。

三、基本道德動機

嬰兒若在具有感情的人物教養之下成長，且表現出前述的基本動機，這些基本動機也會促進三歲之前重要心理結構的發展。在這些重要心理結構之中，就包括一些基本的道德動機。古典的心理分析理論主張道德的發展起自學前兒童階段，亦即在戀母情結期（oedipal period），此時兒童對驅力衝動、以及對在家庭三角關係爭鬥的覺知，最後終於在約五歲或六歲時發展出良知或超我（super-ego）。最近的心理分析理論對這類傳統的觀點已有所修正。目前不僅對較早的照顧者與兒童的關係對兒童自我與他人相關的感覺，以及對兒童良知的出現之影響，已有漸增肯定的評價，而且對於道德發展的重要面向，比過去所認為的要出現得更早，且出現在更廣泛的領域，也同樣已有漸增肯定的看法。

道德包括內化了的積極面向，如「可做」的部分，以及消極的

面向,如「不可做」的部分。「可做」的部分在嬰兒早期經驗裡頭就十分明顯,而可被視為相當自然地係來自於前述的基本動機。例如,社會適應的基本動機或社會互動的傾向,即涉及溝通的相互性(reciprocity)。這類動機傾向會產生對在遊戲以及其他與照顧者的社會互動所學到之輪流(turn-taking)規則的內化。像對輪流的期望與內化的規則,其實是相互性早期的形式,也是日後許多道德觀念的基礎。同樣的,認知同化的基本動機,係要「弄清楚」這個世界,也會產生對許多規則的內化,而被兒童在日常生活中所接受。許多早期關於「可做」部分之道德的內化,皆牽涉到跟具有感情的照顧者之共同意義。當六個月以後的嬰兒處於不確定的情況時,會採取社會參照的方式,以從照顧者的情緒反應尋求指引,最後並開始表現出對照顧者要求的順從,以及對過去禁止行為的抑制。

一歲以後,幼兒的道德傾向又有進一步的發展。當碰到別人有痛苦時,一歲半大的幼兒會表現同理心,並想去安撫對方,或和受苦的人分享些甚麼。接近兩歲時,「弄清楚」的這種傾向,會以嶄新且具有情感的方式表現出來。當違背內在的標準時,兒童有時會表現焦慮。當面對熟悉的東西被澈底改變、弄壞、或變髒時,兒童可能顯現難過,並且也可能有去修補或讓它變得更好的傾向。

在嬰兒開始走路後,他們主動與自我指導的意識,即顯示出一個新的發展水準。這種情況就是Erikson(1950)所謂的「自律對羞愧與懷疑」(autonomy versus shame and doubt)的階段。禁止或「不可做」的部分之內化,經由和照顧者的反覆互動而發生,其中就包括安全規範與家庭的文化信仰。這樣的過程不僅包括消極的部分,同時也涉及諸如幼兒想要「弄清楚」,這樣「可做」的面向。社會參照的過程在調解何者被內化,並促進自我控制與情緒規約能力的發展。在父母的禁止之下,兒童對規則的內化並不會以任何簡單的方式發生。反而,它涉及一個受激勵的兒童,他藉著反覆相互溝通的經驗,在來自於父母感情上的溝通之中,學習暸解協商的策略,以及這些學得的策略之結果。當父母的教養作為強調「可做」的部

分和正面的情感時，似可強化兒童的順從性（Kochanska & Aksan, 1995）。Dunn（1988）認為跟照顧者與同胞手足的衝突，可提供關於如何協商或處理涉及所有權、分享、破壞、及照顧的衝突，一個對期望、規則、與愛好之重要的內化機會。

早期道德發展的一個重要的特色，即是規則、期望、與愛好的內化，大部分是無意識的。有關輪流、相互性、同理心、修補等規則，皆是在每天與家人的日常生活中學到的。這類規則的學得，跟兒童學習母語的文法規則，方式是一樣的。兒童依這些規則行事，即使他無法說出它們是何種規則。這些習而不察的實用規則知識，事實上就是無意識心智活動的一些形式，而這些無意識心智活動並未被傳統的心理分析論者所注意；它們似超乎前意識（preconscious）與動力無意識（dynamic unconscious）的心理動力結構（psychody-namic constructs）之範疇。

道德發展與規則的內化既息息相關，然而規則也是人類特定文化價值觀的反映。事實上，人類社會許多這方面的價值觀是具有普世性的。世界上許多文化（包括所有民主社會的文化）皆在強調有關尊重個性、個人的正直、與差異（包括人權和人的多樣性）的價值。

四、情感的力量

情感溝通系統（emotional communicative system）的規約是面對親子最重要的發展任務之一。開始的時候，父母對兒童的具有情感，提供了規約的發展主要的基礎。具有情感的意思，是指在溝通一種開放的態度，並對他人的感覺和顯現的需要表示接納（Biringen & Robinson, 1991）。具有情感係反映發展中的關係之一種性質。這種關係在面對面的互動中被持續地再創造；具有情感預期甚麼將從痛苦帶來慰藉，甚麼將帶來快樂，或甚麼時候需要來自於敏感、可提供幫助的父母之回應。雖然人類在出生時具有生物的能力，以自

我規約許多生理與行為的體系，但父母的規約行動仍是必要的，因為嬰兒自我規約的發展，剛開始時還是需要照顧者的外在規約。幼小嬰兒的情緒訊號會引起照顧者的反應，時日一久，它們會形成動機，並代表兒童而表現出行為。若太過激動或痛苦，嬰兒可能會變得失態，而溝通的訊號可能令照顧者感到厭惡與覺得是干擾。因而，處理他們自己對嬰兒訊號的醒覺，對維續照顧子女的父母而言，無疑是一項挑戰。

嬰兒發展的往前推進，意指孩子和照顧者間的關係，將進行多次的修正。在照顧關係的環境之中，嬰兒的情緒在第一年中，變得更複雜與具有區分性。例如，嬰兒高興、生氣、恐懼、與驚訝的訊號，就呈現特別的意義與期望從父母而來的反應。經由和具有情感的照顧者反覆的互動經驗，特別在第二年時，兒童也學到自我控制、情緒的規約與協商、同理心、及幫助別人的技巧。自尊心與羞恥心也大致在幼兒的第二年時發展出來。藉著有效的規約，兒童的溝通能力會增進並影響父母的效能感受。兒童逐漸增加的溝通能力，也讓他們可以充分表達對父母所具有的情感。

五、關係的力量

兒童與照顧者的關係，是讓兒童的個性得以發展的必要媒介。兒童與照顧者的關係，對提供嬰幼兒健康發展及健康的依附（attachment）發展所需的支持、鼓勵、聯繫與情緒的滋養是重要的。在照顧的關係環境中，嬰兒發展出被期待的是甚麼，在世界上覺得對的是甚麼，以及技能和對社會性輪替、相互性、與合作的誘因這類的意識。嬰兒的活動能力有可能以適當的方式被培養與導引，以鼓舞其主動性與自我指導意識的發展。在幼兒階段，經由和具有情感的照顧者反覆的互動，孩子也開始學習基本的技能與自我控制、情緒的規約及協商的能力。對他人的同理心、和照顧與協助之遵從社會的傾向、以及自尊心與羞恥心之情感，皆可能在幼兒階段發展出

來；經驗與學習這些能力，需要在生命之中無法避免的壓力與挑戰下，存在具有回應性的照顧關係。愉快、興趣與探索的意識、早期的想像力、以及正面情感的分享，也在嬰兒期開始發展。所有的這些意識、能力、與經驗，皆需要反覆與一貫之照顧者的關係經驗，所有的這些也形成社會能力的發展基礎（Department of Health and Human Services, 1994）。

相較於日後的關係，兒童早期與照顧者的關係，是形成性的，它們也是兒童頭一個關係。兒童的許多適應功能是植基於這些關係的環境中，而無法被視為獨立於它們之外。因而，早期照顧的關係經驗，在性質上是有別於日後的關係經驗的，而行為的規約與規約不良，比屬於單獨照顧者或兒童一方的特徵，常更屬於照顧關係的特徵。職是之故，吾人當不難想像兒童與照顧者的關係，對兒童發展可能產生的深遠影響。

第二節　發展心理分析論對早期療育的啟示

從第一節所揭櫫的發展心理分析論的基本概念來看，吾人如將之應用於特殊幼兒的早期療育，似蘊含以下的啟示（Emde & Robinson, 2003）：

一、強調尊重個體的獨特性

探討甚麼對特定情況下的個人是重要的、以及追求意義的複雜性（complexities），已是以心理分析為本的療育之核心理念。意義的探討能產生尊重、增加自信、並能利用新預見的可能性，以促進新的開始之感覺，這種現象特別是在考慮到努力奮鬥較寬廣的意義與對個人優勢的欣賞時，尤為明顯。因此，早期療育必須處理個人

逐漸擴充、轉化、與重整的意義。這種情形對特殊幼兒的父母尤為必要。

　　個性的複雜度係涵蓋健康與疾病的狀態的。正因為個性所具有的獨特與複雜性，因此吾人在從事療育工作時，具備「系統敏感性」（systems sensitivity）似有必要（Fleming & Benedek, 1966）。所謂系統敏感性，是指療育人員對複雜的人格子系統及其互動性質的直覺。這樣的敏感性可以使療育人員專注於能提供療育服務之感覺有問題的部分，而仍然能掌握這個部分和其他部分的關聯性。系統敏感性可以成為早期療育人員極重要而具有創意的工作技巧。這樣的技巧也讓吾人得有反省自己和我們參與服務的品質之機會。

　　正由於我們所經驗到的個體是文化差異程度的顯現，同時文化也提供給兒童的認同感（sense of identity）發展的根基（Erikson, 1950）。因而要真正瞭解早期療育對象的需求，必得要同時掌握影響其發展的生物與社會文化變因。這種思維似與發展生態學的觀點頗為一致。

　　展望未來，吾人若能知道更多遺傳變因的角色、哪些環境激發特定的行為強度、以及哪些環境又導致容易受害時，則特殊幼兒發展問題的預防和療育成功的機會，將可能因而大增。

二、加強照顧者的情意輔導

　　活動、自我規約、社會適應、情感檢視、與認知同化這五種兒童早期發展的基本動機，對兒童在認知、社會、與情緒發展方面的重要性，應該是無庸置疑的。而這五種基本動機既是由具有感情的照顧者所培育出來，並就在兒童早期受到照顧的經驗中獲得鞏固，則吾人在早期療育時，如何瞭解照顧者對特殊幼兒的教養態度，並針對彼等存在的互動問題，提供照顧者必要的情意輔導，應該對特殊幼兒在這五種基本動機的培育，並從而促進其認知、社會、情緒等的良性發展，應該會有助益。

三、重視親子互動對兒童道德動機的影響

　　兒童對環境是否能有效的適應，多半取決於他們能否遵行社會的規範或期待。基於此，吾人實不難理解早期的道德動機對兒童適應的重要性。然而，早期的道德動機的發展，卻往往受到較早的照顧者與兒童的互動狀況所左右。吾人若明乎此種連鎖關係，即不應忽視父母的教養態度與方式對兒童適應的深層影響。

　　兒童在家庭環境中的道德動機（如回應、修補、遵循規則等）之評量、以及運用這些動機對療育所具有的好處，確是一個未被利用的資源。許多特殊幼兒並未得到始終一貫照顧的作為，以支持這些早期的道德動機之發展。因此，在這些狀況的療育工作，應能從強調在家庭中重要的基礎教育建設活動獲益，這些活動將培養在用餐時間、睡覺時間、遊戲、與其他日常作息始終一貫對原則的堅守。為人父母者若能從早期即持之以恆，循循善誘，引導子女對規則的遵守，終致內化，則不但有助於孩子的社會適應，也應是影響其一生福祉的大事。

四、強調情感因素的重要性

　　藉注意到幼兒的新技能與情緒反應的習得，早期情緒發展的豐富性似可提供反覆的機會，去強化對兒童的調教。正面情感的經驗與表達，是溝通和適應的規約之重要面向。像快樂這樣正面的情感，具有維持照顧者和嬰兒雙方行為的功能。正面的情感伴隨成功邁向目標的達成，因而它們可發揮父母認知與增強療育、以及兒童認知與增強主動性的作用。正面的情感可日久月長地維續關係，並且由父母與療育者所培養出的正面情感，也提供具有情感的照顧之基礎。互動的輔導能提供機會，讓更多脆弱的父母去從事與其子女正面互動關係的培養。有些父母在如何和子女從事正面的互動，的

確需要具體的方向。像這樣的父母，對於具有情感的互動似欠缺直覺的理解，因此需教導他們明確的方法，以使他們對做對了感覺像甚麼有一些概念。一旦經驗到來自於嬰兒正面的回應，內在的激勵會鼓舞父母再接再厲地對孩子付出更多正面的情感。如此一來，孩子的情感激勵了父母，並且使得父母進一步有更多正面情感的付出。這對特殊幼兒的發展當然具有正面的意義。

對兒童的經驗之同理心會激勵照顧的行動。早期的親子關係係奠基於以生物為基礎的父母和新生兒之社會適應之上。大多數的父母有能力對他們個別嬰兒的訊號做反應，且多直覺地致力於提供始終一貫的照顧。對許多父母而言，這種同理心的努力，係自然來自於他們曾經驗過自己父母曾有過之同理心的作為。對其他在他們的生命中，不曾有過接受成人同理心照顧經驗的人而言，同理心的缺乏對兒童的發展似會產生反覆的危險。採取妥適的作法以支持這類脆弱的父母，並使嬰兒的個性得以受到父母的注意之療育作為，似可提供修補與促進親子關係的機會。

從早期療育的觀點而言，具有同理心的療育人員對父母所做具有情感的溝通，應能提供條件讓矯正過的教養作為得以產生。吾人若能表示瞭解過去痛苦的經驗，以及它們可能如何的影響目前的作為，似可對特殊幼兒的家庭傳達同理心與開放的態度。若母親小時候受到不當的照顧，則她即可能將這種不當的照顧風格無意識地再用來對待其子女。如果早期療育人員能幫助父母對子女的動機與能力看得更清楚些（或許以更正面的態度去看它們），則會扭曲知覺的過去「魔障」，便可以慢慢被對兒童的個性與獨特性的欣賞所取代。因此，療育人員對父母與發展中之親子關係，表示願意協助的同理心（availability），對於亟需輔導的父母而言，即成為一個重要的典範。表示願意協助的同理心，也會藉矯正父母對子女的不具同理心，而影響親子關係的規約。職是之故，如何善用情感因素以進行對特殊幼兒及其父母的療育，似為早期療育人員值得重視的課題。

五、強調關係因素的重要性

在培養兒童的個性方面，關係的加強在早期療育時尤為重要。心理分析的傳統早已強調關係在心理發展上的重要性，不僅在早期母親照顧與處理日後家庭衝突的經驗上，而且在療育運用的經驗方面，也同樣顯示關係的重要性。心理分析長久以來一向重視治療的關係，以及將感情轉移（transference）與反感情轉移（countertransference）做為治療行動的場域。最近，臨床的理論與研究皆已強調心理分析既是個體內在心理學（intraindividual psychology），也是人際心理學（interpersonal psychology）。

所有的療育工作，從短期到長期、以及從危機到分析，皆涉及關係對其他關係的影響。這至少有下列兩種涵義：

㈠如果我們認知與評估這些影響，則透過發現其他支持性和衝突的關係，我們可以進一步強化療育工作的成效。

㈡我們的努力可能常遭錯置。在特殊幼兒的療育工作上，我們常運用到我們對母親的關係，不過最重要的是我們對親子關係的這個關係。因此，我們的努力可能需要專注於培養那樣的關係，而非只單純注意到母親或兒童。

在早期療育的情況中，療育人員所可能處理的關係議題，似存在許多不同的層次。除了療育人員要直接面對父母、特殊幼兒之外，當然也可能面對親子關係、父母關係等方面的難題，因此，療育關係（intervention relationship）事實上已成為某一或更多其他關係的一部分。而療育工作的目標，應該是希望去影響這些關係，以將特殊幼兒導向良好的發展方向。

六、持續診斷的必要

從發展心理分析論的角度來看兒童的發展，吾人概可瞭解兒童

的個性是被建構，也是共同被建構出來的。當然這種建構的過程，是在生物和社會文化相互影響的環境之中逐漸持續進行的。因此兒童發展問題的診斷，也不應是固定與終結的，而該是持續的。因而，這樣的診斷過程似應強調經常的重新評量。Emde & Robinson（2003）就認為這種診斷過程應包含下列兩個面向：

(一)個人的評量

個人的評量涉及各種個人功能與在家庭關係、文化、以及生物與環境壓力脈絡中徵候的評估。

(二)異常的分類

異常的分類涉及有關徵候型態知識整理的方式，並將其和一般已知分類的症候群相連結，而這些分類的症候群可以提供和病源、預後、與治療結果的聯繫。臨床的分類也有助於專業人員間的溝通。不過值得注意的，是我們只對異常的狀況，而非個人做分類（Rutter & Gould, 1985）。

這種持續的診斷過程，係先從評量開始，其次再考慮分類的問題。由於早期療育活動所具有的多元專業特性，以及療育人員不同的背景，因此診斷工作可能用到多元的派典（paradigm）與評量的方法。然而，不管所用到的派典與評量的方法為何，由於親子關係對兒童發展所具有的重要性，因而早期療育所做持續的診斷工作，親子互動關係的狀況之探討與瞭解，當然就成為共同關注的焦點。

七、重視積極的預防工作

發展心理分析論者對兒童發展問題的探討，不只注意到傳統心理分析所強調的可診斷出來的異常狀況，更關注兒童異常問題本身所具有的發展性，因此積極預防工作的加強，應是這種觀點的自然結果。這種積極預防的概念大致包含下列兩方面的工作：

㈠預防發展性的危害（developmental compromises）與適應的問
　　題。

㈡強化個人發展之道。

　　上述積極預防的兩個面向，即結合了傳統異常的預防、以及促
進健康的作法。表 5-1 所顯示的，乃是具有這種積極思維之預防的
發展性架構。

表 5-1　預防的發展性架構

預防甚麼？
發展性的危害與適應的問題：
1. 學習
2. 關係的建立與維持
3. 情緒的規約
4. 行為舉止
5. 冒險行為與身體疾病的風險
強化甚麼？
個人發展之道：
1. 學習動機與正面的探索經驗
2. 關係相互性的動機、溝通、與正面關心和支持的經驗
3. 對自我與他人在情感運用的信心；與顯著他人一貫的情感經驗，包括共同的正面情感與衝突、以及遊樂和想像力
4. 性格意識：包括規劃能力、制服挑戰的信心、社會互動的效能、及良知或責任的意識
5. 安全與健康

（修正自 Emde & Robinson, 2003, p.171）

八、重視早期療育的長期發展觀點

　　兒童的發展是個長期、持續的過程。早期療育對發展不利的兒
童雖然有其助益，然而療育成效的精確評鑑並非易事。因為影響兒

童發展的變因，不管是生物或環境的，皆極為複雜，也不容易控制，因此對於早期療育的評鑑，Emde & Robinson（2003）遂有力主採長期成果（long-term outcomes），做為評鑑指標之議。例如，從中學畢業這樣的長期成果，應該比較早的中期成果，如在四年級的學業成就，要更容易認定與獲致共識。Emde & Robinson也認為在長期成果確定後，即可依次決定稍前倒數第二、中期、早期的成果應如何，最後才決定開始的療育活動該如何。以這種先決定長期發展目標，然後逆向思考療育作為的思維，應該是發展心理分析論者對早期療育一項頗具啟發性的作法。

此外，和早期療育的長期發展觀點有關的，是當吾人瞭解兒童的發展係深深受到父母教養作為（parenting）的影響時，我們也很容易想到兒童本身受到怎樣的教養作為，似也會自然影響他成年後對待其子女的教養作為，因而就形成代代相承的教養作為（parenting-to-parenting）。Emde & Robinson（2003）就以此代代相承教養作為的發展觀點（a parenting-to-parenting developmental perspective），用圖 5-1 說明在從事「早期啟蒙教育」（Early Head Start），兒童從出生到成年幾個重要的發展轉銜（developmental transition）點，吾人所應強化與預防的個人適應功能的性質。在圖 5-1 中，個人適應功能涉及學習能力（learning competencies）與社會能力（social competencies）兩個領域。而不管強化或預防皆和這兩個領域有關。這兩個能力領域是動態的，且和個人的動機、效能意識、以及和周遭環境的互動有密切的關係。

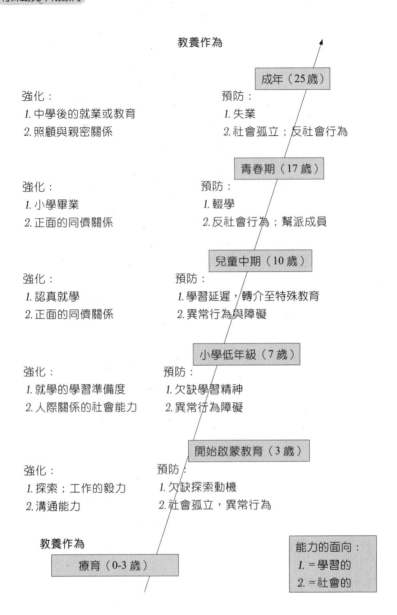

教養作為

成年（25 歲）

強化：
　1. 中學後的就業或教育
　2. 照顧與親密關係

預防：
　1. 失業
　2. 社會孤立；反社會行為

青春期（17 歲）

強化：
　1. 小學畢業
　2. 正面的同儕關係

預防：
　1. 輟學
　2. 反社會行為；幫派成員

兒童中期（10 歲）

強化：
　1. 認真就學
　2. 正面的同儕關係

預防：
　1. 學習延遲，轉介至特殊教育
　2. 異常行為與障礙

小學低年級（7 歲）

強化：
　1. 就學的學習準備度
　2. 人際關係的社會能力

預防：
　1. 欠缺學習精神
　2. 異常行為障礙

開始啟蒙教育（3 歲）

強化：
　1. 探索；工作的毅力
　2. 溝通能力

預防：
　1. 欠缺探索動機
　2. 社會孤立，異常行為

教養作為

療育（0-3 歲）

能力的面向：
　1. ＝學習的
　2. ＝社會的

圖 5-1　早期啟蒙教育之代代相承教養作為的發展觀點

（修正自 Emde & Robinson, 2003, p.173）

Chapter 6 # 早期療育的行為與教育學基礎

第一節 行為與教育學的基本概念

　　世界各國一般兒童的正規教育多半從五歲或六歲開始，不過對於發展遲緩與身心障礙的特殊幼兒何以需要更早提供他們教育的機會呢？問題的答案似大致和某些歷史的因素及兒童需求的本質有關。這些歷史因素及兒童的需求問題，多仰賴教育做為解決的手段。此外，目前的教育方法，其實有許多是行為觀點（behavioral perspective）的應用。不過行為理論之應用於早期療育，仍受到某些質疑。因此，本節將針對和早期療育相關的行為與教育學的基本概念（Wolery, 2003），先分別提出討論。第二節則對可能彌補行為觀點之不足的另類環境概念，再加論述。

一、教育被視為解決社會問題的重要手段

　　美國是世界民主國家的標竿，因此美國許多教育上的新作為，也持續對包括臺灣在內的其他國家有著深遠的影響。這種情況尤以1960年代以來，美國國內有許多社會問題的出現，教育往往是重要的解決手段，其中當然包括特殊幼兒的需求在內（Bailey & Wolery, 1992）。這種教育在主導社會問題的解決之情形，最受矚目的是民權運動（civil rights movement）所引發，對有別於社會主流人口之權利與需求的注意。這個運動也建立了其他群體（如婦女與身心障

礙者）尋求他們的權利並促使政府採取行動的基礎。此時，教育即被視為處理社會問題的一個主要的方法。例如，學校的種族融合（racial integration）被用來彌合美國國內種族隔離的機制。另外，來自於經濟弱勢家庭的兒童，被發現往往在小學的學習成就低劣。因而，政府就編列啟蒙教育（Head Start）的經費，以減低這些兒童在學校失敗的機會，同時也希望藉此接著消滅貧窮的問題。啟蒙教育在提供公共教育服務給低於一般學校入學年齡的兒童，可說樹立了先例。

此外，美國四十多年來和身心障礙有關的社會問題，也先後透過教育立法欲解決這方面的困境。起初，身心障礙者接受特殊教育的多限於一般學校入學年齡的兒童，不過接受教育或治療服務的兒童，其年齡似逐漸往下延伸，而把早期療育視為協助兒童發展極為重要的措施。有關美國早期療育的立法狀況，讀者可參閱本書第三章。

二、教育被視為減少兒童身心障礙問題的方法

兒童出現了身心障礙，往往比一般的兒童需要更多的關心與照顧。不同種類的障礙固然對兒童的身心功能有不同的影響，就是相同的障礙，也會因障礙程度不同，而影響各異。然而，不管障礙種類與程度如何，一般似會產生下列四方面的影響（Wolery, Strain & Bailey, 1992）：

㈠兒童的障礙常使其依賴他人

例如，要是兒童無法自行進食，則需要有人餵；無法自行穿衣，需要有人幫著穿；不會爬或不會走，需要有人幫著移動；不會溝通自己的需要，別人需能預料他的需要。一般的兒童小的時候，固然會有依賴他人的情形，不過他們發展出獨立生活的能力，是可以預期的。身心障礙的幼兒依賴他人的時間可能超乎預期，且獨立

生活技能的學習，他們也往往力有不逮。尤有甚者，若身心障礙兒童持續的依賴，更可能導致習得無助感（learned helplessness）。這種無助感也會有其他負面的後果（Utley, Hoehn, Soraci & Baumeister, 1993）。

㈡兒童的障礙常導致發展遲緩，且發展遲緩隨年齡成長而更為突顯

這類發展的遲緩特別會出現在身體動作、認知、溝通、社會情緒等方面，且在大多數高出現率的障礙（如智能障礙即是）尤為明顯。身心障礙兒童的能力和其同儕的差距，似會隨年齡而擴大，使得身心障礙兒童逐漸更為落後，而比不上他們同年齡的孩子。明顯的能力差距也可能導致不容易被同儕接納、加深恥辱感、更為孤立、且較少參與同儕的活動。

㈢兒童的障礙常會干擾他們在一般環境和互動場合的學習

例如，有些身心障礙幼兒無法模仿其同儕的行為，因而透過觀察學習（observational learning）以培養其適應能力，就顯得困難重重。也另有些身心障礙幼兒無法在他們的生活環境中，從事操弄玩具與物件的複雜遊戲，如此即可能減少他們獲取和精進對環境認知的能力。有些身心障礙幼兒無法和其同儕從事社會或溝通互動，則他們從社會環境去學習的能力，便會變低。即使有些身心障礙幼兒會從事和玩具與他人的互動，不過互動時間短暫，也會限制他們獲取有意義技能的能力。

㈣兒童的障礙若不加療育，可能會導致出現其他額外的障礙

例如，有些腦麻痺幼兒若不實施動作治療，即會出現肢體攣縮的現象。許多重度溝通障礙兒童由於無法有效溝通，似可能發展出問題行為。而溝通障礙較輕微的兒童，可能較少說話，也會導致在語言與溝通技能發展遲緩的現象。

　　上述身心障礙對兒童的影響，當然是使他們的身心功能得不到正常的發展，以致難以從事有效的適應。因此，欲解決或舒緩這種發展的困境，則透過教育的手段，引導特殊幼兒經由學習，培養彼等在動作、認知、溝通、社會情緒、自我照顧等方面的能力，以提昇他們的適應功能，應該是具體可行的策略。

三、行為觀點的基本原理

　　行為理論係奠基於人類行為的實驗分析（Skinner, 1953）。行為論者主張行為係受到個人生理狀況、學習的歷史經驗、及現行的情境所決定。雖然行為觀點常被認為是完全機械性的模式（mechanistic model），但它認為兒童會影響他們的環境，而且也被那些環境所影響；因而它其實是個互動的模式（Bijou & Baer, 1978）。行為觀點也承認思想、觀念、期望、及其他心智歷程的存在，不過卻選擇主要專注於可觀察的行為反應，和它們對環境事件（刺激）的關係。行為觀點所涉及的其他重要基本原則，尚包括以下所列者：

(一)人類的行為大致可分為下列兩種

1. 反應性行為（respondent behavior）

反應性行為是指由特定刺激所引發的反應。在時間上，刺激是發生於行為之前，且似乎引起反應的發生。此種關係常被稱為反射作用（reflex）。此種引發行為反應的刺激，被稱為非制約刺激（unconditioned stimulus），因為它對行為的效果，並非制約或經驗（也就是學習的歷史經驗）的結果。其他本來無法引發特定反應的刺激，可以藉由反應性制約（respondent conditioning），能使之具有同樣引發特定反應的力量。這種反應性制約有時被稱為古典制約（classical conditioning）。反應性制約涉及呈現非制約刺激（就是在時間上有密切關係）與中性的刺激（即不引發行為反應的刺激）。經反覆的呈

現，中性的刺激將獲致引發行為反應的能力。當此種狀況發生時，這種刺激即被稱為制約刺激（conditioned stimulus），因為經由制約作用（經驗），中性的刺激現在已具備非制約刺激引發反應的特性；換句話說，它也能產生行為反應。

2. 操作性行為（operant behavior）

人類本身就有主動表現行為的能力。這種主動表現的行為，即稱為操作性行為。發生在某種情境的操作性行為，行為的後果會影響該行為將在那個情境再發生的可能性。

㈡後果是行為發生之後在環境中的一種變化。這種變化可採取兩種形式：新刺激的附加或呈現，或現有刺激的終了或撤除。後果對行為出現率的影響也有兩方面：行為再發生的機率可能增加或減少。因此可能會發生下列四種直接的關係（Wolery, Bailey & Sugai, 1988）：

1. 行為再發生的機率因新刺激的附加而增加了；這被稱為正增強（positive reinforcement）。

2. 行為再發生的機率因現有刺激的終了或撤除而增加了；這被稱為負增強（negative reinforcement）。

3. 行為再發生的機率因新刺激的附加而減少了；這被稱為第一類懲罰（Type I punishment）。

4. 行為再發生的機率因現有刺激的終了或撤除而減少了；這被稱為第二類懲罰（Type II punishment）。

㈢後果事件（consequent event）必須對行為的發生產生可測量的影響，我們才可以說行為和後果之間，具有關係存在。

㈣在提供某一增強項目（reinforcer）的條件下，若干因素會影響行為與後果關係建立的可能性。具體而言，行為發生與出現後果事件的比率、以及後果事件附加或撤除的時程，皆是重要的影響因素。一般而言，當幾乎每次行為的發生導致後果時，則兩者關係建立的可能性將被提高。同樣的，若後果事件在行為發生之後立刻被附加或撤除，則有更大的可能

性，兩者的關係將被發展出來。

㈤特定後果的價值可能因人而異，並且對同一個人而言，也會因時間不同而不同。因此，對某一兒童可作為正增強項目（positive reinforcer）的後果事件，對另外一個兒童可能就不是這樣。而對某一兒童在某一時間點，可作為正增強項目的後果事件，可能以後就不是那樣了。

㈥行為——後果的關係是發生在環境的其他刺激狀況之脈絡中。每次行為發生時，有些刺激（不含行為後果）會出現在環境中。這些刺激最少能以背景事件（setting event）與先行事件（antecedent event）這兩種形式出現。背景事件是指比較穩定的環境特質。先行事件是行為發生前，可加進環境的刺激；也就是在行為之前立即發生或出現的事物。背景與先行事件皆可能獲致有區別的屬性，藉以提示個人如果表現出行為，增強是可能的，而因此增加行為再發生的可能性。當某一行為在出現某一特定的背景或先行事件，更一直時常發生時，則刺激控制（stimulus control）就已被建立了。刺激控制的建立若藉助後果事件（如正增強項目）的運用，更能相得益彰。其運用的方式大致有下列兩種情形：

1. 當行為發生在出現背景或先行事件的場合時，則一直有條件地提供某種後果事件。

2. 當行為發生在背景或先行事件不出現的場合時，則一直不提供那種後果事件。

例如，吾人若要增加兒童使用某一詞彙去稱呼某一特定東西的頻率時，則當東西（先行事件）出現時，兒童使用了那個詞彙（行為），就應提供增強（後果事件）；而當東西不在時，兒童使用了那個詞彙，則不提供增強。若在出現某一刺激時，行為幾乎不會光發生一次，則刺激控制就可建立起來；通常行為發生許多次是必要的。

㈦行為模式的應用似至少可將學習與教學分成學得（acquisi-

tion）、流 暢（fluency）、保 留（maintenance）、與 類 化
（generalization）四個階段。其中學得係指學習某項技能基本
的要求（即學習如何表現此項技能）；流暢是指學習以自然
或快的速率順暢地表現這項技能；保留係指在教學停止後持
續表現這項技能；至於類化則是指學習在非教學情境，如跨
越人員、場合、與材料而表現此項技能。這些學習的階段似
可應用於不同種類的技能，如社會、溝通、動作、遊戲、認
知的領域等。值得注意的是每一階段的學習表現，需要有點
不一樣的方法去教導，茲分別說明如下：

1. 學得

要促進學得，兒童需要瞭解如何表現行為。

2. 流暢

要促進流暢，兒童需要許多反覆的機會，且具有動機地去練
習。

3. 保留

要促進保留，兒童需要過度學習、稀疏的增強安排、及運用
自然的增強項目。

4. 類化

要促進類化，則以下的策略可以參考（Wolery et al., 1988）：

(1)以多種材料進行教學。

(2)運用自然環境的材料。

(3)延緩給予增強。

(4)採用不同的教學狀況。

(5)複製自然的環境於教學情境中。

(6)在自然的環境中教學。

(7)運用自我控制技術。

四、教育取向療育工作可能面對的挑戰

不管是採用行為觀點或教育取向的論點，當它們被應用於早期療育方案時，難免會遭到某些質疑或挑戰。這些質疑與挑戰主要有以下幾方面（Wolery, 2003）：

㈠指明目標或成果

教育取向的療育方案通常皆有一套課程的編制。在課程中多會包括：1.學習的內容。2.教學的方法。3.有一個方法認定學習內容的哪些部分，對某些學習者是重要的。4.將前述三項組織起來的理論觀點。行為觀點主要著眼於教學的方法，且可用於評量個人在某項學習內容的表現。不過，行為觀點卻無法指出課程的內容該如何。因此，採用了行為觀點之教育取向的療育方案，勢必需要從一些其他的方法去取得課程的內容。目前最常見的課程來源，分別和發展理論與生態環境論有關。其中發展理論能提供技能的序列（a sequence of skills），做為學習內容的依據；至於從生態環境論的觀點，則吾人需要分析兒童的行為和環境的要求與期待符合的程度，以做為決定課程內容的參考。

㈡充分影響兒童與環境的互動

發展似乎是個體和生態環境之間持續互動的結果。儘管兒童的遺傳因素、生理狀況、及其生態環境具有影響存在，不過兒童的經驗在形塑他們的學習與發展方面，仍是重要的影響因素。有些經驗對兒童的發展，可能做出正面的貢獻，也有些卻可能產生負面的影響。兒童整天所發生的經驗可能或正面或負面地影響他們的學習。因而，特殊幼兒的療育方案須審慎設計，以儘量減少對發展有負面影響的經驗，並促進有正面影響的經驗。針對經濟弱勢家庭兒童之早期療育所做的研究，顯示較密集的療育（就是每天更多的時數，

每週更多的天數等等），可能要比較不密集的療育產生更大的效益
（Ramey & Ramey, 1998）。由此推論，特殊幼兒的療育方案亦似乎
應該對他們每天的互動，尋求產生較大比例的正面影響。然而，問
題是這如何達成呢？目前已知的做法，是以行為觀點為基礎的療育
方案，係採取密集一對一療育，或採用中心本位方案（center-based
program）與對父母的訓練（以影響中心之外的互動）之結合，以充
分提供特殊幼兒正面互動的經驗。這種去影響兒童和環境產生較大
比例的互動之需要，並非以行為模式為基礎的方案所獨有，它也適
用於採用教育取向的所有早期療育模式。

㈢對行為模式的負面知覺

雖然行為理論已被用來設計許多實用的療育技術，並做為發展
療育方案的基礎，但仍有許多專業人士對此一觀點持反對的態度。
這也可說是對行為觀點的挑戰。這些負面反應的存在，似乎和下列
的原因有關：

1. 對此一理論欠缺完整的瞭解。
2. 對此一理論所呈現之機械與決定論的特色，有負面的反應。
3. 風行對發展之心理面向的關注。
4. 對行為理論的限制之不正確的知覺（如僅可用於行為管理）。
5. 認為此一理論無法和世界上其他的觀點結合。
6. 某些療育作為之呆板與制式的性質。
7. 此一理論有時是無效的，且其理論擁護者對理論與實務常有
堂皇與自大的描述。

㈣廣泛生態環境的影響

眾所周知，兒童生活涉及的生態環境，要比其直接接觸的社會
與物理環境為廣泛。這些較廣泛的生態環境是由許多相關的系統所
組成。這些系統中某一系統的改變，會影響其他系統的運作。在這
些較廣泛的生態環境中，許多因素會正面與負面地影響兒童發展的

結果。由於負面危險因素與正面機會因素影響的可能存在，因此，早期療育方案應儘量減少危險因素，並儘量增加機會因素的影響。行為模式在瞭解與處理兒童和其社會與物理環境直接的互動方面，通常會較有用。因此，採用行為模式的教育取向的療育方案，所處理的可能只是部分影響兒童發展的因素。果如是，這類的療育方案似應尋求另外其他理論觀點，如生態環境論的奧援，以儘量減少危險因素，並儘量增加機會因素的運用，而確保它們的影響是實在且持久的。

第二節 另類的環境概念

　　前面曾經提及教育取向的療育方案如僅是採取行為模式的觀點，則療育工作的影響可能是片面而有限的。因此，教育取向的療育方案如何和較廣泛的環境觀點相結合，就顯得十分重要。本節將分別介紹 Guralnick 的早期發展與危險因素模式（Early Development and Risk Factors Model）以及 Dunst 與 Trivette 的資源本位模式（Resource-Based Approach）這兩種環境概念，以供參考。

一、Guralnick 的早期發展與危險因素模式

　　Guralnick（1998）所提出的模式，企圖將影響兒童早期發展的因素和早期療育方案的要素相結合。Guralnick 的影響兒童發展結果之因素模式，包括家庭型態（family pattern）、家庭特徵、與潛在壓力因素三種主要的成分。這三種主要成分的關係如圖 6-1 所示。家庭特徵與潛在壓力因素這兩種成分，似距離兒童較遠，而家庭型態則是直接影響兒童發展結果最接近的因素。茲將這三種主要成分的內涵說明如下：

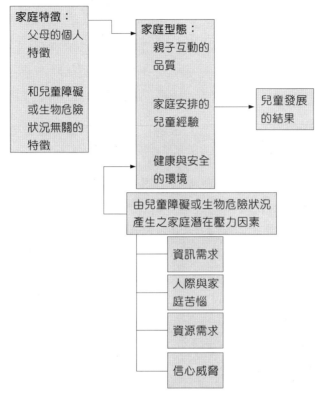

圖 6-1　影響兒童發展結果之因素模式
（修正自 Guralnick,1997, p.7）

(一)家庭型態

　　家庭型態包括親子互動的品質、家庭安排的兒童經驗、及促進兒童健康與安全的環境三種要素。有益的親子互動一般應具有有條件、激勵、情感溫暖、不踰越、結構適當、講理、感覺敏銳的等特色。家庭安排的經驗，是指家庭為兒童提供有意義的經驗所做的事情。這些事情可能包括提供具回應與激勵性的社會和物理環境、以及諸如遊戲、康樂、充實性活動（如參觀動物園、參與文化慶典）等。至於促進兒童健康與安全的環境，是指家庭提供兒童安全的環境，致力於適當與預防性的健康照顧，如嬰幼兒健檢、預防注射等，並確保飲食和日常作息（如睡眠與活動）的適當。這三種因素

的結合，被視為直接影響兒童的發展結果。不過家庭型態並不會憑空發生。它們係受此一模式中，家庭特徵與潛在壓力因素這兩種成分的影響。

㈡家庭特徵

家庭特徵包括父母的個人特徵、以及和兒童障礙無關的特徵。父母的個人特徵包括父母的人際特質（如沮喪的程度、教育程度、含文化期待的代間父母教養經驗）。和兒童身心障礙或危險狀態無關的特徵，則如婚姻關係的品質、兒童的性情、可利用的支持（含家庭資源與社會支持網絡）。這些特徵會影響家庭型態的表現。當這些特徵遭受不利（如欠缺財力資源、社會孤立、心理健康欠佳等），則家庭表現家庭型態的能力可能受損。受損的程度當然視不利的嚴重程度、以及不利因素累積的數量而定。

㈢潛在壓力因素

因為兒童的身心障礙而產生之潛在壓力因素，也可能妨礙家庭型態的表現。這些潛在壓力因素可分為資訊需求、人際反應與家庭苦惱、資源需求、與信心威脅四類。

Guralnick（1997）所提出的早期發展與危險因素模式中，在模式的三種成分與早期療育方案之間，也包括了一個可以產生關聯的介面（interface）。具體而言，他主張療育方案應包含資源支持、社會支持、以及資訊和服務三種要素。每一種要素皆針對前述壓力因素的類型而設計。如果兒童的身心障礙主要對家庭的資源需求方面構成壓力，則療育方案主要應涵蓋資源支持。經由對付或減輕各種壓力因素，早期療育方案將協助特殊幼兒家庭，表現出直接影響兒童發展結果的家庭型態。總之，Guralnick的模式，應有助於吾人瞭解兒童與家庭特徵和療育方案特色之間，對兒童發展結果的互動與關聯情形。

二、Dunst 與 Trivette 的資源本位模式

　　說到 Dunst 與 Trivette 的資源本位模式（Trivette, Dunst & Deal, 1997），我們或許可以從 Dunst（1985）以下對早期療育的定義，瞭解此一模式的要義：

> 早期療育可以界定為從非正式與正式社會支持網絡的成員，
> 提供支援給嬰幼兒的家庭，以直接和間接影響父母、家庭、
> 及兒童的功能。易言之，早期療育可以看成是一種由個人
> 和團體，提供給家庭之許多不同種類的協助與服務之集合。
> 參與家庭本位或中心本位特殊教育方案，是早期療育的一
> 種，但朋友的憐憫、醫師的忠告、鄰居的臨時接受托顧、
> 參加家長對家長的支持方案、以及丈夫和妻子間的角色分
> 享也是如此。（p.179）

　　這個定義與早期療育的資源本位模式，皆認為家庭和兒童係處於許多會發生影響的生態體系中。此一定義也承認幼兒的家庭，除了那些早期療育方案所提供的之外，也經驗到許多事件，皆能影響兒童的發展與家庭的功能。這個定義也清楚說到，非正式的支持及其延伸的資源，會正面影響兒童與家庭的發展結果。這個定義與資源本位模式認為家庭和社區，皆具有資產與優勢。這個模式即企圖儘量去運用那些優勢。其重點即在發展與家庭的伙伴關係，而不一味干預，讓家庭有能力做決定且不倚靠早期療育人員，而不由專業人員做決定，且侵犯家庭在決定其行動路線的角色。

　　這個模式雖然認為家庭和兒童所處的生態體系，難免存在某些不利於兒童發展的危險因素，但它也認為社區與可能的療育方案，卻能提供家庭一些機會因素。所謂機會因素是家庭內外的一些促進性影響力量，可協助家庭支持其子女的發展，且提昇其子女的能力。

這些機會因素如母親的身心健康、母親的內在制握信念（internal locus of control）、母親的教育程度（多於十五年）、家長的職業（專業人士）、正面的生活事件、配偶的健在、父母教養的型態（促進性的）等皆是。這些因素皆和兒童正面的發展結果有關。這個模式認為在資源豐富的社區中，家庭可以有許多接觸得到的機會因素存在。

　　資源本位模式包含支持來源（sources of support）、社區資源定位（community resource mapping）、及建立社區能量（building community capacity）三種要素（見圖6-2）。茲將這三種要素說明於下：

㈠支持來源

　　支持來源可包括個人社會網絡成員、社團、社區方案與專業人員、以及專業服務四大類。

㈡社區資源定位

　　社區資源定位係指找出存在於某一地點的各種資源，或某種資源所在的位置。這種作法可方便身心障礙兒童的家庭，去發現與接觸他們認為重要的資源。這種定位工作可和家庭合作進行，且應該是一種持續的活動，以為家庭找出現有的支持來源。

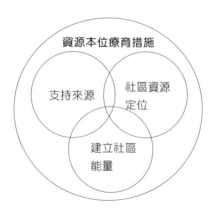

圖 6-2　資源本位模式

（修正自 Trivette, Dunst & Deal, 1997, p.84）

⇔建立社區能量

社區能量的建立，須從認識社區的優勢與資產做起。此項工作包括以下三個步驟：

 1. 指出社區人士與團體的優勢。
 2. 顯示這些優勢如何地滿足兒童與家庭的渴望。
 3. 透過其他資源的運用，以消除障礙。

Dunst 與 Trivette 的資源本位模式最主要的特色，在協助家庭於他們和既有與可接觸的社區資源和支持來源之現存和可能的關係之環境脈絡中，去滿足其優先需求。本模式也鼓勵家庭參與和運用機會因素，並減少危險因素的影響。

第三節　行為與教育學及相關環境概念對早期療育的啟示

上述行為與教育學及相關環境概念對特殊幼兒的早期療育，似乎具有若干頗具意義的啟示，但也可能面臨質疑或挑戰，茲分列討論於後：

一、對特殊幼兒協助的介入主要是教育的問題

當今世界各國對所面臨的社會問題，不僅多透過教育手段，以做為釜底抽薪的因應之道。事實上，就特殊幼兒的早期療育而言，相關的醫療復健、輔助科技等的協助，固然有其個別性的需要。不過從環境適應的觀點來看，大部分的適應功能如動作、溝通、認知、社會情緒、自我照顧等方面的能力，皆有賴透過適切的學習方可獲得。如何幫助特殊幼兒有效地學到這些能力，其實就是教育的

問題。因此，特殊幼兒教育在早期療育上，的確有其難以取代的角色。

二、行為理論有助於解釋行為是如何養成的

依據行為理論的說法，人類的行為多是學來的，當然問題行為也不例外。因此療育人員很容易藉此向特殊幼兒的父母說明他們孩子問題行為的形成與維持機制。同樣的，這種道理也可以應用於兒童良好行為的養成與問題行為的破除。因此，行為觀點在早期療育上，確頗具應用價值。

三、安排有助於特殊幼兒學習的環境

根據行為觀點所揭櫫的原理，兒童的行為之所以會再發生，係受到行為後果（獎勵或懲罰）的影響。一旦某種行為與其後果的關係建立了，則那種行為再出現的可能性就會提高。在自然環境中，其實我們的行為一直受到這種行為與後果關係的影響，而渾然不知。此外，影響行為後果的常常是屬於自然的結果。例如，對問問題的正增強（後果），常是包含問題所要的資訊之答案。對行動的正增強，常是到達所要去的目的地。就早期療育而言，我們似應對特殊幼兒的環境善加安排，以增加他們從事那些會導致可預料但有自然後果的行為之可能性，而這些後果將有助於適應行為的學得。例如，為特殊幼兒安排的環境，如果能引發他們主動探索的行為，則藉由環境所給予的回應如父母的語言示範（行為後果），他們有可能在生活環境中「用到父母曾示範過的語言」（適應行為的學得）。

四、療育過程應慎選增強項目

　　由於特定後果的價值可能因人而異，並且對同一個人而言，也會因時間不同而有別。因而，做為增強項目的後果事件，必須為每一個特殊幼兒做個別性的選擇。此外，需要注意的，是那些後果事件的相對力量，因為個人的生理狀況與學習的歷史經驗（包括那些後果的反覆運用）之差異，有可能隨著時間而改變。

五、學習輔導可善用刺激控制的原理

　　建立刺激控制可說是任何層級教學方案的基本目標。換句話說，教學的目的即是要確保當某一或某些刺激出現時，新行為會可靠且可預料地發生。固然刺激控制會由自然發生的事件所建立、增進、與弱化，且不管我們知不知情，它皆在運作。不過從早期療育的立場而言，對於特殊幼兒行為的改變，吾人仍應對背景、先行、及後果事件等環境的刺激，做精心的規劃，以發揮最大的療育效果。

六、考慮學習的層次並妥為因應

　　學習既至少可分成學得、流暢、保留、與類化四個階段，事實上這就代表四個不同的學習層次。早期療育有許多內涵，其實是涉及特殊幼兒對技能的學習。因此療育人員對這四種學習層次的認知與運用，應該十分重要。首先，療育人員需要瞭解兒童在每種重要技能的表現，所代表之學習階段。其次，療育人員需要運用配合兒童表現層次的療育技術與策略。最後，療育人員應該要知道，無論何時何地需要用到時，在兒童技能的運用表現出來、以及在初步學習完成後表現良好之前，療育工作並不能算完成。

七、行為理論可和其他理論結合運用

　　行為觀點對兒童行為的養成與消除，似已建立一套相當明確的闡釋系統。因此，純粹就行為改變的需要而言，它應可成為一套十分有用的技術。不過要是此套觀點能和其他理論取向結合並用，以做為發展周延的早期療育方案之基礎，則價值應該更高。事實上，目前在套裝課程的發展、綜合性評量與療育策略、問題與溝通行為療育、綜合性療育工作等方面（Wolery, 2003），已有一些具體結合運用的做法。

　　此外，不管是 Guralnick 的早期發展與危險因素模式或 Dunst 與 Trivette 的資源本位模式，相對於行為模式，它們應該是更為宏觀的。特殊幼兒發展問題的輔導，應該不僅止於兒童本身行為的學習和改變而已。事實上，特殊幼兒及其家庭所處的生態環境，固然可能潛藏著有礙兒童健全發展的不利因素，但也存在有助於他們發展的機會因素。準是以觀，行為觀點在教育取向的療育方案中的價值，雖難以否定，但在教育取向的療育方案中，若能參採諸如Guralnick 的早期發展與危險因素模式，或 Dunst 與 Trivette 的資源本位模式之另類環境概念，則對特殊幼兒及其家庭的療育工作，應可發揮更大的成效。

八、兒童的經驗對其發展十分重要

　　行為取向的療育方案企圖創造兒童和環境產生較大比例的互動。Dunst 與 Trivette 的資源本位模式，係強調協助家庭運用社區資源，以提供兒童許多非療育，但極具助益的經驗。依Guralnick的早期發展與危險因素模式的觀念，則家庭所安排的兒童經驗，或許可用來補充通常療育所促進的經驗。

　　吾人應知，某些兒童的經驗固然會促進正面的發展結果，但另

有些經驗則會導致不良的結果。被認為有負面影響的兒童經驗，如持續虐待兒童、和關心的成人接觸的欠缺、不具回應性的社會環境、欠缺多方面有條件反應的經驗、缺乏語言環境、激化無助感的環境等。因此，確保早期療育方案所提供給特殊幼兒的經驗，是有助益而非阻礙其身心功能的發展，應該十分重要。另一方面，早期療育方案所提供給特殊幼兒的經驗，其目的雖在致力於產生有助益的結果，但有時亦有不經意促進負面結果的情形。這些狀況包括採用缺陷模式（deficit approach）的作為、侵犯父母的決策、助長干涉作風、以及阻礙兒童進取精神、妨礙探索、阻止獨立等的作為，皆可能對兒童的發展造成不利的影響。因而，早期療育人員似應審慎檢視他們的所作所為，以找出任何可能和他們的療育目標扞格不入的作為，藉此避免對兒童的發展產生負面的結果。

九、注意影響兒童發展的生態因素

　　兒童和環境互動經驗之外的生態因素，可能影響家庭和兒童發展的結果。生態因素有的是屬於所謂的危險因素，如貧窮、母親教育程度低、未充分就業、產前與持續的藥物濫用、單親家庭、父親心理健康不佳等皆是。不僅僅是這些危險因素的出現而已，同時許多危險因素累積的影響，更會增加產生負面結果的可能性。然而，兒童和環境互動經驗之外的生態因素，有些也可能增益兒童的發展。這類因素即所謂的機會因素。當然許多機會因素對兒童的發展結果，也可能會有累積的正面效果。從兒童和環境互動經驗之外的生態因素，對兒童發展可能產生正、負面影響的情形看來，對於早期療育似具有以下三方面的啟示：

　　㈠療育方案應善加安排，以減少危險因素的影響。Guralnick 的早期發展與危險因素模式以及 Dunst 與 Trivette 的資源本位模式，在這方面皆有參考的價值。

　　㈡療育活動應促進家庭和機會因素的接觸。資源本位模式的概

念對這類的接觸，應具有指引作用。

㈢早期療育方案即使注意到建立社區能量，以提供多方面的機會因素，仍然很可能是不夠的。吾人若要減少危險因素，並增進機會因素，則政治與社會層面的努力似乎是必要的。

Chapter 7　早期療育的神經生物學基礎

第一節　神經生物學的基本概念

　　許多生態環境的因素固然會影響兒童的發展，不過兒童本身的身心狀況，特別是其神經生理情況，不僅對其是否能健全的發展具有密切的關係，同時也是構成早期療育成敗的重要基礎。因為任何療育方案的成效如何，要看神經系統（在細胞組成、新陳代謝、或解剖學的層次）被經驗改變的能量而定。本節將分別針對人腦的發育、影響腦的發育之環境因素、神經可塑性（neural plasticity）這幾方面的重要概念提出討論（Nelson, 2003）。

一、人腦的發育

　　在人腦的發育這一方面，將分別就總體解剖學上的發育、細胞的發育、突觸發生（synaptogenesis）、髓鞘生成（myelination）、及其他重要結構的發育加以說明。

㈠總體解剖學上的發育

　　大約到懷孕的第四星期，人的胚胎就已分成外胚層（ectoderm）、內胚層（endoderm）、與中胚層（mesoderm）三種層次。而外胚層最後將發育成神經系統。約在懷孕的第十八天，一種像蛋

白質的激素引發外胚層的背側變厚，且形成一個洋梨狀的神經板（neural plate）。在此一結構的中央，一條縱向的神經溝（neural groove）出現了，然後它變深，並自身交疊。這個過程從神經溝的中央開始，並往前後延伸，但神經溝的兩端皆保持開放。大約在第二十四天，神經溝的前端開始封閉，神經溝的後端兩天後也接著封閉。這種從神經板變換成神經管（neural tube）的過程，被稱為神經胚形成（neurulation），它是左右對稱顱尾中軸發育的第一個外在徵候。

不過，神經胚形成並非總是進行得毫無瑕疵。發生在神經管正形成時的各種失誤，被統稱為神經管缺陷（neural tube defects）。這種缺陷最嚴重的例子是無腦畸形（anencephaly），它可能係在第二十四天之前，導因於神經管前端封閉失敗的一種異常狀況。這種異常狀況最常見的畸形，出現在前腦與不同部位的腦幹。大多數未得到加護照顧的嬰兒，在出生後會即刻死亡，而得到加護照顧者，一般會在兩週內死亡。無腦畸形的發生率，大約是每一千個活產嬰兒中，會出現兩個。

另外一種較不嚴重，但更常見的神經管缺陷是脊髓膨出（myelomeningocele）。在此一狀況，神經管後端有更大部分完全封閉失敗，這類嬰兒中有 80% 在腰椎、胸腰、或腰骶部位會有損傷。這種狀況表現出來的，大部分是由損傷部位在脊髓本身所處的高度，決定了運動所受限制的情形。這種殘障的發生率，大約是每一千個活產嬰兒中，會出現二到四個。

假設神經管封閉正常，它在腦部的這一端後續的成長是極有利的。到第四週之末，前腦（forebrain）、中腦（midbrain）、和後腦（hindbrain）這三種主要的泡形成了。剩下的神經管就變成脊髓（spinal cord）。到懷孕的第五週，前腦發育成端腦（telencephalon）與間腦（diencephalon），而後腦形成後腦（metencephalon）與末腦（myelencephalon），至於中腦則改變甚少。這些結構如圖 7-1 所示。

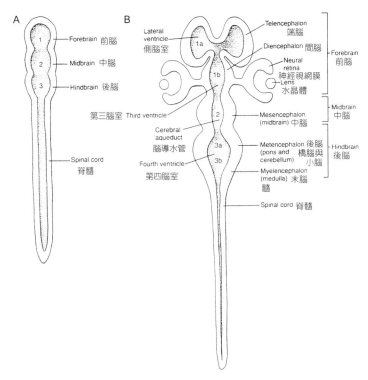

圖 7-1　腦初期的發育

（採自 Nelson, 2003, p.206）

　　末腦將成為未來的延髓（medulla oblongata），它的前面部分包含了運動核（motor nuclei），而後腦壁將形成橋腦（pons）與小腦（cerebellum）。第四腦室也將從後腦發展出來，且它的頂部將產生脈絡叢（choroid plexuses），它們是沿著腦室排列並生產腦脊髓液的細微構造。稍後，在胎兒中期，第四腦室頂部破裂，而形成永久性的開口，經由這些開口，腦脊髓液可以流到腦的外表。圖 7-2 為以正面和側面顯示之成熟腦室系統。

　　中腦在發育中比腦的其他部分較少改變。某些部分將變成上丘（superior colliculus；用作視覺）與下丘（inferior colliculus；用作聽覺），而其他部分則發育成紅核（red nucleus）與黑質（substantia nigra；涉及 dopamine 的生產）。

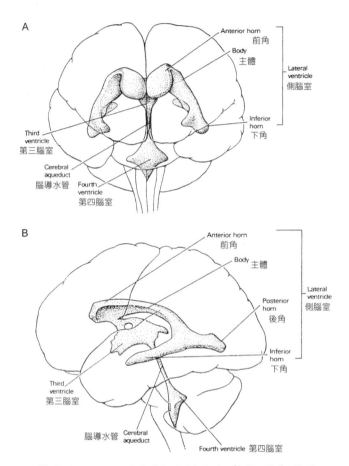

圖 7-2　以正面和側面顯示之成熟腦室系統

（採自 Nelson, 2003, p.207）

　　前腦的發育包括間腦與端腦。到胎兒期的第六週，間腦從第三腦室側壁之三處突出部分成長出來，這三處突出部分先後成為視丘上部（epithalamus）、視丘（thalamus）、與視丘下部（hypothalamus），其中視丘下部又和腦下垂體（pituitary gland）相連。端腦也先後發育成兩個大腦半球，這兩個大腦半球約包含了中樞神經系統所有細胞的 75%。這些第一次出現為前腦（prosencephalon）兩側的憩室（diverticula）。腦每一半球的末端成為前額柱（frontal pole），然後這個區域的腹部翻轉，最後形成顳柱（temporal pole）。

後頂柱（occipital pole）的出現，即成為腦半球新發育的一部分。

(二)細胞的發育

　　前述解剖學上重要發育的里程碑，事實上係衍生自和神經管封閉一起開始之一系列細胞與分子事件。為瞭解這些稍後在懷孕期，及出生以後會顯露出來的重要生理事件，因此對這些事件做進一步的說明是必要的。

　　剛剛封閉的神經管壁包含單層的上皮細胞（epithelial cells），它們彼此聯結，並遍布整個管壁最厚的部分，而形成一假複層上皮（pseudostratified epithelium）。這些細胞以極快的速度增殖，而使這層變厚。在這層之中，有兩個區域：仍然進行有絲分裂（mitosis）的細胞室區（ventricular zone of cells）與細胞分裂過程的邊緣區（如原始神經軸突）。當細胞增殖持續進行，遷移的現象即開始，而一個神經軸（neurons）的中間區就形成了。用八至十週的時間，這個中間區就已擴大，而形成可發展出腦皮層的區域。這個區域是由腦皮層板（cortical plate）與分室區（subventricular zone）兩區所組成。分室區被認為係在負責神經膠質（glia）的生長。圖7-3為發育中腦壁之進行性變粗厚的情形。

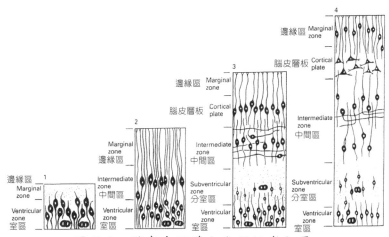

圖7-3　發育中腦壁之進行性變粗厚
（採自 Nelson, 2003, p.208）

　　發展到這個階段，位於外胚層壁和神經管之間的細胞，被稱為神經嵴細胞（neural crest cells）。這個細胞群將從前腦順著中軸往下擴展。在這條中軸各邊的細胞遷移到神經管的背側邊，且最後產生了脊髓的感覺神經節（sensory ganglia）和許多腦神經。

　　再說到腦皮層的發育，腦皮層板的初步形成，係經由細胞的遷移到腦皮層的最深層而發生，而其後的遷移則按從裡到外（inside-out）的型態進行。遷移發生在與放射神經膠質纖維（radial glial fibers）相連的原始神經元（primitive neurons），而這些放射神經膠質纖維係遍布在擴散的上皮細胞層所產生的斷層。一旦遷移的神經母細胞（neuroblast）到達其目的地，它會和纖維分開，並占據某一位置。以這種方式，新的神經軸離開它們原來的區域，一般並會遷移通過較老的細胞，以到達它們最終的位置。結果，最早形成的細胞占據最深的腦皮層，而後來陸續形成的細胞，占據的位置則屬較表面的腦皮層。這項規則的例外是在小腦（cerebellum），在那兒小粒細胞（granule cells）係在表面的發芽層（germinative layer）形成，然後往裡面的方向移動，而形成一種由外到內（outside-in）的發育型態。

　　一般而言，中樞神經系統有許多不同種類的細胞及其亞型（subtype；如神經軸、神經膠質）。每一種細胞僅在某一發育階段產生，而每一種細胞可能由一系列分子遺傳事件所決定。原來產生的區域決定產生何種細胞、以及最後它們將占據於神經系統的何處。大致來說，細胞的增殖與遷移各區域皆不一樣，不過六個月增殖完成，則是一項法則。這項法則的例外，包括小腦（它的發育較長）、神經膠質細胞（它繼續於出生後在分室區中產生）、以及在齒狀海馬回（gyrus of the hippocampus）中的小粒細胞（它終生皆在產生）。

　　值得注意的是，細胞遷移的失誤所造成的影響。這類的失誤中較廣為人知的，是腦回（gyri；位於腦的表面之迴旋）發育的誤失。裂腦孔洞腦畸形（schizencephaly）是部分腦皮層完全不見，可能是遷移的失誤最嚴重的一種。這種異常狀況開始出現於胎兒期的第三

個月。其症狀包括癲癇發作、痙攣、智能障礙、動作障礙等。

(三)突觸發生

　　或許在出生後（雖開始於胎兒期）所發生最令人注意，也最具功能的重要事情，應該是突觸（synapses）的形成（突觸發生）。對猴子的突觸發生現象，吾人知道得不少，它可用來瞭解人腦發育的情形。Rakic 與其同事曾研究恆河猴在視覺、軀體感覺、動作、前額葉、與海馬腦皮層的突觸發生，並計算每單位區域突觸之數量與密度（Bourgeois & Rakic, 1993）。他們預測在這些區域的突觸發生，會遵循符合功能層次的時間表，而不是依照解剖學上的位置所決定。因此，根據感覺功能先於較高層次的認知功能之假設，感覺區會最早發展，而相關聯區域（特別是前額葉）則會最後才發展。然而，研究結果並未證實這些預測。每一個被研究的區域在突觸形成的時程與增加的速率，卻被發現是相似的，而在懷孕期最後第三個月突觸的密度快速增加，且這種增加在每一區域皆以同樣的速率持續到出生後第四個月。尤有甚者，在大約相同的年齡時，每一區域皆經過一個高過成年水準之過量突觸的階段。在出生後第二與第四個月間，這種突觸過度發生的情形特別高，此後，突觸消失的情形增加了，且突觸之數量減少到成年的水準。這種減少在第一年時最為劇烈，往後幾年，即接著出現較平緩的減少速率。不僅突觸發生在每一個被研究的區域是相同的，同時在所有六個腦皮層也是一樣的。由於突觸發生在不同的區域與腦皮層皆依循相似的時程，且最後在所有腦皮層皆以絕對相同的突觸密度穩定下來，這種情況似顯示突觸發生應係由共同的遺傳或體液信號（humoral signals）所調控的。

　　人類突觸發生的型態和猴子是有點兒不一樣。根據 Huttenlocher（1994）的研究，發現人類出生後三至四個月間，在視覺皮層突觸突然快速發生，而在四個月時密度達到最高。在主要的聽覺皮層之突觸發生，也依循相似的時程，到三個月時完成 80%。相似的早期

過度發生也出現在額中回（middle frontal gyrus），不過最高的密度要到一歲時才出現。相較之下，突觸的減退在視覺皮層、聽覺皮層、與額中回的情形，並不相同。視覺與聽覺皮層突觸的成年水準，在幼兒階段（二歲至六歲）就已出現，而額中回則要到青春期才會達到成年的水準。在出生後三個月時，聽覺區的突觸會比語言和主要說話區更多，但到四歲時，則各區的突觸密度是相同的，雖然仍然有成年腦的兩倍高。整體而言，人腦突觸消失出現於懷孕後期以及在出生後早期，正當神經系統對環境的影響十分敏感時。

突觸的失誤曾被發現於諸如唐氏症、X染色體脆裂症（Fragile-X syndrome）、及某些智能障礙者身上。此外，曾經驗過各種出生前後困難之嬰兒，也會出現在過程（神經軸突、樹狀突）發展的問題。例如，依賴呼吸器之早產嬰兒的異常樹狀突與樹突狀脊椎數量的減少即是。

㈣髓鞘生成

髓鞘生成在幼兒神經系統的發育上被認定是一個重要的過程。它涉及圍繞腦部與神經通路保護性絕緣鞘（insulating sheath）的發展。就如突觸的發展，髓鞘脂（myelin）的發展也是延伸至出生後時間相當長的過程。髓鞘脂（一種脂類與蛋白的物質，它將神經軸突包裹起來）是從雪旺氏細胞（Schwann cells）所生產出來的。髓鞘脂主要的作用在讓細胞得以絕緣，並增加傳導的速度（神經衝動從一個細胞傳導至另一個細胞的速度）。髓鞘脂的形成是一種由遺傳決定的過程，這種過程係由最接近獲得髓鞘的路徑之神經膠質細胞的增殖與變異為前導，它在腦部快速發育的階段最為顯著。雖然此一過程係由遺傳所決定，但它會受到環境因素，如出生後之飲食的影響。就人類發展而言，這種過程大約是在神經軸變異與神經纖維的生長之後兩個月發生。

新生嬰兒由於髓鞘發育未臻完全，因此對刺激會出現不特定的反應，且欠缺動作的協調性。跟其他成長的型態一樣，髓鞘生成的

進程也是遵循從頭部到下肢，從軀幹到四肢的原則，因此粗大動作控制能力之發展要比精細動作控制能力為早。到兩歲時，髓鞘主要的部分即已形成，因而一般幼兒的動作能力就相當成熟了。

我們可以將生成髓鞘的腦皮層分成以下三區：

1.早熟區

髓鞘生成在出生之前，約在神經軸變異與神經纖維的生長之後兩個月。腦部生成髓鞘的第一個部分是周緣神經系統（peripheral nervous system；從神經嵴組織衍生而來），它的運動根（motor roots）生成髓鞘在感覺根（sensory roots）之前，依序是基本觸覺、視覺、與聽覺腦皮層的生成髓鞘。

2.中間區

在出生後前三個月生成髓鞘。它們包括圍繞基本感覺或運動腦皮層之次級聯絡區。

3.末端區

是最後生成髓鞘的區域，在出生後第四個月與可能晚到青春中期之間才出現。它們包括涉及較高腦皮層功能之最優質的聯絡區，這些區域最明顯的是在前額腦皮層（frontal cortex）。

值得一提的是，雖然髓鞘生成在十歲之前並未完成，不過大部分生成髓鞘的路徑可能在前十年已被安排好了。除了影響信息在腦中傳導的速度之外，髓鞘脂是否尚有其他作用，則目前所知不多。

髓鞘生成也會有失誤的情形，如大腦白質發育不全（cerebral white matter hypoplasia）即是一種少見的異常狀況，它常伴隨癲癇及其他神經症狀。它是在特定區域如含胼胝體（corpus callosum）在內的卵圓中央（centrum ovale）欠缺髓鞘脂所致，這種狀況似乎是受到遺傳因素的影響。此外，由於飲食中脂類食物的過度欠缺，特別是在出生後前四年，即可能導致髓鞘生成不足（undermyelination）。

㈤其他重要結構的發育

在人類的心智發展中非常重要的兩種能力，即是記憶以及從事

規劃與策略性活動的能力。記憶涉及資料的存取。清楚記憶（explicit memory）依靠的是位於顳葉內側（medial temporal lobe）之組織，包括海馬、類扁桃體（amygdala）、及嗅覺皮層（rhinal cortex）。下顳葉皮層（inferior temporal cortex）特別在嬰兒期之後，也可能扮演清楚記憶的角色。

　　至於從事規劃與策略性活動的能力，即屬執行功能（executive functions）。而前額葉皮層（prefrontal cortex）在執行功能的運作上，就扮演主要的角色。執行功能所需運用到的能力，包括有效記憶（working memory；現場留住信息的能力，直到採取了某些行動）、注意力、不當反應的抑制、以及在情感或激動狀態下監控個人行為的能力。就神經心理學而言，這些功能全係由不同區域之前額葉皮層所支配，而前額葉皮層是腦皮層組織中一個龐大廣闊的區塊，它接收從腦各區送到的信息，並將信號送至許多遙遠的區域。以下將分別就前述的顳葉內側和前額葉皮層再做進一步的討論：

1. **顳葉內側**（medial temporal lobe）

　　顳葉內側有幾處重要的組織，被認為在扮演清楚記憶的角色。它們包括海馬區、類扁桃體、內嗅皮層（entorhinal cortex）、及下顳葉皮層。茲分別說明於下：

(1)海馬區：在猴子的邊緣皮層（limbic cortex）之乙醯膽鹼（acetylcholine）感受體的分配，相較於在腦皮層中那些後來才成熟的，它們於出生時即像成年一樣。在人腦中，邊緣皮層的體積和相關邊緣組織（如海馬）的大小，在出生六個月之後，快速地變成像成年一樣。包含海馬構造的大部分組織，除了齒狀裂之外，確實在出生前細胞構造上已是成熟的。下腳（subiculum；連接內嗅皮層與海馬）和海馬在出生後成熟得相當早，而海馬中樹枝狀的發育（dendritic development）要早過視覺皮層。已知視覺皮層在出生六個月之後，即開始發揮功能。在顳葉的新陳代謝活動，到出生後第三個月就急遽地增加，並且比前額葉皮層要早好幾

個月。事實上，在海馬構造中，齒狀回（dentate gyrus）是在發育上唯一延長時間的區域；在齒狀回中的突觸之成年水準，猴子要到十個月大才達到，這約相當於人類的三歲至四歲。整體而言，海馬及其周邊區域，似乎成熟得相當早。根據已知的研究證據，吾人似可合理認定最少有某些海馬的功能，在出生後前幾個月即已出現，接著到一歲時（可能要更早），就有更像成人的功能出現。

(2)類扁桃體：雖然類扁桃體在記憶的角色，一直受到爭論，不過它在扮演調節情緒的角色似已被確認。雖然類扁桃體跟海馬一樣，似乎發育得早，但目前吾人對它的發育比起對海馬的瞭解，要少得多。海馬和類扁桃體皆位於腦皮層深處，因此它們的細胞遷移會比位於較表層的組織較早完成。人類的類扁桃體細胞到胎兒期第三個月即開始分化，到第四個月，它們就有明顯的核出現。在第六個月，所有各區域已井然有別，而細胞分化在出生時似已完成。

(3)內嗅皮層：內嗅皮層似乎在海馬構造的一般神經回路（neural circuitry）上，扮演重要的角色。嬰兒與成年猴子的內嗅皮層若受傷害時，即會顯現記憶嚴重受損的現象。在猴子的懷孕中期時，嗅覺皮層已開始形成突觸，並表現神經傳導體的角色，且可能已經開始形成和外部的聯結。

(4)下顳葉皮層：下顳葉皮層和清楚記憶有密切的關係。已有研究指出，成年猴子的下顳葉皮層若受傷害時，雖會導致明顯的記憶受損，但同樣的傷害若出現在幼小猴子身上，則明顯少有或沒有影響（Bachevalier, 1992）。由此可見，這部分的組織尚未成熟，或最少「連線作業」沒那麼早。這種猜測也從猴子在下顳葉皮層葡萄糖的利用水準之研究得到支持（Jacobs, Chugani, Llada, Chen, Phelps, Pollacls and Raleigh, 1995）。研究發現在猴子下顳葉皮層葡萄糖利用的成年水準，要到約四個月（約等於人類的十二至十六個月）

大時才會達到。相對之下，海馬似乎在出生後第一個月左右，功能上已發展完成。大部分的海馬組織、類扁桃體、以及周邊的嗅覺皮層皆發育得相當早，可能在出生後頭兩年即已發育完成。這種早期的發育，或許使得嬰兒階段的記憶可能變得深刻。然而下顳葉皮層則發展得較晚，而要到學前階段才可能發育得像成年一樣。這個區域和前額葉皮層的發育，可能和嗣後發生在學前階段的某些記憶發展的里程碑（如記憶廣度的改善）有關，並可以解釋何以我們很少記得三歲之前的生活事件（即嬰兒失憶症）。然而從早期解剖學上的發育情形和在出生後頭兩年具有深刻記憶能力是可能的這樣的狀況看來，似指出這段時間具有從早期介入獲益的潛力（即利用這段時間透過經驗對腦部產生影響）。

2. 前額葉皮層（prefrontal cortex）

前額葉皮層被認為在執行功能方面，似扮演著重要的角色。在早期療育中，諸如將信息留在有效記憶的能力、從事策略性規劃的活動、抑制不當的反應等，常成為重要的療育目標，因此，前額葉皮層發育的探討，就顯得格外有意義。不過，除了側背前額葉皮層（dorsolateral prefrontal cortex）和眶軸前額葉皮層（orbitoprefrontal cortex）之外，我們對這一大片神經組織發育的瞭解尚相當有限。以下將就側背前額葉皮層和眶軸前額葉皮層分別再作說明：

(1)側背前額葉皮層：目前已知側背前額葉皮層和空間有效記憶（spatial working memory）的能力有關。例如，成年側背前額葉皮層的傷害，會嚴重損及延遲反應作業（delayed-response task）的表現。新生猴子之側背前額葉皮層若受損，對嗣後嬰兒期（在八個月時）延遲反應作業的表現少有影響（Goldman, 1971）。然而，要是傷害是發生在稍後的嬰兒期（四個半月）時，延遲反應作業的表現就會受損（Diamond, 1990）。不過，一般咸信側背前額葉皮層可能要到嬰兒期之末，才會涉及延遲反應作業的表現，這種論點的理由係來自於以下人類一般前額葉皮層發育的研究資料：

①突觸的成年水準要到青春期才會達到；在這之前，會有過多的突觸，約在六歲時達到高峰，然後在以後的十年左右逐漸減少。

②前額葉皮層的髓鞘生成是緩慢、持續到青春期。

③在額葉皮層（frontal cortex）的新陳代謝活動落後於所有其他腦皮層的區域，到一歲時才僅僅接近成年的水準，而到十歲之後，仍持續發展（Chugani, 1994）。

(2)眶軸前額葉皮層：前額葉皮層從末梢與多方面的感覺皮層接收多型態、統整的感覺信息，並且也接收由類扁桃體所產生的情緒信息。眶軸前額葉皮層被認為在將這些相關的信息以具象記憶（representational memory）留在連線作業線上，然後指揮個體應如何表現。例如，眶軸前額葉皮層可能對特定的感覺事件，引發或抑制動作、自律、與神經內分泌性的反應（neurohumoral responses）。透過它和各種皮層下組織的聯繫，眶軸前額葉皮層也可能扮演選擇與引發適當行為反應的角色。位於眶軸前額葉皮層之內，也有著用於產生情緒反應的神經網絡。總之，眶軸前額葉皮層透過它複雜的聯繫網絡，似在規約人們於各種環境中情緒行為的適應。並不像側背前額葉皮層一樣，我們對眶軸前額葉皮層的發育情形，所知相當有限。目前已知髓鞘脂在眶軸前額葉區的發育，是在側背區之前。此外，眶軸前額葉皮層之眶表面細胞構造，似乎比側背區的成熟為早。而從嬰兒期各種情緒反應的出現看來，出生後的前兩年，似應與眶軸前額葉皮層的迅速發育有密切的關係。這種發育可能以陡峭向上的軌道，一直持續到小學的年齡，因為在這段時間，兒童對情緒規約與使用記得的資訊去採取行動

的能力皆進步了。在這段時間也應該是對兒童的執行功能之輔導，可以開始有所作為的時候。

二、影響腦的發育之環境因素

環境在規約與決定出生前和出生後早期腦的發育上，扮演著重要的角色。吾人皆知，有許多環境因素會影響出生前神經與行為的發展。這些因素中比較重要的，如母親的營養狀況、藥物的使用、與壓力，茲分列說明於下：

㈠母親的營養狀況

母親的營養不良具有更大的危險，會使得所生下的嬰兒發展出神經上的後遺症。營養不足對胎兒的影響，因胎兒解剖學上與生化成熟狀況而異。例如，三至六個月之間的營養不良，會導致神經細胞的數量不足，而最後三個月的營養不良會導致神經膠質細胞的數量不足，且影響當時已分化神經細胞的成熟狀況。出生後頭幾年的營養不良，因為對髓鞘獲得有不利的衝擊，且接著髓鞘生成的狀況又影響傳導的速度，因此會廣泛影響行為與神經的功能。具體而言，營養不良發生得愈早，腦的體積就減少得愈多，營養不良持續的時間愈長，則對腦的影響也愈大。因為營養不良兒童的腦不但較小，而且包含較少的 DNA，因此神經細胞也較少。

總體而言，蛋白質與鐵質的攝取不足，皆會對認知發展產生不利的影響。有些營養不良的影響也相當具有針對性。例如，在懷孕早期缺乏葉酸（folic acid；即維生素 B），和神經管缺陷有密切的關係；而在懷孕期，碘或甲狀腺荷爾蒙的缺乏，和經由先天甲狀腺機能減退（hypothyroidism）所形成的智能障礙有關。

㈡藥物的使用

酗酒是最常見的藥物濫用的問題。長期酗酒的懷孕婦女，有

43%會產生不利的後果（Dodson, 1992）。80%被診斷為胎兒酒精症候群（fetal alcohol syndrome）的兒童，其中樞神經系統會受到影響，而小頭症（microcephaly）即是最常見的異常狀況。具有胎兒酒精症候群的嬰兒，一般會顯現出各種不同程度的智能障礙。一般說來，酒精飲用量愈大，其危險性也愈高。其他藥物如海洛因、古柯鹼、鉛等，也皆可能產生具有傷害性的影響。

㈢壓力

針對猴子所做的研究，發現即使對母猴所施予的短期壓力（給予突然、無法預料的大聲喧鬧），也會對新生與較大的猴子有嚴重與持續的影響，如較易分心、協調性差、反應速度較慢等（Clarke, Soto, Bergholz & Schneider, 1996）。此外，壓力對生理與行為的影響，可能並不限於對胎兒或出生後不久的動物而已。例如，對成熟的猴子給予不當的囚禁，也顯示出類皮質糖（glucocorticoids）增加與對海馬的損傷（Uno, Tarara, Else, Suleman & Sapolsky, 1989）。對人類而言，遭遇創傷壓力與從創傷後壓力而受苦的成人，會出現海馬的體積變得較小，且相應地顯現較差的記憶力（Bremner, Randall, Scott, Bronen, Seibyl, Southwick, Delaney, McCarthy, Charney & Innis, 1995）。整體說來，出生前或甚至出生後遭受壓力，皆可能對神經與行為產生嚴重與持久的影響。

三、神經可塑性

神經可塑性代表的乃是透過出生後的經驗因素，去影響腦的發展之可能性。如果神經可塑性是存在的，當然對早期療育就深具意義。對神經可塑性的探討，將從神經可塑性的模式、神經可塑性的機制、與神經可塑性之實例，分別加以討論。

㈠神經可塑性的模式

一般人多有一項錯誤的觀念，認為出生前與剛出生後的階段，大部分腦部的發育是完全在成熟狀況的控制之下。前面已經提過出生前的壓力對腦的影響，可見經驗因素對腦的發育是具有影響力的。此外，從 Greenough & Black（1992）所提出的腦與環境互動模式（models of brain-environment interactions），亦可以理解前述錯誤觀念之難以成立。他們曾提出下列突觸形成的兩個模式：

1. 經驗－預期突觸發生（experience-expectant synaptogenesis）
   是指在已獲某些極少的經驗之後，突觸形成之過程。實體鏡深度知覺（stereoscopic depth perception）的發展即是一個實例；在此項發展中，正常的視覺輸入對眼優勢柱（ocular dominance columns；代表每一眼和視覺腦皮層第四層之間的連結）的發育是必要的。若因某些原因，兩隻眼無法適當地成列，因此會妨礙它們有效聚焦於遠處的目標，如此一來，支持正常實體鏡深度知覺的眼優勢柱，將無法正常地發展。要是這種情況在突觸的數量開始到達成年水準時（通常在幼稚園結束或小學低年級時）未被矯正，兒童將無法發展出正常的實體鏡視覺。

2. 依靠經驗的突觸發生（experience-dependent synaptogenesis）
   相對之下，這是使個人對環境特定與可能之特徵，做最有效適應的一種過程。以特定的學習去獲取資訊，應屬於這種機制。因而，依靠個人的學習經驗，各式各樣的資訊將被獲得與貯存以在日後運用，當然在各種認知領域裡，是會有個別差異存在的。

經驗－預期和依靠經驗發展之間主要的差異，是前者大概以相似的方式應用在某一種類的所有部分，而後者則特定地應用於個別的部分。換句話說，經驗－預期突觸發生這個機制的應用是具有普遍性的，而依靠經驗的突觸發生的應用則有其侷限的特定性。

　　Greenough & Black（1992）認為「預期」（expectation）的結構底質（structural substrate），是於一個敏感的階段，分散在比較廣闊的區域內突觸的未加裝飾、暫時的過度發生，跟著其後尚未形成連結或已形成異常的連結之突觸的「修飾」（pruning）性發生。被預期的經驗產生可預料的神經活動之型態，並以那些將被選為保存的對象之突觸作為目標。此一假定是突觸的接觸開始時是短暫的，且為了其續存，需要某種形式的確認。要是得不到這種確認，依據發展的時程，或因來自於已明顯建立的突觸之競爭，突觸將被取消。對這個模式的支持，係來自於以下的觀察：在人類（Huttenlocher, 1994）與猴子（Rakic, Bourgeois, Eckenhoff, Zecevic & Goldman-Rakic, 1986）中，生命早期突觸皆大量過度產生，接著的僅是嗣後（出生後）豐富或未用的連結之一種「修飾性」的回頭。過度產生突觸的目的，大概是藉在廣布的基礎上過度產生的連結，為神經系統預備可能廣泛的經驗，如此一來，和經驗有關的神經活動能選擇功能上適當的構造單位以做進一步的精煉。

(二)神經可塑性的機制

　　所謂神經可塑性的機制，乃是腦能被經驗「雕塑」所根據的若干原則。可塑性係在反映神經層次上解剖、神經化學、或新陳代謝的變化。解剖上的改變，說明現有突觸藉長出或神經軸突再生，或樹枝狀表面的擴展，以改變其活動的能力。例如，在胼胝體（corpus callosum）神經軸突纖維的喪失，可能導致突觸的喪失，但嗣後卻由丘腦突觸的增加補償到空出的位置，也因此恢復腦半球之間的溝通。

　　就神經化學層次的可塑性機制而言，它是指現有突觸藉增加神經傳導體的接合、或提高突觸後對傳導體的反應，而改變其活動的能力。此外，神經可塑性也可以從新陳代謝的變化顯示出來。新陳代謝的解釋，係指向損傷位置同側與對側腦皮層與皮層下新陳代謝活動（如葡萄糖的利用）的變化情形。要是腦的某一區域受損，藉

著血液流動，在鄰近區域的營養供應（如葡萄糖、氧氣等），因此會增加。目前已知哺乳動物的腦固定具有再生神經細胞能力的僅有區域，是嗅球（olfactory bulb）和海馬的齒狀區。

(三)神經可塑性之實例

有關神經可塑性的例子，以下將分別再從發展中的個體與成熟的個體去舉例：

1. 發展中的個體

由於這一部分的資料很難從人類的樣本去取得，因此多以人類以外的動物為多。過去曾經有過壓力對發展中鼠腦的影響之研究（Nelson, 2003），發現養在隔離環境的老鼠，會在其中央邊緣度巴明系統（mesolimbic dopamine systems）顯現出神經化學與行為的異常（如過動）。隔離養育可能因此提供一非藥理的途徑，去導致老鼠在感覺動作管控（sensorimotor gating；即無法規約接踵而來的感覺信息）上的缺陷；這種缺陷也可見於精神分裂症（schizophrenia）的人身上。此外，短暫剝奪母鼠對幼鼠的照顧，也會永久改變丘腦下垂體軸（hypothalamic pituitary axis）的敏感性，這種情形大概會導致長期在調節壓力反應之能力的異常。至於在經驗的有益影響方面，有關研究也發現被養在複雜實驗環境的老鼠，在某些認知作業上，勝過隔離養育的老鼠。而在細胞的層次上，被養在充實環境的老鼠，被觀察到出現下列的變化：

(1)背側新皮層（dorsal neocortex）的若干區域更重、更厚，且每一神經細胞有更多的突觸。

(2)樹狀的脊柱（dendritic spines）與分歧的型態，在數量與長度皆增加。

(3)微血管的分支增加，因此增加血液與氧氣的數量。

此外，有些針對發展中的個體之發展研究，雖未必涉及腦神經系統變化的檢測，不過由於行為改變的出現，我們似仍可

合理推論神經可塑性的存在。例如，曾有人研究嬰兒對從語言中分辨音素（phonemes）的能力（Kuhl, Williams, Lacerda, Stevens & Lindblom, 1992），發現六至十二個月大的嬰兒從他們未接觸過的語言，去分辨音素的能力大大地降低。因此，雖然六個月大生長在說英語家庭的嬰兒，或許能分辨英語語音以及它種未接觸過語言語音的對比，但到十二個月大時，這些嬰兒就變得更像說英語的成人了。那是因為他們喪失對非母語從事語音對比（speech contrasts）分辨的能力。這可能由於說話系統（speech system）保持對經驗的開放某一段時間，但要是某一特定領域（如聽取不同語言的語音對比）的經驗沒有出現，則機會之窗在生命早期就開始關閉。

2. 成熟的個體

目前已有證據支持在成人周緣神經系統損傷之後，腦皮層的再造（cortical reorganization）是可能的這樣的論點（Nelson, 2003）。同時這種再造亦同樣出現在未受傷的健康者身上。例如，由 Elbert、Pantev、Wienbruch、Rockstroh & Taub（1995）的研究就指出，對有與無演奏弦樂器經驗的成人之身體感覺腦皮層（somatosensory cortex）的活動狀況，在使用腦磁圖（magnetoencephalography，簡稱 MEG）加以記錄後，發現在音樂家的身體感覺腦皮層區中，代表左手（用於指板上的手，它不用說需要更多精細動作的能力）手指的區域大於代表右手（用於拉琴弓，比較屬於粗大動作能力）的區域，且也大於非音樂家左手的區域。此外，對十歲之前開始音樂訓練者，這種影響（即較大的腦皮層代表區）的趨勢似更明顯。Ramachandran、Rogers-Ramachandran & Stewart（1992）的研究也發現，透過日常生活的活動，受損傷運動腦皮層的再造是可能的。由此觀之，成人的腦能依據正面（如訓練）與負面（如對傷害的反應）的環境經驗，而重新改造。

總之，兒童期之後，成人的腦皮層通路的再造是可能的，而且

這種再造並不限於動作或感覺的通路，也可能包含認知（如語言）領域。雖然大部分腦的發育明顯出現於懷孕晚期，且一直持續到出生後頭幾年，但其發展的軌道離定型尚遠。目前已有有力的證據顯示，最少在腦的某些區域，至少在某些情況下，在人類大部分的生命中，是能將經驗的結構納入神經基礎的結構之中的（Nelson, 2003）。由此，也正說明了早期療育對特殊幼兒的發展，應該是具有不少的著力空間。

— 第二節　神經生物學對早期療育的啟示 —

從前節對人腦的發育、影響腦的發育之環境因素、及神經可塑性等基本概念的探討，我們似不難從中擷取若干對早期療育的啟示，以供我們在規劃相關介入方案的參考。茲將這些啟示分列說明於後：

一、療育的目標應和診斷工作緊密結合

在早期療育中經常會被問到的，即是療育的目標該如何擬定的問題。例如，療育工作是否該針對某一特定功能？或該總體實施？這個問題的答案，其實繫乎特殊幼兒的早期經驗與其缺陷的性質。如果某一特殊幼兒缺乏從認知（如沒有解決問題或規劃行為的經驗）到社會與情緒（如不一致或缺乏規範的教養方式）之廣泛的經驗，則療育的目標大概就應儘可能包括這些不足的經驗。要是特殊幼兒的缺陷是具有特定性的，則療育工作也應該是如此。不過真正的難處，應該在於如何找出不足的經驗與缺陷所在。就特殊幼兒經驗背景與缺陷的診斷工作而言，未來如何發展出具有信度與效度的診斷工具與技術，似存在相當大的努力空間。

二、充實性環境經驗對腦神經系統發展具有重要性

　　從神經可塑性的探討，我們發現無論是對發展中或成熟的個體，無論是有害或有利的環境經驗，皆可能影響腦神經系統與行為的發展。也就是說，這些影響並不限於生命的早期。出現在胎兒期的壓力因素，可能對發展中的腦神經系統會產生長期不利的後果。反之，若處於充滿激勵性的環境，則可預期有長期正面的影響。成人的腦神經系統，也可能因環境經驗的良窳，而重新改造。若從早期療育的角度來看，如何在安排特殊幼兒的環境經驗時，洞燭機先、趨吉避凶，是再重要不過了。特殊幼兒的早期生活經驗要是不太理想，更值得療育人員深思如何予以匡補。

三、醫學復健對運動障礙應有其價值

　　已知的研究證據顯示，成熟的個體之神經可塑性，明顯限於（雖非全然）運動領域。不過由於此一系統長期在接收刺激的輸入，因此在生命中大部分時間的某些方面，運動系統若具有調適的能力，似不足為奇。換言之，兒童一出生，其運動系統即持續地被挑戰，因而它一直是對新經驗開放的。也有人認為這樣的過程，早在胎兒期的第五個月即開始了。具有運動障礙的幼兒，多半有其運動腦皮層受損的生理基礎。相關的研究似已表明，透過日常活動或有系統的醫學復健，受損傷運動腦皮層的再造仍然是可能的。因此對有這方面困難的特殊幼兒而言，醫學復健應該是不可或缺的早期介入途徑。

四、語言學習應掌握其關鍵期

　　從語言學習相關的研究，我們可以瞭解嬰兒對非母語語音對比

（speech contrasts）分辨的能力，過了六個月大後，即急遽降低。因此，一般所認為說話能力的獲取，其可變性（modifiability）時期可能相當短，似可得到支持。職是之故，早期療育若包括特殊幼兒的語言發展方案，似乎應留意語言學習關鍵期的存在，而適時且持續地提供必要的早期語言經驗。

五、重視營養因素對兒童發展的影響

　　母親的營養不良不但具有更大的危險，可能生下出現神經系統缺陷的嬰兒。同樣的，嬰兒出生後頭幾年的營養不良，因為對髓鞘生成有不利的衝擊，因此會廣泛影響行為與神經系統的功能。營養不良固然可能對兒童的發展有不利的影響，不過有許多營養不良的影響，是可以透過早期且持續的營養介入計畫，而獲得消弭的。要是營養的補充能結合環境刺激與情緒支持的話（Lloyd-Still, 1976），其效果會更好。

參　過程篇

Chapter 8　早期療育服務架構

　　特殊幼兒早期療育的實施，牽涉的因素甚多，正如建築師在建造一棟房子一樣，他固然需要具有建築理念，也要考慮居住者的需求、建築法令的規定、施工的流程、建築人力的調度、施工品質的確保等因素。同樣的道理，早期療育服務的提供，也應該對療育服務的理念、特殊幼兒的發現與評量、服務方案的設計、行政管理、療育服務的評鑑等做妥適的規劃。因此，本章將就早期療育所涉及的療育服務理念、服務對象的發現與評量、服務方案設計、服務方案運作、療育服務評鑑這些要素（Hanson & Lynch, 1995），在以下分節加以討論。

第一節　療育服務理念

　　療育服務理念可說是吾人在提供療育服務所依據的療育哲學。療育服務理念不僅是服務方案設計的基礎，同時它對其他療育服務的要素，也具有指引的作用。我們若就現行常見的療育服務理念加以歸類，大致可區分為醫療模式（medical model）與教育模式（educational model）兩種。其中教育模式又因其對兒童發展與療育哲學、理論、及信念的不同，而可再類分為六種（Linder, 1983）。這六種教育模式分別是兒童發展模式（Child Development Model）、蒙臺梭利模式（Montessori Model）、認知模式（Cognitive Model）、應用行為分析模式（Applied Behavioral Analysis Model）、活動本位模式（Activity-Based Model）、及生態模式（Ecological Model）。以下將

對醫療模式和六種教育模式，分別做扼要的討論：

一、醫療模式

對多數特殊幼兒而言，醫療介入往往是最早被做的。這些醫療介入可能是針對子宮內的胎兒、發生在產房、或出生後不久在新生兒的加護病房。醫療模式的特色，是有醫師及相關專業人員如護士、職能治療師、物理治療師、技術人員等，所組成的團隊之參與。在處理高危險、身心障礙、或重症新生兒的問題時，大多數醫療團隊也將社工人員納入。醫療模式的運用多有醫學研究為基礎。醫療模式的特色尚包括採取階層的決策（由負責的醫師）、行動快速、高科技、專業術語、以及對嬰兒的狀況和進展持續的監控與蒐集資料。

醫療模式特別適用於醫療院所和涉及生或死的場合。在那些環境以及在那些場合，由最內行的人員負責，並迅速採取行動，而不必經歷冗長的團隊處理過程，是極端重要的。然而，純粹的醫療模式卻較不適用於教育取向的早期療育方案。因為階層的決策，以及團隊處理過程與諮詢工作的欠缺，會導致療育計畫的不完整，而無法反映家庭要解決的優先事項，且過度強調治療，但當特殊幼兒仍須停留於殘障狀況時，也會導致其家人的幻想破滅與精疲力盡。因此，醫療與教育團隊的共同合作，或能營造一個支持特殊幼兒與其家庭需求的結盟關係。

二、兒童發展模式

兒童發展模式（Ackerman & Moore, 1976）或正常發展模式（Normal Developmental Model; Anastasiow, 1978）是根據兒童當他們在發展上準備好去學習時，則將會自然地發展與學習這樣的信念。依照這樣的論點，療育人員的角色是比較被動的。他們的角色是去準備

與提供發展上合適的材料，但並不干預。學習環境通常是以設置諸如「家事角落」、「圖書角落」、以及充滿吸引人、兒童尺寸的材料之繪畫區等活動區塊為特色，而由兒童自行選擇他們想花時間去活動的區域。

多年來，此一模式多被認為並不適合較重度與普遍性障礙的兒童。然而，最近對身心障礙兒童融入與其他同年齡兒童的環境，諸如遊戲團體、家庭日托、幼兒園等之強調，已導致重新考慮兒童發展模式的價值。

三、蒙臺梭利模式

此一模式是由 Maria Montessori（1964）所發展出來，有時亦被稱為感覺認知模式（Sensory Cognitive Model）。它所依據的信念，是在一個安排良好的環境，兒童將自然會學習。在此一模式，教師扮演催化者的角色，並細心觀察兒童，以決定他們對較困難之作業的準備度。在這個模式中，教室的安排係透過各種逐漸增加複雜度的材料而構成，且當兒童接觸這些材料時，係以他們自己的速度而學習。蒙臺梭利模式被發現在諸如一般語言智力、知覺動作表現、及對作業的專注等許多方面，具有正面的效果（Chatlin-McNichols, 1981）。不過，最近針對此一模式，在身心障礙幼兒的療育成效，所做的研究似乎不多。

四、認知模式

認知互動或認知發展模式是一種包括John Dewey、Susan Isaacs、Erik Erikson、Anna Freud、Jean Piaget 等許多知名教育與心理學者觀念的融合。此一模式重視兒童與環境、以及兒童的遺傳因素與成熟之間的互動關係。此一模式一般將環境安排成活動或學習中心，在那兒有形形色色的遊戲和學習機會可供參與。兒童的成熟透過操作

的活動和持續語言的互動,而獲得增進,其重點是學習思考和解決問題。教師扮演積極的角色,去鼓勵兒童嘗試新的事物,並探詢兒童的經驗,但他們並不介入去避免兒童的失敗。因為失敗被視為重要的學習面向,並且也被視為激勵學習的因素。由於這個模式重視認知和語言的發展,以及它接納不同表現程度之兒童的能力,因此常被用於融合身心障礙兒童的學前教育方案。

五、應用行為分析模式

在身心障礙兒童的教育方案中,最常被用到的療育模式之一,即是應用行為分析模式,或相關的精準教學模式(Precision Teaching Model)。依據行為心理學的原理,這個模式具有高度結構與組織的特性,而強調行為的明確與資料的蒐集。在行為模式中,特定的行為被做為改變的標的,並採用示範、提示、消弱、連續訓練步驟、逐步修正、連續接近的增強等方法加以教導。運用此模式時,成功的表現標準須加設定,而資料蒐集是監控兒童進步情形的例行工作。當兒童已熟練了習得的行為,則持續提供練習的機會,以確保習得的行為能夠保留下來,而不致遺忘。此模式強調,所有兒童不管其障礙程度為何皆能學習,而運用本模式也確實產生過許多對重度障礙兒童的學習具有成效的例子,因此它的廣泛受到重視,不是沒有道理的。

六、活動本位模式

活動本位模式目前在早期療育或特殊幼兒教育領域,似已受到普遍的注意。此一模式係以發展性學習模式(developmental learning model)為基礎(Klein & Campbell, 1991)。它吸收了Piaget、Dewey & Vygotsky的理論後,活動本位模式有以下三個基本論題:

(一)直接的與較大的社會文化環境兩者的影響和互動。

㈡由學習者主動參與的需要。

㈢藉讓兒童從事功能性及有意義的活動，以增進其學習。

採取這種療育模式，兒童個人的目標與學習結果係和自然發生的活動相結合。而這些活動可能是由兒童引發或療育人員刻意安排的。正因為如此，它也是一個高度的互動模式（transactional model）。在此一模式中，自然發生的事情被用作先行事件或後果，以協助兒童發展功能性與較高層次的認知能力。因此，就這一點而言，它可顯現出是借用了行為的觀點。為確保兒童是在進步，療育工作即和課程本位評量（curriculum-based assessment）相結合，且提供一系列的活動，讓兒童有機會練習他們正學習的東西。

七、生態模式

在最近這段時間，許多中重度身心障礙學生的療育方案，已採用了生態或功能模式（Functional Model）。雖然這個模式是從輔導較大的學生而來，它仍可部分被運用於發展障礙的幼兒。此一模式係根據有關重度障礙者以下的幾個前提：

㈠他們在類化與運用舊有學習，以解決新問題的能力嚴重受限。

㈡他們學習的速率遠慢於非障礙同儕。

㈢教育應著重在他們目前和未來，有效表現功能所需要的那些技能。

因而，本模式的課程係以會增進學生自立與生活品質的技能，如日常生活技能、職業技能、休閒技能、溝通技能、以及和非殘障同儕的互動能力為依據。至於教學活動，則安排在將用到這些技能的場所進行。各種直接教學的技術與示範被用以教導必要的技能。雖然這個模式對從小學到成人的許多重度身心障礙學生，提供了革命性的教學途徑，不過它對幼兒的成效則較少引人注目。此一模式對幼兒的影響變小，似不難理解，因為一般嬰幼兒課程著重的許多基本的發展指標（developmental milestones），就當時的年齡而言，

皆屬功能性技能。然而,當身心障礙或具身心障礙危險的嬰幼兒早期療育方案要變得更細膩精緻時,功能性(functionality)就會逐漸成為一個更重要的效標。

從上述介紹的各種早期療育模式,吾人可知特殊幼兒療育模式的選擇性是相當多樣化的。不過到底會選擇甚麼療育模式,似乎和療育人員對兒童發展、身心障礙與危險狀況、特殊幼兒與家庭需求等的瞭解、以及和彼等個人的能力、價值觀、與偏見有密切的關係。就通行早期療育的作法,人們常會將各種療育模式的服務理念混合運用,以汲取各種不同模式的優點,而發揮最大的療育效果。一旦療育人員確定了他們療育服務的理念後,就須將他們的理念清楚地和所有工作人員與有關的家庭分享和溝通,以期在所有療育過程貫徹這些療育服務理念。

第二節　服務對象的發現與評量

早期療育服務的對象是特殊幼兒與其家庭,因此能早一點發現這些對象,並透過適當的評量,以瞭解他們的服務需求,是極為重要的。就服務對象的發現而言,其重點應該是建立完善的發現與通報制度。在這個部分,美國有些州似有一套相當有系統的作法,其中值得注意的包括以下幾方面:

一、建立完整的特殊幼兒發現制度。

二、實施公眾覺察計畫(public awareness program),以讓社會大眾瞭解早期療育、通報來源、相關資訊等的存在。

三、編製早期療育服務指南,以提供早期療育服務、已有資源、早期療育專家、早期療育研究或示範專案等相關的資訊。

上述這些作法,純粹是屬於欲發現服務對象之宏觀的制度面層次。不過就實際的操作層次而言,相關人士的密切合作,應該才是特殊幼兒通報工作能否落實的關鍵所在。這些相關人士包括醫師、

護士、幼兒教育教師、家長、社工人員、甚至是管區員警、村里幹事等，皆可為通報工作盡一份力量。不過為求通報工作的完善，相關的通報準則與通報流程，讓這些相關人士事先瞭解，應該是十分重要的。

　　一旦特殊幼兒被通報給予有關負責的評估單位之後，則接著要進行的即是對這些幼兒及其家庭做相關的評量，以瞭解彼等可能的療育需求。透過評量工作，我們不僅可以據以判斷，被通報的幼兒是否符合接受療育服務的條件，同時也可以掌握他們的優勢、弱勢、以及家庭的關注事項、資源、與想要解決的優先問題等。根據這些評量的結果，對於需要早期療育的特殊幼兒及其家庭，吾人即須為彼等撰擬相關的療育計畫，以實施適當的早期療育服務。

第三節　服務方案設計

　　服務方案設計，質言之，即是早期療育計畫的設計。這樣的設計主要在反映特殊幼兒及其家庭的服務需求。這項服務方案的設計工作，雖由負責療育工作的人員負主要的責任，但參與評量的人員、特殊幼兒的家長、或社工人員等，可能皆需參與。特別是服務方案中一定會涉及特殊幼兒的療育目標，必須要先和家長研商，並取得他們的同意，才可以列入療育計畫中。至於和特殊幼兒的療育相關的家長服務需求，有時也可能成為療育計畫的一部分。服務方案設計中的核心內容，應該離不開為特殊幼兒所規劃的療育課程（curriculum）、為確保這些幼兒的福祉所做療育環境的安排、以及轉銜服務（transition services）計畫等，茲就這三方面的內涵分別說明於下：

一、療育課程

　　就療育課程的主要內容而言，它應該是匯整特殊幼兒的療育需求後，所提出的這些幼兒需要學習之一系列的長短期目標。換句話說，它也是經過規劃的學習活動序列。在決定這些課程目標之前，前述評量工作的結果，應該是最重要的參考依據。要是評量工作又是採取課程本位評量（curriculum-based assessment）的方式時，則課程目標的決定，就更為直接且方便了。除了課程目標之外，相關的教學策略、時間安排、實施過程等，也皆可能需要納入整個療育課程之中。

二、療育環境的安排

　　至於療育環境的安排，也是在設計服務方案時，不應加以忽略的。對於特殊幼兒的療育環境安排，除了衛生與安全的考量之外，與非身心障礙同儕融合環境的考慮，也是需要精心規劃。當然確保特殊幼兒的健康與安全，在任何環境都是重要的，不過在早期療育的環境可能更是如此。身心障礙或具有身心障礙危險的嬰幼兒，可能更容易受到各種健康問題的傷害。而且許多這類的兒童也多有慢性疾病。早期療育人員除了對一般醫療緊急事件應懂得怎樣應變外，也應該瞭解個別特殊幼兒的健康問題與需求。當某一特殊幼兒正接受治療時，有些如協助服藥、導尿、行為觀察等事項，也可能成為早期療育團隊成員的責任。健康環境的問題不但和特殊幼兒有關，也和早期療育團隊成員關係密切。有些常導致身心障礙的傳染病，如麻疹（rubella）、巨細胞病毒（cytomegalovirus）等，當懷孕時感染，則問題可能累及胎兒。和特殊幼兒有密切接觸（如換尿布）的療育人員，就有被感染的危險。因此，在療育環境做好相關的衛生預防措施，對特殊幼兒和療育人員本身，皆是十分重要的。

在另一方面，早期療育方案中特殊幼兒和職工的安全防護，也不可輕忽。由於特殊幼兒的行動能力往往不足，因而相關的防火、防震等應變措施，應有妥善規劃並經常演練，以確保所有人員的安全。

至於與非身心障礙同儕融合環境的安排，則我們應注意的是，大多數非身心障礙幼兒皆住在家裡，且有些時間是安置在社區中托育（如托兒所）或教育（如幼稚園）的環境。吾人若對特殊幼兒提供相似的安排，將會是最少限制（the least restrictive），且是最適當的環境。但要是將特殊幼兒安置於遠離家庭之大型的住宿機構，則將會是十分限制性的環境。除了最少限制的環境（least restrictive environment）之觀念外，其他如融合（inclusion）、混合（integration）、回歸主流（mainstreaming）等概念（何華國，2000），也皆可供規劃早期療育環境的參考。因為這些概念的本質其實只有「融合」程度之別，但皆可視為同屬「融合」的範疇。不過有關安排特殊幼兒和非身心障礙同儕互動的機會，倒是須考慮以下兩個問題：

㈠應確保家庭及其特殊幼兒是社區整體的一部分

這是在強調特殊幼兒的家庭參與和非身心障礙嬰幼兒家庭所參與之相同教育、休閒、及社會活動機會的重要性。特殊幼兒及其家庭都是所有社區成員的一部分，不管他們的特殊需求為何，都應該受到瞭解與祝福。

㈡尊重家庭對融合環境安排的態度

有些家庭可能一開始就希望其子女被安置於全面融合的環境，也有些家庭希望的是部分融合的安排，更有的家庭則選擇等待一些時日，再決定融合環境安排的方式。雖然融合與充分參與是最終的目標，不過尊重家庭的願望，並讓彼等對融合環境安排有自己參與的步調，仍然是非常重要的。

三、轉銜服務計畫

就轉銜服務計畫而言，也是在設計療育服務方案時，不可忽略的。吾人皆知，早期療育方案的主要目的之一，就在提供特殊幼兒能及早起步，以增進他們未來更獨立與有效的能力與功能。換句話說，早期療育方案所展望的乃是未來。早期療育服務乃是為特殊幼兒的未來做準備。對許多特殊幼兒而言，第一次的轉銜可能是從醫院到家庭，也即從醫療支持轉到更為教育取向的介入。療育人員若能和醫療體系好好協調合作，應可減輕特殊幼兒及其家庭面對這類轉銜的壓力。通常接受早期療育的特殊幼兒會在三歲時進入幼稚園，到了六歲時又要上小學，這兩個時間點多須面臨轉銜的問題。因此轉銜相關的需求皆應列入各階段的服務方案設計之中。早期療育人員除須和特殊幼兒的家庭一起去預擬轉銜的步驟外，也應瞭解社區資源，做好轉銜前的規劃與準備，對家庭提供支持，並追蹤特殊幼兒新的安置情況。我們可以預期每次的轉銜過程多會給特殊幼兒及其父母帶來壓力，然而那種壓力，也可以因早期療育團隊、家庭、以及新安置單位的共同努力，而將之轉化成對未來的熱切憧憬與期盼。

第四節　服務方案運作

特殊幼兒的早期療育服務是一個團隊的工作。既然是個團隊，就牽涉到很多人，如各種專業人員、家長、行政人員等。要讓這個團隊有效的運作，則其中的溝通與協調就十分重要。本節將針對早期療育方案的主持人應扮演的角色、以及早期療育方案可能的運作模式，分別提出討論。

一、早期療育方案主持人應扮演的角色

任何服務方案主持人的領導與溝通協調狀況、和方案的服務成效常常是息息相關的。早期療育方案當然也不例外。早期療育方案主持人所扮演的角色固然和機構或單位的授權有關。不過其可能扮演的角色或發揮的功能，似不離乎以下所列者：

（一）人員的聘僱。

（二）早期療育方案日常運作的管理。

（三）業務資料的保管。

（四）機構或單位內外業務的協調聯繫。

（五）單位間合作方案的推動。

（六）規劃人員進修活動。

（七）預算控管。

（八）考核方案成效。

（九）從事未來發展規劃。

（十）調解業務或人員紛爭。

（土）爭取早期療育方案資源。

（土）爭取辦理早期療育服務的機會。

從上述這些角色或職責，我們不難想見早期療育方案主持人在整個方案運作上的重要性。而要扮演好這些角色，則方案主持人除了應瞭解特殊幼兒及其家庭的獨特需求外，其溝通與協調的能力也是不可或缺的。

二、早期療育方案的運作模式

特殊幼兒及其家庭的需求往往是具有多面性的。他們常需要來自於醫療、教育、社會福利等不同單位的協助。提供整合、協調的早期療育服務已是當今的趨勢。因此，相關的專業服務團隊如何有

效的整合運作，一直備受關注。目前常見的專業團隊合作的模式，大致可分為多專業團隊模式（multidisciplinary model）、專業間團隊模式（interdisciplinary model）、與跨專業團隊模式（transdisciplinary model）三種類型（Bagnato, Neisworth & Munson, 1997）。茲將這三種專業團隊合作模式分別說明於後：

㈠多專業團隊模式

多專業團隊模式的特點，是每一個專業人員運用其專業特有的程序與觀點，分別參與早期療育的服務。因此他們多各自獨立作業、自行進行評量、決策、與提供療育服務，彼此之間少有聯繫與互動，如圖 8-1 所示。本模式的整合層次雖不高，但機構若具備良好的制度，不同專業間具有共識，相關書面資料齊備，且可提供特殊幼兒各方面的需求時，則此一模式仍有運用的價值。

㈡專業間團隊模式

在專業間團隊模式中，每位團隊成員以成對（如物理治療師和

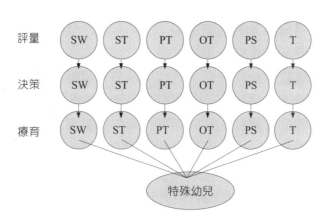

圖 8-1　多專業團隊模式

（修正自 Bagnato, Neisworth & Munson, 1997, p.16）

註：SW＝社工員，ST＝語言治療師，PT＝物理治療師，OT＝職能治療師，PS＝心理師，T＝教師

語言治療師）或三個以上的成員為小組，跟家長及其他專業人員合作，以進行評量與療育的工作。持續相互對話與合作即是專業間團隊模式的特徵。專業間團隊模式如圖 8-2 所示。在這種模式的運作中，各專業小組可自行完成自己的計畫目標，惟須定期召開討論會，相互分享資料，以尋求專業間的共識，因此較為費時。然專業人員只個別對特殊幼兒家屬負責，似較適用於年齡較大及非重度發展障礙的嬰幼兒（郭逸玲、卓妙如，2004）。

（三）**跨專業團隊模式**

　　在跨專業團隊模式中，特殊幼兒的父母和一位專業人員實施全部的評量（含對特殊幼兒及其家庭）。通常透過遊戲對特殊幼兒加以評量。其他（非主要）專業人員則扮演顧問的角色。跨專業團隊模式的特色，即是所有相關專業人員與特殊幼兒的父母雖然角色各異，但他們整體就是一個團隊（如圖 8-3 所示）。透過這個團隊的共同討論以形成共識，他們共同決定特殊幼兒的早期療育方案。這樣的決策方式，似比較容易從事評量資料與療育目標的整合。跨專

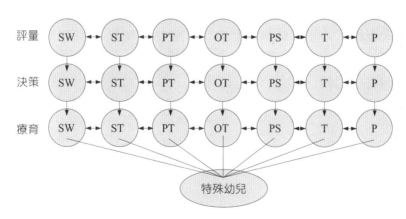

圖 8-2　專業間團隊模式

（修正自 Bagnato, Neisworth & Munson, 1997, p.17）

註：SW＝社工員，ST＝語言治療師，PT＝物理治療師，OT＝職能治療師，PS＝心理師，T＝教師，P＝家長

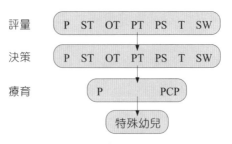

評量 P ST OT PT PS T SW

決策 P ST OT PT PS T SW

療育 P   PCP

特殊幼兒

圖 8-3　跨專業團隊模式

（修正自 Bagnato, Neisworth & Munson, 1997, p.18）

註：SW＝社工員，ST＝語言治療師，PT＝物理治療師，OT＝職能治療師，PS＝心理師，T＝教師，P＝家長，PCP＝主要療育提供者

業團隊模式的執行，常由專業團隊中某一成員擔任召集人，而由召集人推動執行早期療育方案。此一模式多適用於年齡較小、以及發展問題比較單純的兒童。

　　前述三種專業團隊合作模式可謂各具特色。吾人若就評量、家長參與、擬定個別化服務計畫、計畫實施者、責任歸屬、成員間溝通管道、哲學理念、與人員訓練這八個層面再加比較，則可見到如表 8-1 之差異情形。專業團隊合作模式雖各有不同的特色，但專業團隊合作模式的選擇，筆者以為似深受專業機構的規模、專業人員的信仰、家長的態度、特殊幼兒需求的性質、資源的多寡、社群文化等因素所影響。

表 8-1　三種專業團隊模式之比較

層面	多專業團隊模式	專業間團隊模式	跨專業團隊模式
評量	各團隊成員分別做評量	各團隊成員分別做評量	團隊成員與家庭共同為小孩做發展性評量
家長參與	團隊成員各自與家長會談	家長與整個團隊或團隊代表會談	家長為整個團隊中主動、全程參與之一分子
擬定個別化服務計畫	團隊成員各自撰寫擬訂自己專業領域內之目標	團隊成員須彼此分享各自所擬之目標	團隊成員與家長,依家庭之需求及資源擬訂服務計畫
計畫實施者	團隊成員各自達成屬於自己的專業目標	團隊成員各自達成屬於自己專業之目標,但在可能的範圍內融入其他專業之目標	整個團隊選定一主要執行負責人實施該計畫
責任歸屬	團隊成員應負責屬於自己專業之目標	團隊成員負責屬於自己專業之目標,但彼此交換訊息	整個團隊應為其選定主要執行負責人之實施及結果負責
成員間溝通管道	非正式	定期個案討論會	定期團隊會議,交換資訊及專業技巧
哲學理念	每位團隊成員承認其他專業之貢獻	團隊成員願意並能擬訂、分享及實施個別化服務計畫中的服務內容	團隊成員承諾彼此應跨越專業界限,彼此相互教導、學習及共同合作,以實施該統整性之服務方案
人員訓練	各自在自己專業領域內受訓	各自做領域內或跨領域之進修	藉團隊會議,做跨領域之學習,並改善團隊運作方式

(修正自廖靜芝,2005,p.124)

第五節　療育服務評鑑

　　早期療育普遍受到重視的歷史尚短，接受服務的特殊幼兒及其家庭的情況十分多樣化，所採用的服務型態相當多元，此外，人們對服務品質也多有堅持，因此一個理想的早期療育服務方案，是有必要進行經常與定期的評鑑工作，以期對早期療育服務計畫的實施，能做出明智的決策。這類評鑑的規模有大有小。規模大者，如對早期療育方案整體效能（efficacy）或成本效益（cost-effectiveness）的評鑑，以引起大眾的注意。規模小的，如對早期療育方案目標是否達成、服務的滿意程度、個別化服務計畫執行情況等的評鑑，將有助於提供有價值的評鑑資料，以作為改進早期療育方案，更有效提昇對特殊幼兒及其家庭服務品質的參考。

　　評鑑的規模雖有大有小，然整體而言，早期療育方案的評鑑若依其結果涉及決策的類型，似可分成先導性評鑑（front-end evaluation）、方案過程評鑑（program-process evaluation）、影響性評鑑（impact evaluation）、及政策性評鑑（policy evaluation）四種（Sheehan & Snyder, 1996）。茲將這四類評鑑可能涉及的評鑑內涵，分別說明於後：

一、先導性評鑑

　　先導性評鑑的結果，涉及早期療育開始實施前之決策。它欲回答的決策問題如療育服務的需要性、療育服務可能的影響、提供療育服務的最佳方式等。此外，先導性評鑑也常用於以下的情形：

　　㈠根據某些對特殊幼兒的定義，利用先導性評鑑以瞭解有多少兒童及家庭會受影響。

　　㈡對早期療育人力發展所做的需求評估（needs assessment），

也屬於一種先導性評鑑。

㈢評鑑可能性評估（evaluability assessment）也是另一種先導性評鑑。它是在實施評鑑之前，對成功評鑑早期療育方案所需因素的評估。評鑑可能性評估的結果，可能是決定延遲對某一新成立早期療育方案的評鑑，或只評鑑某些早期療育方案的領域。

二、方案過程評鑑

方案過程評鑑的結果，涉及是否改變現行早期療育方案措施的決策。通常實施這種評鑑的主要原因，是要看療育方案是否符合內外在的某些標準。在方案過程評鑑中，可探討的問題如下：

㈠所提供的服務和方案特定療育模式符合的程度為何？

㈡方案實施的方式和既定組織管理的理念符合的程度為何？

㈢方案實施的內容，按既定的程序、時程、和資源有效運用的原則符合的程度為何？

㈣方案職工表現的角色與責任和預期符合的程度為何？

㈤在某一段時間直接與間接方案所需的支出為何？

㈥方案內容實施的方式和最佳作為相符合的程度為何？

㈦為當事人所發展的這個方案，彼等實際正接受服務的程度為何？

㈧出現未預期的和既定期望脫節之理由何在？

三、影響性評鑑

影響性評鑑所強調的，乃是早期療育方案的影響或成果的議題。影響性評鑑的實施，應該是因為行政人員需要決定是否繼續、中止、或大幅改變某一早期療育方案而來。不過要是行政人員根本沒有做上述決策的意圖，則這類的評鑑就會變得失焦而不具意義。

因此，Sheehan & Snyder（1996）認為早期療育方案的影響或成果的評鑑，除須有早期療育理論設計的引導外，它們也應有早期療育專業人員真正的決策需求所指引，才容易獲得成功。

四、政策性評鑑

政策性評鑑所做的，乃是要找出兩個以上服務早期療育兒童的單位（通常為中央與地方單位）之所有相關的政策，並找出政策重複與矛盾的部分。吾人如欲進行澈底的政策性評鑑，則須對所有的法規、政策、資源、以及各單位所提供的服務仔細加以檢視。政策性評鑑的結果，應有助於減少法令規章的矛盾現象，促進各單位的溝通與協調，並減少需要早期療育服務之特殊幼兒及家庭所面對的困境，從而能對早期療育制度做建設性的改變。

前述的四種早期療育評鑑，都和我們所要做的早期療育決策有關。不同的決策需求，所要蒐集的資料之性質也可能不同。當然不同的早期療育方案，也跟著會出現不同的決策需求。換句話說，當早期療育方案改變了，方案評鑑的設計與實施，也必須跟著改變。例如，早期療育措施目前已變得更強調以家庭為中心及重視生態環境因素、更關心健康照顧與健康照顧的環境、且也更關心成本效益的問題（Sheehan & Snyder, 1996），則我們評鑑工作的內容重點與方法，自然也會有相應的變化。

Chapter 9 特殊幼兒之發現與評量

第一節 特殊幼兒之發現

　　為及早對特殊幼兒提供療育服務，首先應該要做的即是可能為特殊幼兒的發現，並透過適切的評量，以確定是否符合服務的條件，若是符合服務的條件，則他們的服務需求又如何。因此，在早期療育服務實際提供之前，即先後須進行特殊幼兒的發現與評量的工作。

　　在特殊幼兒的發現方面，篩檢（screening）應該是一項核心工作。篩檢工作的前後皆可能會有轉介（referral）或通報的過程。因此，本節將從特殊幼兒發現的過程，就篩檢前的轉介、篩檢工作、以及篩檢後的轉介這三方面，在以下分別加以討論：

一、篩檢前的轉介

　　篩檢前的轉介所依靠的，乃是吾人對具有身心障礙或身心障礙危險的敏感性。因此那些有機會接觸到嬰幼兒的人士，如父母、婦產科醫師、小兒科醫師、護理人員、社工員、托兒所或幼稚園教師、甚至是親朋好友等，若能具備一些發展遲緩或障礙的基本知識，應有助於早期發現疑似身心障礙或具有身心障礙危險之嬰幼兒，並適時轉介或通報負責篩檢的單位，以提供必要的篩檢服務。衛生署國民健康局曾印發「零至兩歲兒童發展量表」與「三歲至六

歲兒童生長發展量表」，其內容如表 9-1 與表 9-2，供國人瞭解嬰幼兒發展狀況的參考。一般國民若具備像這類的基本知識，即有助於早期發現發展遲緩的嬰幼兒。

　　為了讓具有療育需求的特殊幼兒，皆有機會接受早期介入的服務，因此篩檢前的轉介就成了很重要的機會之窗。為了讓這個機會之窗能為最大多數特殊幼兒及其家庭所利用，政府的醫療、社政、教育單位、以及相關的學術研究機構、民間團體等，似應利用機會廣為宣導發展遲緩或障礙相關的知識，以提高社會大眾對這方面問題的敏感度。不過一個國家如果具有完善的國民衛生保健制度，且嬰幼兒的發展遲緩或障礙的篩檢已納入制度中運作，則篩檢前之轉介的必要性自然降低。事實上，臺灣由於全民健康保險的普及，且規定兒童在四歲之前可獲得預防保健服務，國人若能善用此項健保資源，做好嬰幼兒的健康檢查，就具有為全部嬰幼兒從事發展遲緩或障礙篩檢的功能。

表 9-1　0-2 歲兒童發展量表

4 個月
粗動作
1. 俯臥時盆骨平貼於床面，頭、胸部可抬離床面
2. 拉扶坐起只有輕微的頭部落後
3. 坐姿扶持，頭部幾乎一直抬起
細動作
1. 手會自動張開
2. 常舉手作「凝視手部」
3. 當搖鈴被放到手中會握住約一分鐘
語言溝通
1. 轉頭偏向音源
2. 有人向他說話會咿呀作聲
身邊處理及社會性
1. 雙眼可凝視人物，並追尋移動之物
2. 會對媽媽親切露出微笑

6 個月
粗動作

1. 抱直時，脖子豎直，頸保持在中央
2. 會自己翻身（由俯臥成仰臥）
3. 可以自己坐在有靠背的椅子上

細動作

1. 雙手互握在一起
2. 手能伸向物體
3. 自己會拉開在他臉上的手帕

語言溝通

1. 哭鬧時，會自己因媽媽的撫聲而停哭
2. 看他時，會回看你的眼睛

身邊處理及社會性

1. 逗他會微笑
2. 餵他吃時，會張口或用其他的動作表示要吃

9 個月
粗動作

1. 不須扶持，可坐穩
2. 獨立自己爬（腹部貼地，匍匐前進）
3. 坐時，會移動身體挪向所要的物體

細動作

1. 將東西由一手換到另一手
2. 用兩手拿小杯子
3. 自己會抓住東西往嘴裡送

語言溝通

1. 轉向聲源
2. 會發出單音（如「ㄇㄚ」、「ㄅㄚ」）

身邊處理及社會性

1. 自己能拿餅乾吃
2. 會怕陌生人

12 個月
粗動作

1. 雙手扶著傢俱會走幾步
2. 雙手拉著會移幾步
3. 拉著物體自己站起來

細動作

1. 拍手
2. 會把一些小東西放入杯子
3. 會撕紙

語言溝通

1. 以揮手表示「再見」
2. 會模仿簡單的聲音

身邊處理及社會性

1. 叫他，他會來
2. 會脫帽子

18 個月

粗動作

1. 可以走得很快
2. 走得很穩
3. 牽著他或扶著欄杆可以走上樓梯

細動作

1. 會用筆亂塗
2. 會把瓶子的蓋子打開
3. 已開始較常用特定一邊的手

語言溝通

1. 有意義的叫爸爸、媽媽
2. 會跟著或主動說出一個單字

身邊處理及社會性

1. 會雙手端著杯子喝水
2. 替他穿衣服會自動的伸出胳臂或腿

24 個月

粗動作

1. 會自己上下樓梯
2. 會自己由椅子上爬下
3. 會踢球（一腳站立另一腳踢）

細動作

1. 重疊兩塊積木
2. 會一頁一頁的翻圖畫書

3. 會將杯子的水倒到另一個杯子

語言溝通

1. 能指出身體的一部分
2. 至少會講 10 個單字

身邊處理及社會性

1. 自己會脫去衣服
2. 會打開糖果紙

（取材自衛生署國民健康局之 0-2 歲兒童發展量表）

註：①適用年齡為嬰兒期，分別為 4、6、9、12、18 及 24 個月等六大追蹤階段。

　　②每一追蹤階段分為粗動作、細動作、語言溝通、身邊處理及社會性等四大領域，前兩者共有三個分項，後兩者有兩個分項，每一追蹤階段共計十個分項。

　　③在每一追蹤年齡階段，若有任何兩個以上（含）表現為「不通過」，尤其是落在同一分項、或落在同一階段，應找專科醫生做進一步檢查。

表 9-2　3-6 歲兒童生長發展量表

滿 2 歲至未滿 3 歲

粗動作

1. 會手心朝下丟球或東西
2. 不扶東西，能雙腳同時離地跳

細動作

1. 會照著樣式或模仿畫出垂直線
2. 會一頁一頁的翻圖畫書
3. 能模仿別人做折紙的動作

語言及認知

1. 能正確地說出身體六個部位的名稱
2. 幼兒說話半數讓人聽得懂
3. 會主動告知想上廁所
4. 會問「這是什麼？」

身邊處理及社會性

1. 女孩身高 87-102 公分；體重 11.5-18.5 公斤
   男孩身高 88-103 公分；體重 11.5-20 公斤

2. 會自己穿脫沒有鞋帶的鞋子

3. 能用湯匙吃喝東西

4. 會自己洗手並擦乾

滿3歲至未滿4歲

粗動作

1. 不用牽著他或扶著欄杆可以自己上下樓梯

2. 不扶東西，能單腳跳一下

細動作

1. 會照著樣式或模仿畫圓圈

2. 會用三根手指握住筆

語言及認知

1. 會講自己的姓和名

2. 能正確說出二種常見物品的用途

3. 能正確表達「你的」、「我的」

身邊處理及社會性

1. 女孩身高 94-110 公分；體重 12.5-21.5 公斤

男孩身高 96-112 公分；體重 13.5-23 公斤

2. 會自己穿衣服

3. 能和同伴們一起玩遊戲

4. 白天已經不會尿褲子

滿4歲至未滿5歲

粗動作

1. 能以腳趾和腳跟相接向前走二、三步

2. 不扶東西，能單腳連續跳五次以上

細動作

1. 會照著樣式或模仿畫十字

2. 能以大拇指與其他四根手指掌互碰

語言及認知

1. 能正確說出性別

2. 會辨認紅、黃、綠三種顏色

3. 能依照指示正確拿取物品（三個以內）

身邊處理及社會性

1. 女孩身高 100-117 公分；體重 14.5-24.5 公斤

女孩身高 101-119 公分；體重 14.5-26.5 公斤

2. 能自己穿襪子

3. 會用牙刷刷牙

滿 5 歲至未滿 6 歲

粗動作

1. 不扶東西，能單腳平穩站立十秒鐘

2. 能合併雙腳跳遠 45 公分以上

細動作

1. 會照著樣式或模仿畫正三角形

2. 能畫人（至少有可辨識的六個部位）

語言及認知

1. 能正確排列出 1 至 10 的數字卡

2. 會模仿覆誦五個阿拉伯數字，如 9、6、2、7、5

3. 能說出身體部位的功能，如眼睛、嘴巴

身邊處理及社會性

1. 女孩身高 104-123 公分；體重 15-27 公斤

男孩身高 104-125 公分；體重 15.5-30.5 公斤

2. 自己會拉上或解開拉鍊

3. 會玩有簡單規則的遊戲，如：捉迷藏

（取材自衛生署國民健康局之 3-6 歲兒童生長發展量表）

註：①生長：身體會隨著年齡增加而以一定的速度長大，發育狀況可由身高及體重
等指標反應作為判斷依據。

②發展：心智、動作等各項能力會以一定的速度成熟，並可藉由粗動作、細動
作、語言溝通、身邊處理及社會性等四大測驗標準中評斷出來。

③在正常的狀況下，兒童的生長及發展在每一個年齡階段均需有一致性的進展
標準，若有明顯的落後及問題，則應找專科醫師做進一步的檢查，以瞭解發
展遲緩的原因。

二、篩檢工作

所謂篩檢是運用簡易、正確的方法，以決定哪些兒童可能需要

特殊服務，以獲致最理想的發展（Dumars, Duran-Flores Foster & Stills, 1987）。有效的篩檢工作只有單一的目的，即是要將轉介前來接受篩檢的嬰幼兒，分成具有發展遲緩或障礙危險與不具發展遲緩或障礙危險兩種。有關有效篩檢應表現的特質、負責篩檢單位、篩檢重點等，將分別說明如下：

(一)有效篩檢的特質

特殊幼兒的篩檢是一項相當龐大的全國性作業，有效篩檢應表現的特質理應為參與篩檢工作者所周知。Hanson & Lynch（1995）曾提出示範篩檢作業應遵循的準則如表 9-3。在表 9-3 這些準則的右側，也列舉執行時的重點或注意事項，頗具參考價值。

表 9-3　示範篩檢作業準則

準則	執行重點
簡單	工具或策略應簡短、易於施測或執行，且方便各種領域專業人員與輔助性專業人員使用 易於記分且費時不多 作業應系統化以方便於不同場合與時間執行和重複實施
準確	工具應有合乎使用目的之信度與效度 工具不應產生過多錯誤的陽性（沒問題的兒童被認為有問題）或錯誤的陰性（有問題的兒童沒被發現）資料 工具應適用於要篩檢的種族和使用語言的對象
綜合	篩檢應具多面向，且包括教育、健康、行為、與環境問題的檢測 篩檢作業應設計成能用於整體的社區
成本效益	篩檢應導致適當與及時的療育 不當的轉介應減至最少 工具與策略應不貴 人力費用應透過運用受過訓練的輔助性專業人員而降低
與家長的伙伴關係	篩檢作業應包括家庭意見的提供，並有助於家庭與專業人員的合作 應對家庭充分與小心地解釋轉介之事，且彼等須是參與轉介過程的一部分 當有請求時，篩檢作業應提供資料給家庭（如發展指標、兒童管教、營養問題、社區資源）

（修正自 Hanson & Lynch, 1995, p.139）

㈡負責篩檢單位

理想的篩檢工作應強調單位間的合作。以特殊幼兒的問題性質而言，負責篩檢的單位似以醫療院所居多。因此醫療院所不管是公立或私營，只要有機會接觸六歲之前，特別是出生到三歲的嬰幼兒，皆應鼓勵參與特殊幼兒的篩檢。我國行政院衛生署自 1997 年起即陸續在各縣市的指定醫院，設立「發展遲緩兒童聯合評估中心」，所以目前國內係由醫療院所來主導特殊幼兒的篩檢與評量工作的政策，似相當明確。不過不管是哪一個醫療院所所做的篩檢工作，其所獲取的兒童篩檢資料，在家長同意的前提下，應允許相互轉介或通報，以方便對經篩檢而需後續監控的嬰幼兒之追蹤輔導。此外，負責篩檢工作的單位在受理篩檢、進行篩檢、完成篩檢報告、及對需再評量之個案的轉介給評量單位等一系列的作業，應在時程（time lines）上有所規範，以使篩檢作業更具時效。

㈢篩檢重點

所謂篩檢重點，是指如欲將應再接受評量的那些嬰幼兒找出來，則篩檢的觀察重點為何？照理我們所使用的篩檢工具，應該要反映這些重點。而這些重點事實上跟吾人如何界定身心障礙與具有身心障礙的危險有關。例如，我們若把發展遲緩或障礙作為關心的對象，則篩檢時的觀察重點，即是嬰幼兒有無「疑似」發展遲緩或障礙的情形。本書第一章曾提過Tjossem（1976）所指出，導致發展遲緩與障礙的三類危險因素，可供界定具有身心障礙危險的依據。此外，表 9-4 也指出，可用以發現具有發展問題危險的嬰兒之較具體的危險因素，可做為研擬篩檢重點的參考。

除了具有身心障礙的危險之外，身心障礙的定義當然也和篩檢重點有關，只不過它們比危險因素的定義似較不含糊。儘管如此，由於各相關專業領域在身心障礙相關詞彙的運用，可能出現差異，因而難免彼此會產生定義上的出入。為了減少這些定義上的問題、

表 9-4　新生兒的危險因素

屬於嬰兒的因素
出生後進新生兒加護病房
需要一對一或一對二護士患者的比率超過 24 小時
懷孕期低於 32 週
體重低於 1,500 公克
相較於懷孕期體形算小
在頭四週中，嚴重呼吸困難需要呼吸器的協助超過 48 小時
以 5 分鐘的艾普格檢查因窒息而得分在 5（含）分以下
持續血氧過少、酸血症、血糖過少、或時常呼吸暫停
高膽紅素血症需要換血
嚴重、持續的代謝異常
在頭三年中，新生兒癲癇發作或非因發燒所引起的癲癇發作
在頭一週中，癲癇發作活躍
顱內出血的證據
中樞神經系統損傷或異常
中樞神經系統感染
可能影響發展結果的先天異常
可能影響發展結果的嚴重生物醫學侵害
新生兒毒物學篩檢為陽性、新生兒藥物禁戒症狀、或已知出生前接觸藥物
出生前接觸已知的畸胎原
持續肌肉張力異常
無法生長

屬於家庭的因素
嬰兒出生時有出生前接觸藥物的證據
嬰兒為發展障礙父母所生
嬰兒出生時呈人類免疫缺乏病毒陽性反應
嬰兒為 18 歲以下或 35 歲以上母親所生
嬰兒為教育程度低於十年級母親所生
缺乏母親的依附關係
家庭環境缺乏刺激
發展遲緩是生物醫學與／或環境因素影響的結果

（修正自 Hanson & Lynch, 1995, p.140）

以及可能的標記（labeling）烙印，因此美國的聯邦法律就允許早期療育方案在提供服務時，不必給予兒童障礙或嚴重程度的標記。其論點是依各州的適格標準，兒童為發展遲緩或具有發展遲緩的危險，即屬充分的理由去提供服務（Hanson & Lynch, 1995）。至於在我國，則分別有教育部的「身心障礙及資賦優異學生鑑定標準」、以及行政院衛生署的「身心障礙等級」，可做為研擬篩檢重點的重要依據。

三、篩檢後的轉介

　　經篩檢作業後，發現疑似身心障礙或具有身心障礙危險的嬰幼兒，就須進一步通報或轉介給予負責評量的單位，以確認是否符合早期療育的對象。如果答案是肯定的，也須從更多方面的評量工作，以瞭解特殊幼兒及其家庭的服務需求。當然，從事篩檢後的轉介之前，負責篩檢的單位應清楚且以支持性的態度，告知家長篩檢的結果，以及何以需再轉介給予負責評量的單位。在得到家長的同意後，方能正式轉介給予評量的單位。事實上，在實施篩檢作業時，我們若能尊重家庭的信仰、價值觀、與語言使用的偏好，並於他們常去或感覺自在的場所進行篩檢，且由讓他們信服的人員來實施，將有助於家長同意轉介去接受更深入的評量。因而，在整個篩檢工作的過程中，篩檢人員和家長的確需要建立充分聯繫與合作的伙伴關係，才能讓篩檢工作前前後後的作業得以順利地進行。

第二節　特殊幼兒評量原理

　　身心障礙或具有身心障礙危險之嬰幼兒被發現與通報，經初步篩檢後，如符合需進入評估的條件，即須安排接受必要的評量（assessment），以確定是否應給予早期療育的機會。要是早期療育是

必要的，則應注意這種評量工作怎樣才能有助於療育工作的規劃，而避免出現評量與早期療育的隔閡。本節將先說明可能導致評量與早期療育隔閡的相關因素，其次討論特殊幼兒評量應遵循的原則，以提供從事特殊幼兒評量工作者一個適當的參考架構。

一、導致評量與早期療育隔閡的因素

當評量工作無法提供可信的資料，以做為早期療育有效決策的依據時，即發生評量與早期療育隔閡的現象。造成這種隔閡現象的可能原因很多，不過其中最主要的應和以下兩方面的因素有關（Bagnato, Neisworth & Munson, 1997）：

(一)評量的目的

不同的決策需要的，是不同種類的評量工具與不同的評量策略。換句話說，是評量的目的而非評量對象，在決定我們對評量工具的選擇。要是我們在選用任何評量工具與方法之前，不去考量目的何在，則不容易讓所取得的評量結果能有助於早期療育的安排。

(二)傳統評量的不利特性

為了早期療育方案的規劃、以及相關治療或教學工作的安排，對評量工作即可能有不同的需求。然而傳統的診斷評量報告卻往往無法提供這方面實際的建議。事實上，許多這類的診斷報告所提供的，不過是分數、臨床上的標記、或是對早期療育的一些模糊的建議而已。大部分傳統經由心理測量程序所編製的常模參照（norm-referenced）標準化測量材料，並不符合早期療育可接受的評量標準。換句話說，傳統的測驗大部分常和早期療育的需求與任務格格不入。這些令傳統的評量難以滿足早期療育的任務需求之特性包括以下幾方面：

1. 採用總體特質的測量。

2.不當使用常模分數。

3.強制將標準化程序適用於所有兒童。

4.依靠傳統的效度。

5.測驗項目內容和教學不相關。

6.專業的界線（professional boundaries）。

7.評量報告效用低。

二、特殊幼兒評量應遵循的原則

為了使特殊幼兒的評量工作能提供可信而有效的資料，以做為早期療育決策的依據，而避免發生評量與早期療育隔閡的現象，則採取發展性評量（developmental assessment）的觀點，應有助於獲取可促進特殊幼兒在家庭與社區中發展的資料與瞭解。而所謂的發展性評量是：

> 經設計的一個過程，以加深瞭解最可能協助兒童充分運用其發展潛能之兒童的能力與資源，以及照顧和學習的環境。評量應是一種系統性觀察與分析之持續、合作的過程。這種過程包括提出問題、蒐集資料、分享觀察所得、及從事解釋，以提出新的問題。（Greenspan & Meisels, 1996, p.11）

為符應前述發展性評量的精神，則下列原則的遵循對特殊幼兒的評量，應能發揮最大的預期效益（Greenspan & Meisels, 1996; Bagnato, Neisworth & Munson, 1997; Meisels & Atkins-Burnett, 2003）。

㈠評量應根據統整的發展模式

兒童是一個統整的個體，而非各種身心能力、成分等的集合而已。其各方面功能的發展，皆和其他方面的發展息息相關。例如，兒童能叫出某一個人的名字之能力，即是感覺、動作、認知能力、

以及學得語言的象徵。而具備了這樣的能力，就讓兒童得以和他人有情感上的交流，並產生他們對外在世界的看法。因此，我們在實施評量時，如僅注意某一孤立的發展領域，而不考慮相關領域的發展，將忽略其他領域的影響，從而可能模糊了我們對兒童的能力與面臨的挑戰之瞭解。由於兒童發展存在著各領域的互依性（interdependence），所以從事評量時應以統整的發展觀點，考慮各領域的評量結果可能的相互影響。

㈡應採取多方面的來源去獲取評量資料

從各種不同的來源去蒐集評量資料，等於是採取各種不同的觀點去瞭解兒童的優勢與弱勢，這對充分完整的瞭解特殊幼兒的發展狀況，應該是十分重要的。所謂多方面的來源包括資料的提供者與資料取得的場合。事實上，資料的提供者與資料取得的場合是有關聯的。例如，父母所提供的資料，多為在家庭中的觀察所得；而醫師所告知的情況，就多屬醫療院所的診察結果。除負責評量的人員之外，特殊幼兒的父母當然是極為重要的提供資料的來源。多方面的觀察者從各種不同的場合所提供的觀點，對兒童的發展狀況，將可提供較完全的面貌。多方面觀點的運用，可以讓我們認識到兒童的行為可能會因情境的不同而相當不一樣。「臨床上的行為」（clinic behavior）極少類似在家的表現。這也正是這種行為的變異性，值得我們加以蒐集與瞭解。例如，過動的行為必須在各種場合皆出現過動，方得以診斷為過動（hyperactivity）。總而言之，評量資料的來源愈廣泛，則評量資料在早期療育決策上的效用也愈大。

㈢評量工作應遵循該有的順序

評量工作是個十足目標取向的過程。從開始到結束大致可依序包括下列三個段落：

1. 與家庭建立關係

特殊幼兒的父母無疑是其子女重要發展資料的來源，因此在

一開始，就和他們建立可靠的伙伴關係極為重要。要建立這種關係，彼此的相互信賴與尊重是必要的。評量人員尤須表現敏感的傾聽技巧、對請求和關切的回應、對家庭解讀持開放的態度、以及誠實的交往，方有助於這種關係的建立。對家庭的相互尊重包含瞭解家庭的優勢、挑戰、解決問題的策略、以及尋求家庭對評量工作的支持。Hirshberg（1996）也特別強調人際關係（human connectedness）對評量與療育過程的必要性，而這種關係會出現在諸如父母與兒童、父母與臨床工作者、以及臨床工作者和兒童之間等許多的層次。

2. **蒐集評量資料**

評量工作的目標在獲取有關兒童以及其教養環境的有用與正確的資料，包括環境潛在的資源與障礙，以發現或創造最理想的狀況，去支持和促進兒童的發展。

3. **行動的規劃**

在蒐集完資料並發現特殊幼兒及其家庭的問題之後，評量工作的下一個任務，即應協助家庭與照顧者針對所面臨的問題，規劃實際的解決方案。而評量工作的效度，也可從其應用的價值看得出來。

㈣兒童與照顧者的互動關係是評量的重要基礎

兒童與照顧者間的互動關係，是形塑兒童對周遭世界認知與反應能力的基礎。父母通常甚至比最敏銳的專業人員，對其子女的行為線索更擅長解讀與反應。然而，當親子間的關係緊張或適應不良，且沒有替代關係出現時，則對兒童長期的後果會十分負面。親子間互動關係的觀察，讓專業人員能從父母那兒瞭解對家庭與兒童已證明有效的介入方法，並讓專業人員瞭解為了親子間有更成功的互動所能提供支持的途徑。

從親子間互動關係的瞭解，我們應可以判斷家庭在療育過程最有利的參與程度為何。事實上，有些家庭若在療育過程扮演積極主

動的角色，應該是相當具建設性的。但也有些家庭已被他們自己與孩子的問題壓得透不過氣來，另外加給予的角色可能成為額外的負擔，是否真能對療育的效果加分，也應從長計議。不過，對所有家庭而言，早期療育若能以兒童與照顧者之關係現有的優勢為基礎，並支持這些優勢，是最可能成功的。

(五)採用典型的發展架構以解釋兒童的發展狀況

早期療育所關注的乃是兒童成長與發展的狀況。兒童早年的成長十分快速，但兒童在何時與如何表現不同的能力和行為方面，卻有極大的變異。可能影響學習機會的文化因素（如教養態度、社會價值觀等），會改變發展指標（developmental milestones）出現的時間。我們若以連續性（continuum）的角度來看所有兒童的發展，則多數身心障礙或發展遲緩兒童可以被視為在某些領域其功能未如預期，而非無法學到典型發展中的兒童所會的技能。採用這種發展觀點的評量架構，所重視的是必須提供的一系列步驟或經驗，而非兒童無法達到的若干發展指標。一種有價值的評量典型的發展之方式，是在自然發生的結構與非結構化的遊戲情境對兒童作觀察。

(六)應評量兒童的組織與功能性的能力

當兒童學著去組織他們的經驗時，他們即逐漸能瞭解周遭的世界，且積極和其環境有所互動。早期療育的評量工作所重視的，乃是兒童組織經驗的能力水準與方式、以及整合情緒與認知能力的功能水準。這些方面能力的評量，應注意功能性的應用，且須於所屬的環境脈絡中接受檢視。這樣的評量可以告訴我們在具體的情況下，兒童能或不能做的是甚麼。它描述與操作性定義兒童表現出來的可觀察的技能與限制。這樣的評量不僅要知道兒童的能力為何，我們也要瞭解兒童如何運用那些能力，激勵兒童的是甚麼，甚麼令其感到挫折，甚麼令其感到滿意，以及引出、支持、和擴展能力之經驗的有效性為何。功能性評量（functional assessment）將有助於療

育目標的規劃。由此我們可以期待特殊幼兒在療育過程的進步，而這樣的進步亦可以具體加以描述，因而也容易對療育目標再加修正。

(七)應評量目前與正出現的能力和優勢

傳統的評量模式多依據缺陷的觀點，兒童經過評量後所得到的乃是不同的殘障或病理類別標記。目前對特殊兒童的評量，則重視發現兒童的能力，並觀察那些能力是如何出現的。兒童如何表現某一技能或行為，可能比單單能力有沒有出現來得重要。例如，有著動作困難的某一個兒童，或許有能力走路，但在環視周遭的障礙，或在必要時停步與轉向卻有困難。對這樣的兒童，走路可能不是非常具有功能性，即使那是他已學到的能力。兒童能表現能力的環境脈絡，對瞭解兒童的能力與面對的挑戰，也是極為重要的。如果我們在從事評量時能有這樣的認識，則對兒童的能力與資源可能將產生更具區分性的見解，且最後導致更個別化的療育作為。這種質性的評量結果，對兒童從事更穩定、適應、且具針對性技能的學習，也可提供有價值的啟示。採用這樣的評量思維，則從兒童的功能性能力與其自然的環境，將有助於瞭解更多兒童在日常功能表現與人際關係的困難領域、以及正在強化與出現的能力領域為何。

(八)評量應是一種合作的過程

參與評量工作的人士除專業人員外，兒童的父母應該是這個評量團隊不可或缺的成員。專業人員與父母不僅須合作蒐集資料，他們也應共同依據蒐集到的資料去做出決策。特殊幼兒評量的成敗，和父母與專業人員間工作關係的素質，可謂息息相關。專業人員的角色並非要將他們對兒童的看法強加於父母，而是要和父母一起多面向地瞭解兒童，以產生有利於協助兒童適當發展的策略。

父母在協助專業人員瞭解家庭與文化環境如何影響兒童技能的學得方面，似可扮演重要的角色。當在解釋評量發現與對家庭提供建議時，專業人員須保持文化相互性（cultural reciprocity）的立場。

換句話說，專業人員除指出專業解釋與建議的價值外，尚應瞭解是否這些價值和家庭的價值觀相符合，並向家庭解釋這些建議所依據的假設為何。專業人員需要考慮所發現的文化差異，和兒童的家庭一起找出調整專業建議最有效的方法，以文化適切的方式去滿足兒童的需求。當父母與專業人員對兒童的需求與優勢持相似的看法，專業人員被家庭視為關心的人士，資料清楚與正確地被提供，且當可能的話，兒童的父母皆參與會商時，他們也最易於遵循建議。

　　專業人員與家長欲在評量方面合作成功，友好關係的建立固然必要，但光靠友好關係並不足以瞭解兒童和其家庭的需求與優勢。雙方關係所表現的尊重、互惠、與彈性，才能產生誠摯而有意義的互動，從而達成評量的目的。

㈨應視評量為療育工作的起步

　　完善的評量工作應能提供有助於兒童發展的發現與建議。評量應統合蒐集到之量化與質性的資料，以作為規劃早期療育方案的依據。換句話說，評量應被視為可能療育過程的第一步。事實上，評量和療育工作的關係是如影隨形的。評量工作的發現，可以說是對兒童及其家庭優勢與弱勢的假設。有了這些暫時性的結論為基礎所規劃的療育方案，經實施後也正可驗證前面假設的正確性為何。療育工作不但可以肯定或否定評量的假設，它也可能導引出新的假設（對兒童與家庭情況有新的發現），以供評量工作做進一步的檢視與瞭解。因此，和療育工作相結合的持續評量是必要的，如此兩者的功能才會真正的如影隨形。

㈩應持續進行再評量的過程

　　正如前述評量和療育工作應該是如影隨形的互動過程。在這樣的互動過程，再評量（reassessment）就必然會發生。在美國的聯邦與州的法律中，已有再評量的規定，以防特殊幼兒被遺棄在特殊教育班中，而不將他們轉銜到較適當或較少限制的環境。

再評量的重要功能之一，應是能反映療育的成效。同時從療育過程所獲得的某些資料，也可作為評量的參考，以做為研擬更具針對性療育方案的依據。兒童的發展涉及知識、技能、經驗、性情、與人格變項之動態的目標。但這些目標似隨著兒童的成長與發展不斷地快速變動。因此當我們要將評量結果轉化成療育方案時，兒童的狀況可能已有改變。因此，我們所面對的，乃是一些簡直不會保持固定不移之動態的發展變項。療育工作對特殊幼兒的改變而言，有時他們因有所突破而學到新技能，當然變得更好，但有時也因持續失敗與挫折的經驗而學習動機減弱，因而情況變得更差。如果父母與專業人員想要瞭解下一步該為特殊幼兒做甚麼，則持續的再評量就十分重要。兒童以前發展狀況的資料固然有用，但對於嬰幼兒很快會失去其效用與適切性。持續不斷納入在療育過程中獲取之新的評量資料，對充分瞭解兒童及其家庭的優勢、資源、與需求，皆是極為必要的。

㈡效標參照的評量有助於療育方案的規劃

效標參照評量（criterion-referenced assessment）最常見的形式，即是課程本位評量（curriculum-based assessment）。所謂課程本位評量，是指：

> 效標參照評量之一種形式，其中課程目標作為找出教學標的與評量狀況和進步情形的標準。（Bagnato & Neisworth, 1991, p.87）

這種評量模式的特點，即是能將兒童的評量、療育、與評鑑（evaluation）三者做緊密的結合。換句話說，特殊幼兒經過課程本位的評量後，其療育目標或預期成果也跟著可以設定。評量和療育是直接結合的，中間不須有太多轉換程序。

課程本位評量工具的編製，所依據的乃是逐步複雜的兒童行為

發展序列。這個序列所代表的是兒童技能或行為的層次。經過評量後，我們不僅可以瞭解兒童的技能或行為所屬的層次，如須有療育的介入，則其目標為何也很容易做出決定。

(三)採用多元的評量方法

特殊幼兒的評量固應考慮評量的目的，以選擇評量的方法與工具，不過多元評量的技術與工具，如正式與非正式測驗、觀察（observation）、訪談（interview）等的兼採並用，仍是有必要的。正式測驗（formal testing）具有標準化的內容與實施程序。常模參照的測驗結果雖可用來做同儕間的比較，不過問題是具有特殊需求的兒童，若和無特殊需求的兒童做比較，是否合理而有效，倒是值得斟酌。非正式測驗（informal testing）如和生態評量（ecological survey）、檢核表（checklist）、遊戲本位法（play-based approach）、以及其他較少結構的評量相關的方法，皆可發揮各自特有的評量功能。

觀察法在實際的生活情境中，似乎是無可取代的評量方法。兒童的行為表現和情境是息息相關的。在兒童平常的環境之觀察所得，或許可以提供最好的資料。兒童在實際環境所表現有目的之行為，會比紙筆測驗更有價值。

此外，對兒童的家人以及認識兒童的其他人士之訪談，也十分有幫助。這些訪談可以導引我們從事更具針對性的評量，幫助我們提出問題，並協助解決評量發現之間的矛盾。藉著對父母的訪談，我們也可以明白他們所關心者為何。儘管父母可能提供具有偏見的資料，但他們所提供的意見，確能補充與挑戰專業人員的偏見。

第三節　特殊幼兒的評量過程

當近年來吾人對特殊幼兒早期療育的研究與實務，已將重心從

嬰幼兒，轉移到家庭環境中的嬰幼兒時，特殊幼兒的評量也同樣有這種取向。換句話說，特殊幼兒評量的主要目標，是針對其家庭所關切的事情而來。因此，以家庭為中心（family-focused）的思維，遂成為當今特殊幼兒評量與療育的發展方向。本節即擬以家庭為中心的觀點，將特殊幼兒的評量過程分為規劃、實施、解釋、研討、與追蹤這五個階段（Hanson & Lynch, 1995），來說明特殊幼兒的評量過程。

一、評量的規劃

評量的規劃階段是最常被忽略，但卻是相當重要的過程。在規劃階段也可以讓專業人員有機會和兒童及其家人熟悉，以利於未來評量工作的進行。在規劃階段可能涉及的活動，至少尚包括以下這幾方面：

(一)跟家庭見面，以確定彼等的關心、優先事項、與資源。

(二)澄清轉介的問題。

(三)澄清家庭的關心、優先事項、問題、以及社會文化的偏好。

(四)和家庭一起決定評量是否需要。

(五)和家庭一起檢視現有的資料。

(六)如評量被認為適當，確定包括家庭之其他團隊成員的角色與責任。

(七)當有需要時，安排手語或其他語言翻譯人員。

(八)和家庭一起研擬評量的目標。

(九)和家庭一起研擬評量的策略。

(十)獲得父母同意進行評量。

(十一)安排評量工作的時程。

(十二)取得評量工具和資料。

二、評量的實施

　　以家庭為中心的觀點所實施的評量，特殊幼兒的家當然就成了主要的評量場所。由於這些嬰幼兒常比年長的兒童需要更多的時間，去適應不熟悉的環境，以家為本位的評量可以減少評量前暖身活動所花的時間。嬰幼兒接受評量時，其父母或主要照顧者在場，實施起來會比較容易，他們的家自然就是一個理想的評量場所。在家評量時，也讓評量人員更瞭解家庭的關心、優先事項、與資源，同時也容易將家庭成員納入評量的過程。

　　對嬰幼兒實施評量常需進行好幾次。Parmelee、Werner & Schulz（1964）認為十二個月以下的嬰兒能時時注意的時間，在二十四小時內僅有四到七小時。至於特殊幼兒其理想的警覺時間則可能更短。我們在安排評量的時間點時，嬰幼兒的身心狀態應該是重要的考慮。不過不管如何，總要避免去叫醒或對睡眼惺忪的嬰幼兒實施評量。

　　對嬰幼兒實施評量時，需要的是評量人員的彈性、敏銳、善於察言觀色、與完全投入。對於嬰幼兒因容忍度差、感受壓力、身體違和等透露出來的行為線索，評量人員必須有所警覺，並及時改變互動方式。例如，若嬰幼兒東張西望或閉上眼睛，可能是他們覺得要求太高，所傳達出來的信號。要是我們對這類微妙的線索視若無睹，則他們的行為線索可能變得更劇烈。嚎啕大哭、焦躁、嘔吐、呼吸暫停等，全都在表示他們已經受夠了。透過敏銳而細心的觀察，避免評量人員給脆弱的嬰幼兒帶來壓力，不但對評量過程，同時對嬰幼兒及其家人，都十分重要。此外，如果選用的評量工具，其呈現的方式因特殊幼兒的狀況需要作調整或修正時，評量人員也應有能力表現這種彈性。

　　評量總會給特殊幼兒及其家人帶來壓力，但評量人員若能善用以下的策略，則有助於降低這方面的壓力：

㈠讓父母或照顧者參與評量過程。

㈡接納與運用父母或照顧者所提供的資料。

㈢解釋評量的內容與程序。

㈣讓父母或照顧者明白評量依循的步驟。

㈤以書面讓父母或照顧者知道誰會和他們聯繫，何時將和他們討論評量結果，何時進行療育方案之規劃，以及他們有問題可跟誰聯絡。

評量的實施除須注意前面討論過的問題外，其實際進行的活動尚包括以下幾方面：

㈠安排評量資料與環境。

㈡和特殊幼兒與其家人見面；建立友好關係；解釋評量過程與方法。

㈢進行觀察、訪談、或依據特殊幼兒的身心狀態、父母關心與優先事項、新蒐集到的資料等，對評量計畫做必要的改變。

㈣評量過程從頭到尾鼓勵父母或照顧者提出意見、建議、與問題。

㈤結束評量過程時，向父母或照顧者簡報評量的狀況，清楚說明未來的步驟、時程、與聯絡人。

三、評量結果的解釋

評量結果解釋的階段，即在將蒐集到的評量資料經過整理、分析、解釋後，最後提出評量報告。這樣的報告必須實而有徵，且能回答當初的轉介問題或達成評量的目標。因此，評量資料必須依據觀察與實際的發現，並經與家庭及評量相關人員充分討論後，方可提出確定的解釋。在評量結果解釋的階段，可能涉及的活動，應不離乎以下幾方面：

㈠檢視所蒐集和轉介問題與評量目標有關的評量記分、記錄、錄影帶、語言樣本、作業樣本等的正確、清楚、與完整性。

㈡邀請父母或照顧者參與評量資料的討論。

㈢檢視所獲無關特定轉介問題與評量目標，但卻和早期療育方案規劃有關的任何資料。

㈣將所有資料納入無行話，可以全部和家庭分享的書面報告。

㈤檢視書面報告的清晰、正確、以及和早期療育方案規劃的關聯性。

一般而言，在評量結果的解釋階段較為棘手的，應是接受評量的嬰幼兒如果被認定為身心障礙或有身心障礙的危險時，如何向其父母及家人說明的問題。為了幫助特殊幼兒的父母及家人能減少此一問題的衝擊，並能逐漸坦然接受與面對，則以下的原則或值得參考：

㈠應提供清楚、易懂完整的評量結果，對評量結果只是片面或一知半解，只會令人更為惶惑不安。

㈡讓父母知道如何取得可利用的資源。

㈢專業人員應以同理心和父母溝通，並接納彼等情緒性的表達。

㈣讓特殊幼兒的父母一起知道評量的結果。

㈤應以通俗的語彙取代或解釋一些可能帶有負面意涵，如智能障礙、腦麻痺之類的專門術語。

㈥指導父母如何將其子女的狀況和他人適當的溝通。

㈦提供父母書面的評量報告，以減少面對面說明時可能的疏漏。

㈧接納父母採用任何對他們有用的肆應機制（coping mechanisms），如閱讀身心障礙的相關書籍、積極參與支持團體、慢慢接受孩子殘障的事實、從宗教信仰獲得助力等。

此外，評量報告的目的是溝通，所以它不管是形式或文字方面，皆應易於為需要閱讀到報告者所瞭解。大體而言，以家庭為中心的評量報告，一般會包含以下的要項：

㈠特殊幼兒及其家庭的基本背景資料

㈡**參加評量者之姓名、背景、與角色**

㈢**家庭的關心、優先事項、與資源**

　1.家庭對特殊幼兒所關心者為何？
　2.家庭成員希望評量工作解答者為何？
　3.有關特殊幼兒及其家庭，目前家庭最優先的事項為何？
　4.有助於規劃與執行早期療育方案之家庭的優勢與資源為何？

㈣**相關背景資料**

　1.關係特殊幼兒發展與健康狀況的出生資料。
　2.特殊幼兒目前的狀況。
　3.特殊幼兒及其家庭所參與的方案與服務。

㈤**評量目標與策略**

　1.為何實施評量？
　2.蒐集資料所用的方法與策略為何？
　3.每一種策略是如何運用的？

㈥**觀察與發現**

　1.在評量過程中，家庭對特殊幼兒表現的觀察與看法。
　2.在評量過程中，專業人員對特殊幼兒表現的觀察與看法。
　3.從所用的每一種評量策略得到的發現與解釋。

㈦**摘要與建議**

　1.評量目標、策略、與發現之摘要。
　2.對有關特殊幼兒需求、家庭的關心、優先事項、與資源之後
　　續行動建議。

四、評量結果的研討

　　評量結果的分享與研討的目的，乃是讓特殊幼兒的父母或照顧者，可以清楚地瞭解與接受孩子的需求和他們所擁有的資源。包括父母或照顧者在內的所有評量團隊的成員，皆應參與評量發現的分享與研討。不過我們不應預期特殊幼兒的家庭第一次聽到評量的結果之後，就可以直接進到早期療育方案與安置議題的討論。我們總該讓父母或照顧者有機會去思索評量的結果，然後再安排其他會面討論的時間，去對所關心的議題有所反應。

　　評量人員必須以普通的話語，清楚說明評量的發現和特殊幼兒早期療育需要的相關性。其重點應擺在正面特殊幼兒的功能與親子互動關係，並提出有助於發展的建議。評量結果的分享與研討階段可能會出現的活動包括：

　　㈠對家庭與評量團隊成員提供書面報告：報告應於任何會議前提出，以供會議討論，且接著應採一對一的方式向家庭解釋。

　　㈡跟評量團隊成員與父母或照顧者討論有關家庭關心、優先事項、以及兒童與家庭的優勢與需求的發現。

　　㈢提供父母或照顧者孩子有相似問題的其他家長之聯繫資料，以供參考運用。

　　㈣鼓勵父母或照顧者提供意見和參與研討的過程。

　　㈤和家庭合作決定適當的服務與安置方式。

五、追蹤輔導

　　評量只是開始，而非早期療育的結束。雖然適當的評量應產生適當的療育方案與服務，但是藉由追蹤以瞭解特殊幼兒在早期療育方案中是否表現良好，且家庭和專業團隊成員對療育方案與安置是否感到滿意，有無其他值得關切的事項，也十分重要。這種追蹤活

動亦提供家庭成員詢問其他問題、以及探討如何運用資源的機會。因此，追蹤活動即是對特殊幼兒及其家庭具體的支持與輔導的表徵。

第四節　我國特殊幼兒之發現與評量現況

　　從 1980 年代以來，我國相繼在身心障礙者的教育、醫療、與福利有關律法的制定與增補修正方面，的確有相當顯著的進展。也因為地球村資訊流通的快速，我們許多為身心障礙者的教育、醫療、與福利等的考慮與設計，和其他先進國家的「時差」其實是有限的。近年來我們對身心障礙者所提供的教育、醫療、與福利等服務，最明顯的變化，除了對身心障礙者類別的擴大外，服務對象年齡的向上延長（國民教育階段後），以及向下延伸（小學入學前），應該是對促進身心障礙者的發展影響最鉅的政策。其中小學入學前的出生到六歲的階段，可以說是一個人身心發展最快速、也是最具可塑性的階段。在六歲之前，我們若能及早發現嬰幼兒的發展問題，並提供必要的早期療育介入，確實是把國家與社會珍貴的教育、醫療、與福利資源用在刀口上了。

　　對六歲之前特殊幼兒的早期療育，國內事實上在 1960 年代以後已有零星的作為。而在 1990 年代，許多私立社會福利機構更如雨後春筍紛紛成立早期療育或發展中心。

　　內政部從 1995 到 1997 年曾辦理「發展遲緩兒童早期療育服務轉介中心實驗計畫」；目前全國的直轄市、縣市政府均已設立「發展遲緩兒童早期療育服務通報轉介中心」。此外，內政部又在 1996年成立早期療育推動委員會，成為國內首創跨部會的任務編組，並開始執行早期療育服務（廖靜芝，2005）。而行政院衛生署在 1997年起開始補助醫院設立「發展遲緩兒童聯合評估中心」的影響更是深遠。這一作法應已為臺灣特殊幼兒的早期療育樹立嶄新的發展里程碑。

　　特殊幼兒的發現與評量，是早期療育實施的基石。由於各直轄市、縣市政府所設立「發展遲緩兒童早期療育服務通報轉介中心」、以及行政院衛生署在各直轄市、縣市所設立的「發展遲緩兒童聯合評估中心」，皆具有普遍實施且逐漸制度化的特性，因此，本節對我國特殊幼兒之發現與評量現況的介紹，將就目前「發展遲緩兒童早期療育服務通報轉介中心」與「發展遲緩兒童聯合評估中心」的政策依據、運作流程、服務內涵等分別加以說明。

一、政策依據

　　從 2001 年起，中央政府為結合教育、衛生、社政相關單位資源，具體確實推動發展遲緩兒童早期發現、早期介入，並促進早期療育各服務流程功能之發揮，以提供發展遲緩兒童及其家庭完善之服務，所致力推動的「發展遲緩兒童早期療育服務實施計畫」，堪稱特殊幼兒之發現、評量、與療育服務的重要政策宣示，亦是我國實施特殊幼兒發現與評量的政策依據。此一計畫所列舉的具體工作項目如下：

㈠發現與初篩

1. 加強孕產婦產前照護，減少高危險群新生兒之誕生。
2. 結合新生兒先天代謝異常疾病篩檢系統，加強高危險群新生兒之追蹤、管理。
3. 加強善用兒童預防保健服務及幼稚園、托兒所五歲兒童之健康篩檢，以提高學齡前身心發展遲緩者之發現率。
4. 督導地方教育、社政機關確實辦理轄區幼稚園、托兒所學前兒童健康檢查，並建立其健康資料、適時轉介就醫等健康管理制度。
5. 結合公共衛生護士預防保健服務，並加強辦理社區親職教育，以提昇疑似發展遲緩兒童通報率。

6.制定本土化簡易兒童發展量表；並全面推展零至六歲之兒童篩檢，以期早期發現異常個案，適時予以妥適之療育。

7.加強宣導兒童進入幼托機構前應全面接受兒童健康篩檢，以及早發現發展遲緩兒童。

(二)通報與轉介

1.各地方政府應設立通報轉介中心，建立統一之單一通報窗口，統籌彙整疑似發展遲緩兒童資料，以利各項轉介工作。

2.建立通報轉介中心、評估中心及療育機構間的個案轉銜與追蹤制度。

3.規劃建立全國個案電腦資料庫，掌握個案接受服務動態，並建立完善個案追蹤機制。

4.規劃建構跨縣市早療個案轉介與追蹤制度。

(三)聯合評估

1.每一直轄市及縣（市）至少設置一所聯合評估中心或建立聯合評估機制，並逐年擴增，增加評估的可近性，以滿足偏遠地區之需求。

2.檢視與提昇評估中心之醫療評估服務品質，包含縮短評估過程的時間、評估工具的使用、個案轉介順暢與否等。

3.建立評估團隊工作人員間之完整評估流程與合作機制。

4.落實評估中心個案資料的通報與轉介的責任。

5.發展本土化評估工具。

(四)療育與相關服務

1.建置並落實嬰幼兒學前與學齡兒童教育「融合與轉銜」服務，以利發展遲緩兒童及身心障礙兒童之輔導。

2.鼓勵及補助幼托機構之發展遲緩兒童療育，加強兒童融合教育的環境，同時定期檢視與評估融合教育之成效。

3. 獎勵與協助民間增設社區化之療育機構，並思考規劃多元與創新性服務方案。

4. 建構醫療服務體系與其他早療機構合作模式，酌予補助醫療院所外早期療育醫療費用，以減輕發展遲緩兒童家庭之負擔。

5. 落實社區性及在宅療育服務功能，以滿足體弱年幼及偏遠地區早期療育個案之需求。

6. 落實家庭支持系統及家長親職教育技巧課程訓練，提昇家庭功能。

7. 協助發展遲緩兒童家庭，解決經濟、照顧問題及其使用資源等能力。

8. 編製個案管理工作手冊，落實個別化家庭服務計畫與處遇及追蹤輔導，以提昇個案及其家庭之服務品質。

9. 獎勵研發幼兒相關輔助器具，包含溝通與生活輔助類器具等創新性計畫。

㈤宣導訓練

1. 加強專業人力培訓，辦理醫療人員、學前教育幼托師資、保母及社工人員之職前或在職訓練，提昇早期療育服務品質。

2. 製作簡單易懂且多元化之宣導品，多方推廣發展遲緩兒童早期療育宣導工作，拍攝全國性早療宣導代言人之宣導短片。

3. 鼓勵或補助各早療單位或機構辦理親職講座或成長團體，以落實家長之知能及參與。

4. 辦理早期療育各種實務研討會，提昇早療工作人員服務知能，以利於早期療育業務之推動。

5. 鼓勵大學校院增設早期療育相關系所，以培育早期療育專業人才。

6. 加強早期療育研究發展工作，建立本土早期療育實務及理論基礎，並為政府施政參考依據。

2004 年，高雄市曾提出和前述政策相呼應的「發展遲緩兒童早

期療育服務採行措施具體作為執行表」，頗見執行的決心，特轉載如附錄：七，以供參考。

二、運作流程

　　特殊幼兒之發現與評量在各直轄市、縣市的運作，除了前述「發展遲緩兒童早期療育服務通報轉介中心」與「發展遲緩兒童聯合評估中心」外，事實上各地方政府多另有「早期療育推動小組」或「早期療育推動委員會」之設。早期療育推動小組或委員會算是各地方政府推動早期療育的政策研議與指導單位，而「發展遲緩兒童早期療育服務通報轉介中心」與「發展遲緩兒童聯合評估中心」則是執行和特殊幼兒之發現、評量、與轉介的相關單位。圖 9-1 為目前國內一般辦理發展遲緩兒童早期療育通報、轉介、評估、暨安置的流程。從這個流程我們可瞭解特殊幼兒可能來自產前檢查、新生兒篩選、健兒門診、社區護士、醫院門診、公、私幼稚園、學前教育機構、公、私托兒所、兒童福利機構及托育中心、家長或監護者、保母等之通報。這些通報到了「發展遲緩兒童早期療育服務通報轉介中心」後，則安排到「發展遲緩兒童聯合評估中心」接受評估鑑定並擬定個案療育計畫及建議。接著再由「發展遲緩兒童早期療育服務通報轉介中心」接手，安排療育之安置轉介工作，如無進一步安置需要，則辦理結案。至於相關療育復健安置機構則包括醫院所設復健療育機構或門診復健、學校及特殊兒童教育機構、兼收發展遲緩兒童之托兒所、幼稚園、兒童機構相關專業團體之復健中心等。

三、服務內涵

　　「發展遲緩兒童早期療育服務通報轉介中心」與「發展遲緩兒童聯合評估中心」之服務屬性與內容，可分別說明於後：

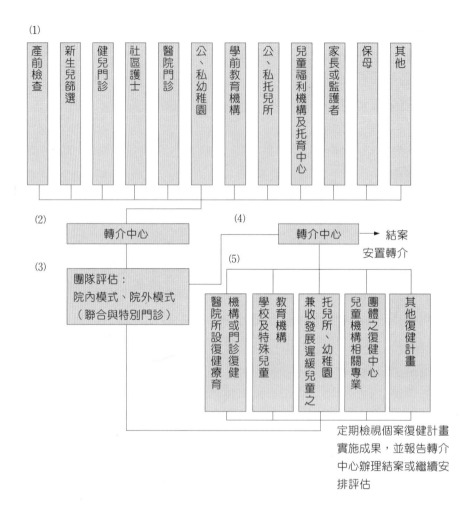

圖 9-1　發展遲緩兒童早期療育通報、轉介、評估、暨安置辦理流程
（修正自內政部社會司，2005）

備註：

本流程按圖示之(1)(2)(3)(4)(5)順序進行，其中：

(1)為通報者。

(2)為轉介中心，主要安排評估鑑定之工作。

(3)為團隊評估，由醫療單位進行評估鑑定擬定個案療育計畫及建議。

(4)為轉介中心，主要安排療育之安置轉介工作，如無進一步安置需要則辦理結案。

(5)代表相關療育復健安置機構。

㈠發展遲緩兒童早期療育服務通報轉介中心

各直轄市、縣市政府在「發展遲緩兒童早期療育服務通報轉介中心」的運作，多委託民間社會福利或醫療機構辦理，是全國一致的共同特色。若綜觀各直轄市、縣市的服務內容則不離乎早期療育通報轉介、初篩、療育、安置、個案管理、療育諮詢、早期療育服務網絡、研習訓練、親職教育、教學服務、巡迴輔導、資源開發、日間托育、追蹤輔導、補助、宣導等。當然，各直轄市、縣市的服務內容雖未必相同，但似亦諸多重疊。其中，臺北縣政府社會局（2005）發展遲緩兒童早期療育通報轉介中心的服務範圍算是比較廣泛的。現以該中心為例，臚列其服務內容如下，以供參考：

1. 發展遲緩兒童早期療育相關業務規劃與執行。
2. 建立通報網絡

   與臺北縣市各大醫院之復健、兒童心智、兒童精神、小兒科……等相關科別及本縣幼稚園、托兒所、各社會福利服務機構團體、各鄉鎮市公所、衛生所聯繫。透過通報系統將疑似發展遲緩兒童個案通報至本中心，以掌握最新發展遲緩兒童的個案人數與基本資料。
3. 諮詢、轉介服務

   通報轉介中心接獲特殊幼兒之通報，即與嬰幼兒家長聯絡，介紹早期療育相關資源，並依嬰幼兒之需求，轉介所需之相關福利服務。
4. 個案追蹤服務

   瞭解案主現況及相關需求之服務提供。
5. 宣導

   利用媒體文宣，讓社會大眾瞭解「早期發現、早期療育」之重要性。
6. 早期療育相關資料的蒐集與研究分析。
7. 發展遲緩兒童療育補助。

8.個案管理服務

其服務內容包含：

(1)接受通報轉介中心轉介之個案，進行家訪實地瞭解個案狀況，提供全方面之家庭服務。

(2)視個案情況陪同兒童及家屬至醫院評估鑑定。

(3)執行個別化家庭服務計畫。

(4)安排轉介療育及相關資源，提供醫療、安置、療育復健等服務。

(5)每月定期追蹤服務個案。

(6)辦理各種親職教育服務方案。

㈡發展遲緩兒童聯合評估中心

衛生署在民國 86 年開始補助醫院設立「發展遲緩兒童聯合評估中心」，其設立的依據、原則、具備條件、所需專業人員皆有規範，茲分列於後：

1.依據

配合身心障礙者保護法與兒童及少年福利法之施行，推展發展遲緩兒童之早期療育工作。

2.原則

考量資源均衡分布及民眾就醫之可近性，每縣市成立一家發展遲緩兒童聯合評估中心，以推動評估療育服務網絡。

3.中心設置具備條件

(1)醫院層級：區域級以上醫院。

(2)專業人員

①小兒神經科、復健科、及兒童青少年精神科專科醫師。

②臨床心理師。

③物理治療師。

④職能治療師。

⑤語言治療師。

　　⑥社工員。

　　就前述「發展遲緩兒童聯合評估中心」介入評估工作的人力來看，可見發展遲緩兒童的評量確屬一項專業團隊的任務。這項評估的任務，不僅要判斷對轉介而來疑似特殊幼兒的個案是否需要早期療育服務，如果有早期療育服務的需要，也要對彼等提出安置與早期介入的建議。

Chapter 10　特殊幼兒早期療育服務

───── 第一節　早期療育服務觀念的轉變 ─────

　　綜觀早期療育的發展過程，雖然零星、基於人道善意、或試探性服務的提供，是有相當長的一段時間。不過就全球的角度來看，其制度化與法制化的發展應該是 1980 年代以後的事。這種制度化與法制化的發展最為突出的實非美國莫屬。在這種發展的過程，我們也可以看到目前的早期療育服務觀念和過去似乎有些差異。早期療育服務觀念的轉變，似受到以下五方面因素激盪的影響（Harbin, 1993）：

一、相關學者早期療育服務觀念的啟發。

二、經驗與能力俱佳實務工作者的創新觀念。

三、不同專業領域如醫療、心理學、特殊教育、社會工作等的研究結果。

四、社會政治因素。

五、家長、服務提供者、州與地方早期療育行政人員、研究工作者等的合作倡導。

　　我們若以美國 99-457 公法制定後，早期療育服務所呈現的新形勢和過去的觀念作比較（見表 10-1），即不難明白其中的差異。從表 10-1 中，我們可發現 99-457 公法制定前的觀念和此一立法的主張間，有十三個方面是不一樣的。茲將這些差異扼要說明如下：

表 10-1　早期療育服務觀念的轉變

領域	以往的服務觀念	99-457 公法的主張
接受服務資格	僅服務某些合資格的兒童	服務所有合資格的兒童
資格認定	僅服務殘障兒童且出現具體遲緩現象	服務具診斷狀況的兒童，不論是否出現具體遲緩現象
早期發現	等兒童來到服務方案	儘可能早一點發現兒童
服務範圍	限於服務方案所提供者	提供跨服務方案各種服務
服務系統	提供分開獨立服務方案	提供綜合、協調、單位間服務系統
服務焦點	兒童為中心	家庭為中心
個別化程度	提供一套裝服務	提供個別化服務
融合程度	建立隔離、自足式方案	建立融合方案且運用社區資源
專業領域	專業領域獨立運作	專業領域合作整合所有服務（專業間、跨專業）
治療	提供分開且有時不足的治療	提供足夠的整合式治療
程序保護	家庭無申訴對象	程序保護到位
轉銜	未規劃而受傷害的轉銜	已規劃從嬰幼兒方案到學前方案的轉銜
經費	單一主要的經費來源	協調並運用所有可能經費來源

（修正自 Harbin, Mcwilliam & Gallagher, 2003, p.388）

一、接受服務資格

　　過去早期療育服務只限於服務那些具有可認定的殘障兒童。但目前的立法認為有某些狀況如唐氏症嬰兒，可能一段時間發展正常，但最終會出現發展遲緩。此一立法要求早期療育服務提供者開始為具確定診斷狀況的兒童進行療育。此外，法律也允許各州服務具發展遲緩危險的兒童，且鼓勵各州為三歲以下要是不提供早期療育服務的話，會具有確實發展遲緩危險的兒童擴大服務的機會。然而對這部分兒童的服務與否，仍由各州自行斟酌。

二、資格認定

　　雖然許多州皆界定合乎接受服務資格的兒童之條件，不過過去由於經費的限制，僅對一部分這樣的兒童提供服務。這就導致許多人等著接受服務。但目前所有合乎資格的兒童，都有權得到服務。

三、早期發現

　　在此一立法之前，大部分早期療育方案並未採行積極的發現特殊幼兒的措施，多僅靠其他單位（如衛生、社會福利部門）將孩子轉介過來。現在早期療育方案有責任實施廣泛且協調良好的發現特殊幼兒之活動，以儘可能早一點找到需要幫助的兒童。

四、服務範圍、服務系統、個別化程度、專業領域、治療

　　過去當兒童進了早期療育方案，所接受的服務只侷限於那些由方案所提供者。每個單位皆獨立運作，且有提供給合乎資格的兒童之一套裝服務，結果服務就顯得支離破碎。然而，身心障礙兒童及其家庭常要求來自於一個以上專業領域與單位的服務。現行的立法則要求建立綜合、協調、單位間早期療育服務系統。這個系統是由一系列服務與資源所組成，以滿足兒童和家庭的個別需要。這個系統並要求任用一服務召集人（service coordinator），以確保服務工作的協調。同時為鼓勵進一步服務的協調，現行的立法也要求來自於不同專業領域的人員合作整合所有服務與治療。

五、服務焦點

　　過去的服務僅對兒童提供。現行的立法規定不僅兒童而且其家

庭，也是合法的服務領受者。此一法律要求為每一服務領受者研擬個別化家庭服務計畫（Individualized Family Service Plan; IFSP）。過去的評量工作的焦點在兒童，並在不熟悉的環境中評量、且使用的評量工具有時也失當（如運用篩選工具做安置的決定）。現行的立法欲藉評量兒童以及家庭的優勢與需求，在多方面的環境實施評量，且運用符合評量目標的多方面資料來源與工具，以扭轉過去的這些作法。

六、融合程度

過去有些服務係在兒童家中或特殊化的中心提供，且只有身心障礙兒童接受服務。現行的立法要求在非身心障礙兒童接受照顧與教導的環境中，對特殊幼兒與其家庭實施評量與服務。而且要是未在自然的環境中提供服務，則須證明其正當性。

七、程序保護

現行的立法也提供程序保護措施給身心障礙兒童及其家庭。過去特殊幼兒的家庭要是對服務不滿或反對被列於等待名單，他們可說毫無迴旋的餘地。目前法律對程序保護的規定，指示須對父母告知他們所擁有的權利。

八、轉銜

此一立法制定之前，當兒童須從某一方案轉銜至另一由不同單位提供的方案時，則係由家庭承擔此種轉銜的責任，送出與接受的單位皆無任何責任，也不用做甚麼規劃。現行的立法則藉指示送出單位須在兒童三歲生日六個月前通知接受單位（通常為公立學校），並要求研擬出轉銜計畫，以導正這種狀況。

九、經費

　　過去很少看到會去尋找與運用所有可能的經費來源。現行的立法要求將所有可能的經費來源統合成一財務系統，如此一來，個別的經費來源可以相互補充，而不致有重複浪費之虞。

　　從上述目前美國立法在早期療育服務的要求和過去的作法所作的比較，的確出現極為明顯的變化。這種變化代表為維護特殊幼兒與其家庭的權益、以及提昇早期療育服務品質的一種進步現象。美國過去與目前情況的比較，雖然無法代表臺灣的狀況，例如，有許多屬於美國過去的作法，目前在臺灣卻是現在進行式。不過不可否認的，美國在早期療育服務觀念的轉變，絕非一夕之間的變化，它們是受到前述諸多因素影響的產物，也是社會集體的智慧。這種智慧的凝鍊難道不曾有過以可觀的社會成本為代價？職是之故，瞭解了美國早期療育服務過去與現在的觀念後，應該對臺灣的特殊幼兒早期療育服務會有一些啟示。

　　他山之石可以攻錯，也可以減少我們盲目嘗試可能付出的社會成本。臺灣制度化與法制化特殊幼兒早期療育服務的發展，也不過是最近十年內的事。目前美國許多早期療育服務的作法，的確值得我們借鏡。不過我們卻發現目前若干早期療育措施，如早期發現、個別化服務、整合服務等，雖也和當今美國的觀念相通，但卻未見落實。因此作者認為國外早期療育的精神與觀念似可借鏡，但在服務執行的設計與作為，仍應考慮我們的政治、社會、與文化所具有的獨特性，如此才可能真正落實早期療育的服務理想。

第二節　早期療育服務型態

　　所謂早期療育服務型態，指的是服務提供（service delivery）的

模式（model）或形式。過去在論及早期療育服務模式時，多只針對單一療育方案的介入地點（如家庭或中心本位）、服務對象（兒童、家庭等）、療育過程（發現兒童、評量、個別化家庭服務計畫等）、或早期療育方案的哲學取向（行為論、發展理論、生態論等）在討論。不過由於近年來早期療育服務觀念的轉變，早期療育的服務型態當然也跟著有所變遷。作者在前節曾提到早期療育服務執行的設計與作為，應考慮政治、社會、與文化的特殊性。事實上，我們似很難見到兩個完全一樣之服務提供的模式。任何兩個地方的早期療育方案，因為服務對象、資源分布、政治制度、社會條件、文化特色、專業狀況等任何一種因素的歧異，即可能發展出或多或少早期療育服務型態的差別。而在早期療育服務型態中最足以彰顯彼此間差異的，似與其組織結構、決策方式、服務對象、及資源範圍有密切的關係（Harbin & West, 1998），也正因此四方面因素的差異，即可能建構出不同的早期療育服務型態。以下將就這四方面因素的性質先做說明：

一、組織結構

組織結構是指構成早期療育服務的各種方案或單位之間的組織關係。如果是由一個單一方案在提供大多數的服務，當有必要時如何和其他方案或單位聯繫協調？要是由兩個以上的方案或單位在提供服務，就出現彼此溝通協調的問題。是由哪一個方案或單位主導或出面協調？這些皆涉及早期療育服務方案組織結構的問題。

二、決策方式

特殊幼兒的早期療育服務總是有諸多決策的問題，到底由誰作決定？如何作決定？這個因素和前述的組織結構是有關係的。如果只由單一方案在提供服務，決策會比較單純。但參與的方案或單位

多時，究竟是由某一方案或單位主導決策？或組織委員會從事決策？決策過程是否有主從之分？是否表現平等、合作的決策精神？

三、服務對象

這是指服務方案所涵蓋對象的範圍。例如，有些方案的服務對象純粹是身心障礙取向的；有的除了身心障礙之外，也包括具有身心障礙危險者；更有的是以所有兒童及其家庭為對象。

四、資源範圍

這是指所提供服務的性質與類別而言。例如，有的方案主要是為身心障礙幼兒而設計；有的服務重點則視主導單位（lead agency）的性質（如殘障、衛生、教育）而定；有些方案不只在滿足兒童的教育需求，同時也包括衛生、福利需求在內；更有的方案不只在滿足兒童的需求，也照顧到其家庭的需要。除了特殊化的服務之外，自然社區環境的資源，也可能被特殊幼兒的早期療育服務方案所運用。

從上述四方面的因素，吾人似乎可以建構出許多具有不同特色的早期療育服務型態。不過我們若以參與服務單位的多寡而分，應大致可區別為獨立型與合作型這兩大類。而合作型的早期療育服務更可因其中合作協調機制的差異，而表現服務型態的出入。茲就這兩大類的早期療育服務型態，分別討論於後：

一、獨立型早期療育服務方案

這種類型的早期療育服務方案，多由獨立的一個單位或機構負責所有的療育服務。目前國內絕大多數的早期療育服務即屬於此種型態。它們常以「早期療育中心」或「兒童發展中心」之名在提供

服務。獨立型早期療育服務方案最主要的特色，厥為整個服務方案是該單位或機構可以完全掌控與運作的。因此，它就需配置所有相關服務的專業人員，而成為一個自足式的早期療育服務單位。

獨立型早期療育服務方案在國內有諸多形式，有醫院附設者，有一般身心障礙教養機構附設者，也有的是特殊學校中所成立的學前班，當然也有單獨設立的早期療育中心。雖然形式未盡相同，但就醫院、教養機構、學校等的立場而言，它們都是獨立運作的。

這些獨立型早期療育服務方案由於設立背景不同，雖然皆強調自足式服務，但可能擁有的服務資源，即會出現差異。例如，對零到三歲特殊幼兒的早期療育，因為在治療性服務（如物理、職能、語言治療等）有較高的需求，醫院附設的早期療育中心，就能提供較充沛的治療資源。相對的，三歲到六歲特殊幼兒的早期療育，若在特殊教育方面有較高的需求，則特殊學校的學前班或能提供適當的幫助。

獨立型早期療育服務方案由於可以獨立決策，因而在早期療育服務過程的運作，可以比較有效率。但由於其所具有的決策獨立性、以及方案中的專業人員也可能來自於不同的領域，所以方案主持人的專業素養以及溝通協調的能力，就顯得格外重要。在另一方面，獨立型早期療育服務方案似應跟其他相關的醫療、教育、與社會福利單位或機構覓取聯繫，以充分運用社區資源，而彌補本身可能服務資源的不足。

二、合作型早期療育服務方案

所謂合作型早期療育服務方案，顧名思義即可暸解參與早期療育服務的單位或機構，一定是不只一個。若干或許多單位或機構在參與服務，所要面對的乃是責任歸屬、資源分配、溝通協調、以及如何決策與執行的問題。其中尤以決策與執行最屬關鍵。

合作型早期療育服務方案最常見的組織型態，即是在參與服務

的單位或機構中，有某一單位或機構被指定為主導單位。例如，美國不管在州或地方的層級，常會指定衛生或教育部門為早期療育服務的主導單位。我國在早期療育服務方面，不管是中央或地方層級，社會福利部門皆是主導單位（中央為內政部，地方為社會局）。除了主導單位的指定外，合作型早期療育服務方案的決策管道，有時也採合議制的形式運作。例如，美國不管在州或地方的層級，常有州單位間協調委員會（State Interagency Coordinating Council）與地方單位間協調委員會（Local Interagency Coordinating Council）之設（何華國，2005；Harbin, Mcwilliam & Gallagher, 2003）。我國在中央或地方層級所設的早期療育推動委員會或推動小組，也屬類似的設計。由此觀之，合作型早期療育服務方案多屬從政策制定、資源配置、及責任分派的層次，去安排特殊幼兒的早期療育服務過程與內容。比較理想的組織型態也許是合議委員會和主導單位的結合運用，如此不僅可以集思廣益，也比較可以具有執行的帶動力量。

　　合作型早期療育服務方案最重要的優勢，應該是對已有的療育資源可以做充分統籌與整合的運用，同時對特殊幼兒及其家庭的醫療、教育、福利等各方面的需求，也比較可能有效的滿足。這種合作型的服務型態，最常見於人口眾多或人口分布較廣的地方，如臺北縣即是一個明顯的例子。臺北縣由於人口眾多，且幅員不小，因此委託若干民間身心障礙福利機構，成立若干個案管理中心與巡輔團隊，分區負責辦理早期療育服務（臺北縣發展遲緩兒童早期療育通報轉介中心，2005）。這樣一個合作型早期療育服務方案，就須處理前述責任歸屬、資源分配、溝通協調、以及如何決策與執行的問題。由於合作參與的單位或機構，其專業的條件不一，難免會出現服務水準或有出入的現象。除此之外，如何善用所有社區資源以支援早期療育的需求，也是一種政治與社會藝術。凡此種種皆是吾人採用合作型早期療育服務方案時，需要審慎思慮的。

　　除了前述以服務提供單位的概念，所區分的兩大類早期療育服務型態外，傳統上人們也習慣以服務提供的地點，而將早期療育服

務分為家庭本位（home based）、中心本位（center based）、以及家庭與中心本位混合（combination home and center based）三種型態。茲就這三種服務型態分別說明於下（Hanson & Lynch, 1995）：

一、家庭本位療育服務方案

　　顧名思義即知家庭本位療育服務方案，係於特殊幼兒或其主要照顧者家中提供服務。通常早期療育人員每週到家中，去輔導特殊幼兒及其家人。在家中提供服務的作法有許多優點，包括以下幾方面：

　　㈠特殊幼兒及其家人會較為自在。
　　㈡和他們的互動會更為自然。
　　㈢有助於維護特殊幼兒的健康。
　　㈣較不會干擾特殊幼兒及其家人的日常活動。
　　㈤服務提供會更具規律性。
　　㈥家庭充分參與療育活動的可能性更大。
　　㈦療育人員有機會協助改變特殊幼兒的環境，以促進其發展。

二、中心本位療育服務方案

　　中心本位的療育服務一般係採團體的方式。特殊幼兒被帶到早療中心或發展中心接受早期療育服務。許多早療中心皆會要求父母或主要照顧者陪同。父母或主要照顧可能會有些時間在早期療育團隊的協助下輔導其子女，其他時間則從旁觀察或和其他家長見面討論。有時早療中心也會鼓勵父母離開孩子，暫且放下照顧的擔子休息一下子。中心本位的模式大致有以下幾方面的優點：

　　㈠更有機會充分接觸早期療育團隊。
　　㈡父母有機會與時間和其他家長分享經驗。
　　㈢特殊幼兒及其家人有機會向其他人模仿學習。

㈣降低早期療育服務成本。

㈤有機會為特殊幼兒創造更特殊化的學習環境。

三、家庭與中心本位混合療育服務方案

　　許多早期療育服務方案事實上採用的是家庭與中心本位混合的模式。有些早期療育服務方案會在特殊幼兒家中提供服務，直到他們至少十八個月大時。到那個時候，他們可能去早療中心接受每週一或兩次，每次若干小時的療育服務。當他們年齡更大時，則逐漸增加他們在早療中心接受服務的時間。另有些早期療育服務方案是為所有特殊幼兒，提供家庭訪視輔導與中心本位混合的服務。

　　到目前為止，並無清楚的研究證據顯示，家庭本位、中心本位、以及家庭與中心本位混合這三種模式中的任何一種型態特具優越性（Hanson & Lynch, 1995）。不過，對特殊幼兒及其家庭，在最少限制的環境提供個別化服務的觀念，似普遍獲得認同。因此，提供包括家庭本位、中心本位、以及家庭與中心本位混合等一系列具有選擇性的早期療育服務方案，可能是最好的策略。

　　由於早期療育服務觀念的轉變，現在所強調以家庭為中心、重視個別化需求、採取整合式治療、實施於融合的環境、注意轉銜的安排，以提供綜合、協調、單位間系統性服務的思維，以致過去人們在討論早期療育服務型態時，所習慣採取的中心本位、家庭本位等以介入地點的分類方式，似乎已不是那麼重要。因為早期療育服務的重心應該已經不是在甚麼地點實施，而是該做甚麼以及如何做，才能真正滿足特殊幼兒及其家庭的獨特需求。如果我們以這樣的思維去看早期療育的服務型態，則人們因所處時空背景的不同而發展出偏向前述獨立型或合作型早期療育服務方案時，似不應以此而論斷其各自價值的高低。因為真正可用以檢驗某一早期療育服務方案優劣的，實非特殊幼兒及其家庭需求滿足的程度莫屬。在當今早期療育重視整合、協調、融合、與系統化服務的趨勢，獨立型與

合作型早期療育服務方案應該會自然地相輔相成，因為就生態環境的角度來看，這兩個子系統（subsystem）其實都是早期療育服務大系統的一部分。

第三節 個別化服務計畫

　　特殊幼兒經過發現、通報、篩檢、轉介、評量等過程，若確認符合早期療育的對象，則應透過個別化服務計畫的研擬，以作為後續療育服務的依據。事實上，個別化服務計畫的研擬，在整個早期療育方案的實施中，是極為關鍵的過程。我們可以從圖10-1早期療育方案的實施過程，看出個別化服務計畫的重要性。在圖10-1中，我們可以瞭解對特殊幼兒及其家庭的評量結果，可作為研擬個別化服務計畫的依據。個別化服務計畫是療育規劃之所本。療育活動則是按療育計畫而設計。至於透過評鑑，則可對療育活動、療育計畫、以及個別化服務計畫目標達成的狀況，提供經常與直接的回應，以作為改進早期療育方案的參考。

　　一般而言，這樣的個別化服務計畫若對象是零到三歲的嬰幼兒，常稱為個別化家庭服務計畫。因為在這一階段，家庭實為療育工作介入的核心，故以家庭服務彰顯之。至於個別化服務計畫的介入對象若是三歲以上的幼兒，則稱為個別化教育計畫（Individualized Education Program; IEP）。

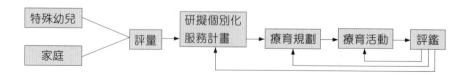

圖 10-1　早期療育方案的實施過程

（修正自 Bricker, 1996, p.313）

　　不管個別化家庭服務計畫或個別化教育計畫的觀念，臺灣和美國並無不同。唯一明顯的差別是兩種個別化服務計畫的概念，都已是美國立法的一部分，但臺灣除了個別化教育計畫外，個別化家庭服務計畫的觀念卻尚未融入我們的相關立法中（僅在行政措施上強調）。不過，值得慶幸的，是我們的特殊幼兒早期療育服務似多能接受這樣的觀念，無法亦可自行，誠為美事。

　　由於臺灣在個別化教育計畫的觀念已漸趨成熟，因此以下對這方面的說明，將以臺灣的實際作為為例。至於個別化家庭服務計畫的討論，則將引用美國的作法為依據。此外，個別化家庭服務計畫與個別化教育計畫到底差別何在，本節最後也將做討論。

一、個別化家庭服務計畫

　　個別化家庭服務計畫是為執行特殊幼兒及其家庭的早期療育服務，而研擬的一份工作指導方案。它指出為促進特殊幼兒的發展、與強化家庭增進其子女發展的能力，所需要提供的服務。透過個別化家庭服務計畫這樣的機制，早期療育服務人員和特殊幼兒家庭的成員以團隊的方式共同努力，為了特殊幼兒家庭特別關切、優先的事項、與資源而量身安排的服務，去從事規劃、執行、與評鑑的工作。依據美國的殘障者教育法（IDEA），個別化家庭服務計畫（IFSP）中須包含以下的內容（The ERIC Clearinghouse on Disabilities and Gifted Education, 2005）：

　　㈠兒童目前生理、認知、溝通、社會或情緒，以及適應行為發展的水準。

　　㈡家庭有關促進身心障礙兒童發展的資源、優先、與關切的事項。

　　㈢兒童及家庭所欲實現的主要成果；用以決定進步狀況的標準、程序、與時程；以及是否成果或服務的改變或修正是必要的。

㈣為滿足兒童及家庭的獨特需求所需要之明確的早期療育服務，包括服務的次數、程度、與提供的方法。

㈤將提供服務的自然環境，包括若有任何情形無法在自然環境中提供服務，則須證明其合理性。

㈥預計開始提供服務的日期，以及預期服務的期間。

㈦將負責執行計畫、以及和其他單位與人員聯繫協調之服務提供者的姓名。

㈧支持兒童轉銜至學前或其他適當服務的步驟。

個別化家庭服務計畫的規劃與執行若欲發揮應有的成效，一般認為下述的重點工作是不可忽略的：

㈠明確指出家庭關切、優先的事項、與資源

家庭關切、優先的事項、與資源，可說在引導整個個別化家庭服務計畫的規劃與執行過程。早期療育應視為一種家庭可用以增進其照顧子女的能量之服務與支持的系統。療育團隊與家庭間的伙伴關係，在開始規劃個別化家庭服務計畫時，即應逐漸培養。

㈡指出家庭的活動場合

所有兒童的發展皆源自於其日常的經驗。因此吾人有必要找出日常受到肯定、喜愛的活動（如洗澡的時間、吃飯、遊戲等），並瞭解它們是否能讓兒童持續專注而作為學習的機會。此外，找出可提供學習機會的社區活動場合（如幼兒日托、體育場、游泳等），也同樣重要。

㈢實施功能性評量

功能性評量的實施，如欲有效，大致應特別注意以下事項：

1. 應針對家庭如何促進孩子發展的問題，將評量的重點置於每個家庭成員關切、及欲優先解決的事項。

2. 應為某一特定的目的而蒐集資料，例如，早期療育人員在個

別化家庭服務計畫過程開始時所做的評量，就在確定是否孩子合乎接受服務的資格。

3.評量應反映出兒童的優勢、需求、對活動、材料、與環境的偏好之完全與正確的狀況。

4.應由一位兒童熟悉的人士，在兒童熟悉的環境（如家庭、室外遊戲場、托兒所等）中，從事觀察與其他的評量。

㈣合作研擬出所期待的成果

在蒐集了評量資料之後，療育團隊與家庭即須會面檢視所蒐集到的資料、以及家庭關切、優先的事項、與資源為何，以研擬出預期的成果或目標。此時家庭積極的參與是必要的。合作研擬出的目標，須將重點置於強化家庭的能量與增進兒童參與有價值的學習活動。

㈤分派療育工作的責任

在指出所期待的成果後，早期療育團隊即須分派支持那些成果之療育服務的責任。個別化家庭服務計畫多要求採取整合、團隊的方式從事療育工作。採用跨專業團隊模式（transdisciplinary team model），是整合各專業領域資料與能力的一種方式。在跨專業團隊模式中，所有團隊成員（含家庭）從事教導、學習、並共同合作去完成彼此同意的那些療育成果。這些團隊成員的角色係由情境需求，而非由特定專業的功能所決定。在跨專業團隊模式中，一個或少數幾個人是個別化家庭服務計畫主要的執行者。其他團隊成員則提供持續直接或間接諸如諮詢的服務。例如，職能治療師（occupational therapist）可以在用餐時觀察某一幼兒，然後向父母建議如何實際地幫助孩子。

㈥指出執行計畫的策略

個別化家庭服務計畫的執行需要所有團隊成員密切合作，以增

加學習的機會，運用兒童的周遭環境以促進學習，選擇最有效的策略以產生所要的成果，並找到最能激勵兒童學習的增強項目（rein-forcers）。所謂個別化家庭服務計畫的執行，其形式可能相當多樣，如某一幼兒一星期有一個下午參加圖書館的說故事活動、物理治療師（physical therapist）給家庭成員示範怎樣使用輔助器具、個案管理員（service coordinator）完成申請孩子從家到接受服務地點交通補助費的書面作業等皆是。

療育策略須能有助於促進成果的類化（generalization），也就是說，兒童在療育結束後，能將所學到的新技能表現在各種不同的環境。例如，個案管理員和家人可以鼓勵兒童在許多環境中（如家庭、遊戲場、托兒所），用手勢表達出想要的東西（如食物、玩具）。

在某一療育活動中，應包含若干療育的目標。當兒童參與某一活動，他可以運用許多發展領域的各種技能。例如，在吃飯時，他可以運用溝通技能去要更多的果汁，運用精細的動作技能去抓穩湯匙，運用社交技能和兄弟姐妹互動等。

療育策略應有助於兒童在他的生活世界變得更獨立。所選用的策略可能包括在吃飯時，提供動手協助，在自我照顧的日常活動中，激勵正確的反應，或提供易於穿著的衣服，讓孩子不用協助，也可以自己穿上。

在自然的環境中所提供的療育活動，應看起來像是典型的活動。例如，兒童學習培養其精細動作技能時，應鼓勵其從事著色、畫畫、玩積木、整理玩具、使用餐具等。總而言之，療育活動應注意：

    1. 安排於日常的自然環境。

    2. 強調學到功能性的技能。

    3. 有可能增進兒童參與生活環境中活動的能力。

    4. 應包含社會與非社會性的活動。

㈦評鑑早期療育活動以確保服務品質

經常與定期的評鑑，對任何早期療育方案皆是必要的。評鑑的重點可以放在兒童達到預期結果的進步情形、以及療育方案本身的品質上面。欲持續監控兒童的進步情形，需要用有系統的方法保存紀錄，以回答諸如下列的重要問題：

1. 兒童達到預期結果的進步之程度與速率為何？
2. 是否所選用的療育策略和活動有助於兒童的發展？
3. 療育計畫需做改變嗎？

定期檢討個別化家庭服務計畫，將可有助於瞭解特殊幼兒的進步情形，並可據以對此一計畫作必要的修正。美國的殘障者教育法（IDEA）規定個別化家庭服務計畫必須每年加以評鑑，並作必要的修正，而且最少每六個月（或在家庭的請求下也可更短）須定期檢討。這種持續的關注過程，將給予特殊幼兒及其家庭不斷的支持，以激勵他們善用本身的優勢與資源，去幫助孩子學習與發展。

二、個別化教育計畫

臺灣對特殊兒童之個別化教育計畫的觀念，大致和美國個別化教育計畫的精神十分相似。民國 91 年修正公布的「特殊教育法施行細則」，即指「個別化教育計畫」，係運用專業團隊合作方式，針對身心障礙學生個別特性所擬定之特殊教育及相關服務計畫。「特殊教育法施行細則」更列舉個別化教育計畫的內容應包括下列事項：

　㈠學生認知能力、溝通能力、行動能力、情緒、人際關係、感官功能、健康狀況、生活自理能力、國文、數學等學業能力之現況。

　㈡學生家庭狀況。

　㈢學生身心障礙狀況對其在普通班上課及生活之影響。

㈣適合學生之評量方式。

㈤學生因行為問題影響學習者，其行政支援及處理方式。

㈥學年教育目標及學期教育目標。

㈦學生所需要之特殊教育及相關專業服務。

㈧學生能參與普通學校（班）之時間及項目。

㈨學期教育目標是否達成之評量日期及標準。

㈩學前教育大班、國小六年級、國中三年級及高中（職）三年級學生之轉銜服務內容。而轉銜服務應依據各教育階段之需要，包括升學輔導、生活、就業、心理輔導、福利服務、及其他相關專業服務等項目。

這一施行細則也規定參與擬定個別化教育計畫之人員，應包括學校行政人員、教師、學生家長、相關專業人員等，並得邀請學生參與；必要時，學生家長得邀請相關人員陪同。此外，學校應於身心障礙學生開學後一個月內訂定個別化教育計畫，且每學期至少檢討一次。由此可知，個別化教育計畫的規劃與執行，實有賴團隊的合作與努力。

從個別化教育計畫在臺灣的法制化，以及其所涵蓋的內容來看，與當今世界的發展趨勢，似頗為符合。個別化教育計畫這樣一個服務機制，若能在國內真正落實，則特殊兒童教育需求的獲得滿足，應該是可以期待的。

三、個別化家庭服務計畫與個別化教育計畫的差異

就個別化家庭服務計畫與個別化教育計畫的內容，表面上看起來似乎有點兒相似，但若從兩者的觀念來做比較，我們似可發現個別化家庭服務計畫與個別化教育計畫，有以下幾點不同：

㈠個別化家庭服務計畫一直是以「家庭」為整個計畫的核心，因為「家庭」在兒童生活中是固定不變的。但個別化教育計畫則是較屬學校本位的服務模式。

㈡個別化家庭服務計畫包括針對家庭而提出的目標，而不只針對合於服務資格的兒童。

㈢個別化家庭服務計畫採用了自然環境的觀念。它包含家庭或社區的環境，如公園、托兒所、遊戲場所等。這種對自然環境的強調有助於在日常生活中創造學習的機會，而不將學習僅侷限於正式、經過設計的環境（如學校、幼稚園）之中。

㈣個別化家庭服務計畫包括由許多單位所承擔的活動。且透過這些活動將所有的服務整合成一個計畫。

㈤個別化家庭服務計畫會任命一位個案管理員（service coordinator），在個別化家庭服務計畫研擬、執行、與評鑑時，對特殊幼兒的家庭提供協助。

同屬個別化服務計畫，也同樣用於六歲之前，但個別化家庭服務計畫與個別化教育計畫所出現的差異，也令很多人覺得不妥，而亟思調和之道。已知的調整策略包括下列這幾種見解：

㈠六歲之前的特殊幼兒一律採用個別化家庭服務計畫。

㈡個別化家庭服務計畫與個別化教育計畫皆依照家庭的願望，而提供包含功能性、以日常生活為本的個別化成果、目標、與介入策略。

㈢我們可以利用存在於特殊幼兒生活中許多自然發生的事件與機會，做為「療育的機會」。如此一來，個別化家庭服務計畫或個別化教育計畫的目標，即可依據家庭（或其他環境）的日常生活與欲優先處理事項加以研擬。

㈣個別化家庭服務計畫或個別化教育計畫應運用必要的適應性作法（adaptations），在活動中納入特定的療育策略。這些適應性作法須著眼於增進特殊幼兒參與環境中所有日常生活的能力。

肆 内涵篇

Chapter 11　特殊幼兒復健治療

第一節　特殊幼兒物理治療

一、物理治療的性質

　　物理治療（physical therapy）是藉由科學原理的應用，以預防、區辨、評估、矯正、或減輕持續性運動功能失調的問題，而促進人類健康與功能的一種專業（張梅蘭，2001）。實施物理治療服務的專業人員，稱為物理治療師（physical therapist）。

　　物理治療專業所使用的治療方式大致可以分為運動治療（movement therapy）、操作治療（manual therapy）、以及儀器治療（modality）三大類。這三個英文字母開頭都是 M，所以我們常慣稱為物理治療的 3M。茲分別說明於後：

㈠運動治療

　　它係利用球上運動、墊上運動、輔具運動、家長協助，以誘發動作發展及功能協調。

㈡操作治療

　　它在增加肌肉骨骼系統活動度及延展性。

(三)儀器治療

運用包括聲、光、電、水、冷、熱、力、運動、與機械等物理因子的特性,提供患者一種非侵入性醫療服務的選擇(手術開刀、吃藥、打針等醫療行為算是侵入性治療)。運用物理因子所實施的物理治療,常見的方式如下:

1. **光療**

   紫外線、低能量雷射。

2. **電療**

   經皮神經電刺激、直流電與交流電電刺激、高伏特脈波電刺激。

3. **水療**

   溫熱水療、渦漩水浴、冷熱交替療法。

4. **冷療**

   冷敷包、冰敷、冷凍噴霧、冰塊按摩、冰毛巾與調整式冷壓機。

5. **熱療**

   超音波、短波、紅外線、熱敷包、蠟療。

6. **力療**

   牽張治療、牽引、操作治療、按摩。

7. **運動治療**

   主動與被動運動、阻力運動、姿勢矯正治療、神經肌肉誘發術、神經發展治療。

在臨床復健醫學中,人們習慣將物理治療概略分為以下幾個次專業領域:

(一)骨科物理治療(orthopaedic physical therapy)

主要是針對骨骼肌肉系統功能失調的患者所提供的治療。例如,五十肩(肩部疼痛)、網球肘、退化性關節炎、截肢、肌筋膜

疼痛症候群、脖子酸痛、下背疼痛、骨折術後、韌帶扭傷、肌肉扭傷、踝關節僵硬、黏連性疤痕、燒傷患者、人工關節置換術後等。

㈡神經物理治療（neurological physical therapy）

物理治療師可以減緩或改善因中風半身不遂、脊髓損傷、腦傷、腦瘤、巴金森氏症、多發性硬化症、小兒麻痺、後小兒麻痺症候群、周邊神經損傷與病變等肢體功能障礙的患者，所造成的功能性限制與生理障礙。

㈢兒童物理治療（pediatric physical therapy）

針對包括腦麻痺、智能障礙、發展遲緩、高危險群新生兒、水腦、肌萎症、臂神經叢損傷、先天性肌性斜頸、早產兒等之兒童，所實施的早期發現與早期治療。

㈣呼吸循環系統物理治療（cardiopulmonary physical therapy）

主要治療對象為心臟血管系統、呼吸系統、或其他肌肉骨骼與神經系統病變所造成的心臟血管與呼吸系統併發症。

特殊幼兒物理治療則屬於前述兒童物理治療的範疇。它是由兒童物理治療師（pediatric physical therapist）針對特殊幼兒功能上的問題，進行詳細的檢查與評估，並根據其問題規劃短期與長期物理治療計畫與擬定治療內容，最後並執行物理治療。在進行治療時，物理治療師利用各種不同的手法與誘發方式，運用學習原理，以強化其學習動機；並以整個家庭為中心，將治療計畫融入日常生活中，其治療的最終目標為協助特殊幼兒發揮最好的功能，獨立自主，有效適應社會生活。至於兒童物理治療師確切的服務內容，在臺灣似尚未形成共識。白偉男（2005）曾依美國物理治療學會——兒童物理治療次專科的考試內容，以及該學會兒童物理治療小組的建議，列舉兒童物理治療師的服務內容。茲將這些內容臚列如下以供參考：

1. 設計並實施兒童保健計畫。

2. 設計並實施兒童發展篩檢。

3. 執行兒童物理治療評估。

4. 設計並實施兒童物理治療計畫。

5. 設計並實施行為介入計畫。

6. 設計並使用輔助科技（assistive technology）、或作適當的環境改變來增進兒童的功能。

7. 協助設計個別化家庭服務計畫或個別化教育計畫。

8. 提供醫療相關專業人員、患者及其家庭、專業團體、社會團體、特殊服務機構、一般社會大眾諮詢服務。

9. 整合機構內、不同機構之間可利用的資源。

10. 針對兒童物理治療重要議題進行評論、研究、報告。

11. 發現患者、家屬、以及社區對於特殊兒童的知識需求，並提供他們所需要的資訊。

12. 設計、實施、並評估合理的兒童物理治療行政制度。

由上述這些服務內容看來，可見兒童物理治療師的服務對象除了兒童之外，也包括其家庭以及社區大眾。他們從事的不僅是兒童的功能評估與治療，甚至涵蓋行為介入與保健計畫。他們更需要和其他專業團隊成員密切合作，協助設計個別化家庭服務計畫或個別化教育計畫。

二、物理治療服務對象

特殊幼兒物理治療服務的對象涵蓋甚廣，要而言之可包括發展遲緩高危險嬰幼兒與已確定醫學診斷的兒童兩大類，但其下的細分類則不少，茲分別列舉如下以供參考（白偉男，2005）：

㈠發展遲緩高危險嬰幼兒

1. 需呼吸器支持者。

2.出生體重低於 1,500 公克者。

3.顱內出血者。

4.再發性新生兒癲癇發作。

5.懷孕期少於三十二週。

6.窒息且前後 Apgar 分數皆低於 5。

7. 罹患毒血症（toxemia）、麻疹（rubella）、巨細胞病毒（CMV）、單純疱疹（herpes simplex）。

8.腦膜炎（meningitis）。

9.長得較懷孕期應有的為小（SGA）。

10.遲鈍的餵食行為。

11.兩個以上的多胞胎。

㈡已確定醫學診斷的兒童

1.發展遲緩兒童
(1)智能不足兒童（children with mental retardation）。

(2)發展性協調障礙（developmental coordination disorder）等。

2.神經系統疾患兒童
(1)中樞神經系統

　①腦性麻痺兒童（children with cerebral palsy）。

　②腦外傷兒童（children with traumatic brain injury）。

　③脊髓損傷兒童（children with spinal cord injury）。

　④先天性脊柱裂兒童（children with congenital spinal bifida）等。

(2)周邊神經系統：臂神經叢傷害（brachial plexus injury）等。

(3)神經肌肉病變（neuromuscular disease）：裘馨氏肌肉失養症（Duchenne muscular dystrophy）等。

3.骨骼系統疾患兒童
(1)先天性髖關節脫臼術後（congenital dislocation of hip s/p）。

(2)肌肉性斜頸症（muscular torticolis）。

(3)脊柱側彎（scoliosis）。

(4)先天性截肢（congenital amputations）。

(5)幼年型類風濕關節炎（juvenile theumatoid arthritis）等。

4.心肺系統疾患兒童

(1)先天性心臟病兒童（children with congenital heart disease）。

(2)氣喘兒童等。

5.其他

(1)唐氏症（Down syndrome）。

(2)多重殘障（children with multiple handicap）等。

　　上述這麼多可能屬於物理治療對象的特殊幼兒，若就已確定醫學診斷的唐氏症兒童為例，他們之所以需要物理治療，乃是因為這類兒童多會出現肌張力過弱（hypotonia）、韌帶鬆弛（ligamentous laxity）、肌力減退（decreased muscle strength）、手腿短小等現象（Winders, 2005）。對唐氏症兒童實施物理治療的目的，並非要加快其達到粗大動作發展里程碑的速率，而是要幫助他們避免發展出為適應前面所提之生理動作問題的異常代償動作型態（compensatory movement patterns）。

三、物理治療基本原理

　　目前的物理治療，特別是運動治療，在從事特殊幼兒的功能評估與治療方面，已逐漸發展出其理論基礎。這些理論依據，將有助於物理治療師瞭解特殊幼兒運動功能失調的因素，從而擬定適當的療育策略。茲將這些重要的理論基礎分別討論於後（廖華芳，2005；白偉男，2005）：

㈠運動功能恢復的神經學基礎

　　中樞神經系統損傷後，運動功能若能恢復，一般咸認為是出自以下的生理、解剖學基礎：

1. **脊髓的代償作用**

   它是高級中樞的功能出現缺損後，低級中樞如脊髓控制的聯合反應與共同運動活動的增強所形成的代償作用。它是以異常姿勢反射和痙攣為基礎，而出現的一些固定異常運動模式。

2. **大腦的可塑性**

   它是指中樞神經細胞由於突觸閾值的變化、突觸「發芽」、以及突觸再生，在中樞神經系統中重新組織一個功能細胞群的網絡系統，而實現功能重組的現象。

3. **同一功能在腦內有多重代表性**

   它是指中樞神經系統在執行每項功能時，都有大量神經元、神經環路和中樞參與。因而某一部位損傷時，這項活動的執行將轉換到調節這項活動未受損的其他神經元與臨近神經元，甚至遠隔區的神經元。

（二）**動作發展的動態系統理論**（dynamic system theory of motor skill acquisition）

　　長久以來，神經發展理論（neurodevelopmental theory）一直是兒童物理治療師用來分析兒童動作發展的依據。這是一套以簡單的線性觀念，來從事動作發展評估與治療的思維。也就是認為動作應該是從反射到主動控制、從粗略到精準控制、從頭到腳、以及從近端到遠端而發展的。換句話說，動作應該是依據一定的順序而發展的。不過，動作發展的動態系統理論卻認為神經系統並非影響動作發展的唯一系統，肌肉骨骼系統的發展、感覺系統的成熟與統合、心肺系統的功能、甚至於經驗環境因素都對動作的發展有一定的影響；影響動作發展的次系統，可以依照其不同的速率發展，而每個兒童達到動作發展的里程碑及其次序，即是整合每個次系統能力發展的結果。準是以觀，吾人在從事特殊幼兒動作發展的評估與治療時，確應注意前述可能影響動作發展的動態系統因素，以作為規劃其療育策略的參考。

(三)動作學習理論（motor learning theory）

動作學習理論認為一連串的練習與經驗，可以導致動作行為的永久改變。此一理論乃是強調在治療的過程中，充分運用與控制影響動作學習的因素，如動作學習的動機、注意力、增強（reinforcement）、治療流程（Practice schedule）的安排、適當的動作教導策略與練習方式等，以幫助特殊幼兒不只學到動作的技巧，且能有效遷移（transfer），應用在日常生活中。

(四)障礙模式（disablement model）

世界衛生組織（WHO）針對障礙形成的過程（disabling process）訂有「損傷、缺陷、與障礙國際分類」（International Classification of Impairments, Disabilities and Handicaps; ICIDH）。「美國國家醫學復健研究機構」則將世界衛生組織的 ICIDH 擴充為生理病理（Pathophysiology）」、損傷（Impairment）、功能限制（Functional limitation）、缺陷（Disability）、與社會限制（Social limitation）五個面向。

「生理病理」指的是病灶；「損傷」是指器官或某一個系統出現異常；「功能限制」是指個體的功能無法發揮；「缺陷」係指個體的功能無法達到其角色的要求；「社會限制」是指社會限制了個體最大潛能的發揮。障礙的這五個面向之概念中，物理治療最有著力點的應是「功能限制」與「損傷」這兩個範疇。其中「功能限制」尤應成為物理治療師從事評估工作的核心。吾人進行評估時，應安排在自然而能表現功能的環境下，去觀察特殊幼兒的功能水準，然後進而評估和功能相關的「損傷」情況。此外，物理治療的介入即是欲改善個體的功能，至於是否能在「損傷」的面向上顯示進步，應不是重點所在。因為經物理治療後，特殊幼兒可能因運用了代償的方法來達到功能，卻在「損傷」的面向上依舊如故也說不定。

㈤家庭系統理論（family system theory）

物理治療如欲發揮實效，將介入的焦點只放在特殊幼兒身上是不夠的。家庭的結構、家庭功能、以及家庭生命週期等因素，對特殊幼兒的成長、學習、與發展絕對有密切的關係（何華國，2005）。因而家庭系統理論的知識，似有助於吾人從事物理治療時，懂得善用家庭系統的資源，以發揮最大的治療成效。因此，物理治療師的評估與介入服務，除了特殊幼兒之外，也應該包括其家庭。若特殊幼兒的家庭能積極支持、主動參與，則對物理治療應有意想不到的加分效果。

從上述的理論基礎，很自然的會形成以下特殊幼兒物理治療的評估原則：

1. 以特殊幼兒家庭為中心的評估。

2. 採取自然而又結構化的評估環境。

3. 強調全面的發展評估。

4. 採取以功能為導向的評估方式。

5. 運用標準化的評估工具。

6. 須能整合評估結果，以做出適當的療育決策與建議。

兒童物理治療師對特殊幼兒及其家庭做過適當的功能性評估後，即可據以提出其療育計畫，經和家長與其他專業團隊成員研商後，將此一計畫匯入個別化家庭服務計畫或個別化教育計畫中。其後，兒童物理治療師再按照定案的個別化服務計畫，進行療育活動，以為兒童的健康發展而努力。

第二節　特殊幼兒職能治療

一、職能治療的性質

職能治療（occupational therapy）是幫助人們在其生活中所有領域獲致獨立性的一種治療專業。職能治療也可以說是自我照顧、工作、與遊戲活動的治療性運用（therapeutic use），以增加獨立的功能、促進發展、和預防障礙（Kaufman Children's Center, 2005）。美國職能治療學會（American Occupational Therapy Association; AOTA）則認為職能治療是藉由使用「目標性的活動」，來治療或協助生理、心理與社會功能上有障礙的人，使其能獲得最大獨立性的生活，同時得以預防畸型，並維持健康。職能治療的目標係在協助個體能夠選擇、安排、與執行日常的活動，從而提昇生活的品質。從事職能治療的專業人員稱為職能治療師（occupational therapist）。而針對兒童從事職能治療者，則又特稱為兒童職能治療師（pediatric occupational therapist）。

特殊幼兒的職能治療是兒童職能治療師的重要服務對象。兒童職能治療師會以全人的觀點，藉由晤談、測驗、情境觀察等方式，來評估特殊幼兒在家庭、學校、和社區等不同情境中的日常生活、學習、遊戲、和人際互動的情形，並以神經學、心理學、與發展學為基礎，分析他們的能力表現，以找出他們的優勢與弱勢所在，且分析影響特殊幼兒每天職能表現的因素，進而和家長及其他相關人員共同訂定個別化治療計畫。兒童職能治療師會利用各種經設計的活動，提供一個全面性的治療方式，使特殊幼兒能經由學習類化，而將學到的技能發展成為日常生活能力的一部分，或透過環境的調整、或輔具的提供來幫助他們能有效適應日常生活、遊戲、及學校

生活環境，並儘可能的協助他們達到功能上的獨立，以提昇特殊幼兒的生活與學習品質（蔡麗婷，2005）。

一般而言，兒童職能治療師對特殊幼兒特別關注的是他們的自我照顧技能（如飲食、穿著、沐浴等）、精細動作技能（如手部操作與靈巧性）、神經動作發展、感覺統合（sensory integration）、遊戲技能等。透過尚在特殊幼兒發展年齡的職能治療，將有助於增進彼等的潛能，以培養他們終其一生的技能、自信、與自尊。具體而言，兒童職能治療師對特殊幼兒多能提供下列的協助：

㈠減少發展遲緩。

㈡改善書寫與畫畫的技能。

㈢改善口腔動作的力量。

㈣減少口腔動作（結構的）的緊張性。

㈤增進整體的體力。

㈥增進整體的協調性。

㈦增進視知覺技能。

㈧增進抓握與精細動作技能。

㈨增進自行穿著、飲食、和修飾儀容的技能。

㈩協助增進整體內在組織、集中、與注意的能力。

(十一)改善感覺動作處理的能力。

(十二)減少對困難的敏感性，並逐漸培養自信、信賴、與自尊。

至於兒童職能治療師的服務內容，有可能因工作機構、服務患者的種類、服務的年齡層、家長的認知和期待、甚至是健保制度、特殊教育與社會福利體系的支援狀況、及其他可利用資源的不同等因素，而出現差異。然而，林口長庚醫院（2005a）所提供的兒童職能治療服務，似頗為完整。茲將其服務項目，列舉如下，以供參考：

㈠評估

包括標準測驗、臨床觀察及與父母會談，以確定孩子的主要問題，再依主要問題擬訂治療計畫。

㈡早產兒及新生兒早期發展介入

職能治療師提供環境修正（如燈光、音量控制）及擺位建議，以安定新生兒／早產兒未成熟的神經系統；配合個別發展需求，給予觸覺、前庭、本體覺、視覺、聽覺刺激，以促進生理之成熟及神經動作之發展；製作副木預防關節變形；培養幼兒進食能力，含口腔功能之訓練做進食前的準備；幫助家長瞭解孩子的特殊需求並指導家長在家照顧幼兒的技巧。

㈢團體治療

根據感覺統合及神經動作發展原則，集合問題類似的個案組成治療團體。治療過程需要家長或主要照顧者一起參與。藉由團體模式來進行，孩子們可互相觀察模仿學習，家長們可互相分享經驗並得到支持。團體治療依對象年齡、診斷及主要問題之不同，分成以下幾類團體：

1. 零至三歲早期療育團體

   針對腦麻痺或發展遲緩幼童，透過遊戲或有目的的活動來進行治療，以加速動作、認知、感覺統合、社會互動、情緒控制等能力的發展、及預防障礙程度之加深。

2. 學齡前腦麻痺兒童團體

   著重坐站平衡及手功能訓練。

3. 學齡腦麻痺兒童團體

   著重代償性功能之建立，如輔具、電腦之使用，生活自理能力的培養。

4. 學齡兒童復健團體

   對學校或生活適應有障礙之學童，增進其學業學習或生活自理之基本能力。

㈣一對一個別治療

針對個案個別問題，如坐站平衡、手眼協調、注意力不足、認知知覺、精細動作進行治療。

㈤提供功能性輔具

為幫助發展障礙兒童短期內達到獨立生活功能的目的，職能治療師還提供功能性輔具的設計或建議，如餵食、生活自理、擺位輔具。

㈥電腦的應用

配合個人電腦的普及和高科技時代的來臨，職能治療師運用電腦做注意力、遵循指令、視知覺及認知訓練；而肢體殘障的個案可學習操作改裝的按鍵開關來取代傳統鍵盤、滑鼠及環境控制設備，藉此使個案更獨立、更具自信，並發揮最大潛能。

㈦副木製作

職能治療師設計並製作副木，以維持患童關節於正常角度或抑制異常張力。

㈧教育諮詢

定期舉辦家長衛教團體，提供兒童發展常識，幫助家長及早瞭解自己孩子的問題與現況，以便給孩子最大的照顧及幫助。

兒童職能治療師的服務內容中最關鍵的兩個角色，應非評估與治療莫屬。其中評估工作多和以下的項目有關（蔡麗婷，2005；Kaufman Children's Center, 2005）：

㈠發展性篩檢（developmental screening）與評量

㈡視覺發展與視覺功能的評量

㈢視覺功能與其他感官知覺、動作間整合能力之評估

㈣日常生活功能之評估

包含飲食、衣物穿脫、個人衛生、行動位移、遊戲休閒、學習狀況等的評量。

㈤感覺知覺動作發展

包括對各種感覺輸入的調節及區辨能力、知覺與動作之統合能力、神經肌肉骨骼系統功能、軀幹的穩定度和靈活度、口腔動作、精細動作及粗大動作功能之評估等。

㈥家庭或學校環境之評估

包含環境安全、環境障礙物、學習環境之器具或材料之適當性與擺放方式等之評估。

㈦輔具需求評估

包含瞭解生活照護（如擺位、特殊餐具）、學習（如特殊剪刀、筆套）、遊戲休閒（如特殊開關玩具）等之需求狀況。

㈧認知學習技巧

觀察學習時，視、聽知覺、注意力、記憶力、認知策略等的運用與表現的情形。

㈨心理社會功能

評估自我知覺、人際互動、情緒適應等狀況。

至於治療方面則多涉及以下的治療或訓練服務項目：

㈠姿勢控制、動作平衡協調訓練。

㈡手功能訓練。

㈢書寫訓練。

㈣知覺、認知訓練。

㈤功能性視覺訓練。

㈥日常生活自理訓練。

㈦心理及情緒問題的指導。

㈧感覺統合治療。

㈨副木設計、製作，使用訓練及指導。

㈩訓練使用輔具和其他替代方法。

二、職能治療服務對象

　　職能治療的對象多係因生理、心理及社會功能障礙、發展遲緩、學習障礙、老化、或社會文化環境不利因素等，而使得個人在執行日常活動或參與社會活動的能力受到限制者。特殊幼兒中需要接受職能治療的對象相當廣泛，不過大致上可將之分為具有發展障礙因子的高危險群和被診斷為會併發發展障礙症狀之疾患兩大類。茲就這兩大類可能的服務對象，分別列舉如下：

㈠被診斷為會併發發展障礙症狀之疾患

1. 染色體異常。

2. 腦麻痹。

3. 智能不足。

4. 唐氏症。

5. 自閉症。

6. 脊柱裂。

7. 視覺或聽覺障礙。

8. 肌肉關節異常。

9.臂神經叢損傷。

10.脊椎受損。

㈡具有發展障礙因子的高危險群

1.生理障礙因子

如早產兒、出生體重過輕者、餵食困難、腦膜炎、新生兒時期曾患癲癇、窒息或缺氧者。

2.環境障礙因子

由於家庭因素，環境中較缺乏適當刺激者。

3.行為表徵異常

如嗜睡、燥動不安、注意力缺陷過動症、情緒障礙。

4.在日常生活中，動作協調差，生活自理能力不足，學校或社會適應有困難的孩子。

以上所列者，乃是就需要接受職能治療的對象之臨床上的分類。不過父母或主要照顧者若發現嬰幼兒有以下的行為徵候，即應注意是否有接受職能治療或感覺統合治療（sensory integration therapy）的需要：

㈠對觸覺、味覺、嗅覺、視覺、或聽覺過度敏感或缺乏敏感。

㈡對動作感覺過度敏感或缺乏敏感。

㈢不尋常的高或低的活動水準。

㈣動作協調有困難。

㈤書寫與其他用手操作的活動有困難。

㈥語言或動作能力發展遲緩。

㈦社會與情緒問題。

㈧無法讓自己鎮靜或使心情輕鬆。

㈨對情境轉換有調適的困難。

㈩有自行進食與穿著的困難。

㈠容易分心。

㈡衝動、缺乏自我控制力。

㈡自我概念不良。

㈢學業表現落後。

萬一父母或主要照顧者發現嬰幼兒有上述的行為徵候，即應向兒童職能治療師尋求協助，以瞭解是否有進一步接受評估，甚至接受職能治療或感覺統合治療的必要。

三、職能治療基本原理

兒童職能治療的實施，其主要的依據多和兒童發展理論、神經發展治療、以及學習理論有關。在兒童職能治療中感覺統合治療算是較為人熟知且常被運用的一種治療方式。因此此處對職能治療基本原理的討論將聚焦於感覺統合治療上面。

所謂感覺統合（Sensory Integration; SI）是一種自動發生的神經過程（neurological process），它係神經系統將來自身體和環境中的感覺訊息做適當的組織和詮釋，以使個體能有效和環境互動。換言之，感覺統合的作用有如警察指揮交通一樣，將分分秒秒不斷湧進神經系統的感覺訊息做適當的過濾、分類、比較、整合、賦予意義，如此個體的神經系統才能正常運作（王汸生，2005）。感覺統合功能不良的嬰幼兒，即是在其中樞神經系統對感覺輸入的處理出現異常的現象。感覺統合功能不良會導致兒童內在狀態的混亂、以及和環境中人與事物之互動顯得應對欠佳（Stallings-Sahler, 1998）。

感覺統合理論是由 Jean Ayres（1923-1988）所提出，它是以神經生理學、神經心理學、及神經醫學為基礎，所發展出來的一套職能治療理論。此一理論認為唯有基層的訊息傳遞良好，全面發展的大腦，其高階層的功能才能加以發揮。而觸覺、本體覺、及前庭覺為個體發展早期最基礎的三個感覺系統；這些系統若發生障礙，則會影響未來更高階層的皮層功能。腦幹、下視丘等為處理來自外界各種感覺訊息的主要神經構造。在這些地方，感覺訊息被適當地加以統合，使更高層的皮層功能得以發揮，而個體可以因此處於適當

的行為狀態。感覺統合的發展是依循一定的發展順序,且各種知覺功能之優劣會互相影響。一般而言,出生(前)後即開始發展,到七、八歲時達到頂峰。總之,感覺統合是大腦組織整合感覺訊息,讓我們可以因應環境之需求,而做出各種適當反應的一種過程。

需要感覺統合治療的特殊幼兒,通常皆有感覺統合的問題。感覺統合障礙常表現出來的行為徵候包括:姿勢控制不良、身體意象差、手腳不靈活,動作不協調、易跌倒、視知覺動作障礙、動作計劃能力差、無法自我控制、缺乏自信、語言遲緩、上課易分心或過於躁動、平常總是沒精神、慣用手未加以建立、過分害怕或討厭一些需要觸摸的遊戲或事情等。

感覺統合治療主要的治療方式便是提供合宜的觸覺、前庭覺、及本體覺的刺激活動,使患者能主動的與環境互動,進而產生順應性反應(adaptive response)。鄭信雄(1994)認為感覺統合治療的核心原則,是提供計劃性和適當節制的感覺輸入,經由所誘發的順應性反應,來增強並改善腦神經的組合。他即據此提出以下感覺統合治療的四大原則:

㈠觸覺刺激

把觸覺刺激當做一種治療的歷程,可促進整體腦神經的統合,並可增強其他知覺的感受。

㈡前庭刺激

如果孩童的腦神經向來對前庭的刺激反應不足時(不感眩暈或不大顯示眼球震顫),治療上可能要對不同的前庭感受器施予轟擊(衝擊)式的刺激。

㈢本體感受刺激

肌肉的收縮,特別是對反抗阻力的收縮,是促進本體感受訊息輸入中樞神經系統的重要方法,而最大的阻力來源為地心引力對身

體的作用。

㈣順應性反應

順應性反應是有目的，或特定目標的動作。如動作的目標超出合理範圍而達不到，反應就非順應性，因為順應是指人對環境的某種征服，而非環境對人的控制。

兒童職能治療師參照對特殊幼兒所做的感覺統合功能評估結果，即可根據前述治療的原則設計相關的訓練活動，以改善他們感覺統合失調的現象。特殊幼兒感覺統合功能的改善，自然有助於他們積極的適應生活與學習的環境。

第三節　特殊幼兒語言治療

一、語言治療的性質

語言治療（speech therapy）是指幫助語言障礙者恢復正常說話能力的一種專業。從事這種專業工作者稱為語言治療師（speech therapist）或語言病理學家（speech-language pathologist）。他們皆可提供語言障礙的評估與矯治。

語言障礙基本上可分為說話異常（speech disorders）和語言異常（language disorders）兩大類。其中說話異常又可分成以下幾種：

㈠不會說話（absence of speech）

即無法言語。

㈡構音異常（articulation disorders）

說話時咬字不清。

(三)發聲異常（voice disorders）

說話時在音調（pitch）、音量（loudness）、音質（quality）、或音變（flexibility）之任一方面出現異常。

(四)節律異常（rhythm disorders）

說話不流暢，或稱語暢異常。

至於語言異常則可有以下的分類：

(一)語言缺乏（absence of language）

缺乏語言接收與表達的能力。

(二)語言發展遲緩（delayed language development）

語言發展水準較同年齡一般兒童為低。

(三)語言能力喪失（interrupted language）

喪失原有的語言能力，如失語症（aphasia）即是。

(四)語言性質偏異（qualitative disorders）

指語言內容異於常情。

語言治療師對語言障礙者所提供的服務內容，應不離乎以下的項目（林麗英，2005）：

(一)語言溝通能力（語言理解、語言表達、語調、語暢等）之評量與訓練。

(二)口腔功能與言語機轉之評量與訓練。

(三)餵食指導與吞嚥問題之評量與訓練。

(四)溝通輔具之設計與訓練。

(五)發展障礙者構音問題之矯治。

(六)社交技巧之評量與訓練。

㈦有關語言障礙或溝通問題之專業諮詢與指導。

㈧語言溝通訓練之方案設計與執行。

至於語言治療之流程大致係採取如下的程序進行（林麗英，2005）：

㈠個案評量（個別評量／團隊評量、正式測驗／觀察、詢問、遊戲）。

㈡評量結果判讀與討論。

㈢設定語言溝通領域之長程目標及建議事項。

㈣設定語言溝通領域之短程目標。

㈤依目標設計教學活動，並配合課程內容於不同課程中執行教學（小組活動、美勞、生活自理、團體活動課程、認知課程等）。

㈥教學後評量並對治療計畫作必要的修正。

二、語言治療服務對象

前面已大致提過語言障礙的一些問題類型。特殊幼兒是否有語言障礙的問題，當然是需要透過適當的評量，才可獲得確認。不過屬於下列情況的特殊幼兒出現語言障礙的可能性是比較高的（Byrne & Shervanian, 1977；何華國，2004）。換句話說，他們最可能成為語言治療的服務對象。

㈠腦麻痺。

㈡發展遲緩。

㈢頭頸部疾病。

㈣聽覺障礙。

㈤智能障礙。

㈥自閉症。

㈦學習障礙。

㈧情緒障礙。

㈨口腔構造畸形。

㈩語言環境貧乏。

　許晉銘（2004）以民國 90 年全民健康保險資料庫的抽樣次級資料，針對門診語言治療業務利用情形所做的研究，發現語言治療的利用人數以發展遲緩、頭頸部疾病、和腦麻痺等疾病最多。吾人若以腦麻痺幼兒為例，其語言特徵可能有以下的情形（林口長庚醫院，2005b）：

㈠表情木訥或過多。

㈡總體式反應模式。

㈢音調音量控制差、或發音困難。

㈣韻律問題。

㈤鼻音過重。

㈥構音不清。

㈦語言發展遲緩或異常。

㈧注意力不足。

　至於造成腦麻痺幼兒語言障礙的原因，則可能出自於下列的因素：

㈠不正常肌肉張力（abnormal muscle tone）。

㈡不正常的反射動作（abnormal reflex）。

㈢感覺運動障礙（sensory-motor disorders）。

㈣語言機轉障礙。

三、語言治療基本原理

　語言治療師從事特殊幼兒的語言治療時，除需具備語言行為的解剖生理學基礎外，各有其一套參考架構做為指引。這些參考架構即是語言治療的理論依據。目前常見語言治療的理論模式，不外是行為模式、語言心理模式、語意－認知模式、和語用－互動模式（莊勝發，2005）。茲分別說明於後：

㈠行為模式

行為模式是屬於一種制約學習的理論。行為模式強調語言治療的目的是在學習具體、明確的語言行為。此一理論認為語言是經由兒童的模仿並受到增強而習得。因此提供良好的語言典範，並適時給予激勵就成為語言發展與矯治的重要策略。

㈡語言心理模式

語言心理模式認為語言是人類天生的能力。個體因逐漸成熟，而語言即由簡單至複雜有順序的發展。此一理論強調語言治療的目的，乃在參照語言發展常模，以學習語言的規則。至於其治療策略，則是在運用歸納推理、規則學習以促進兒童的語言發展。

㈢語意─認知模式

語意─認知模式強調語意的發展先於語法的發展，且認知的發展先於語言的發展。此一模式認為語言治療的目的，是在促進認知和語意概念的發展。而語言治療的策略，乃在提供認知為目標的課程，以從事認知以及語意概念的學習。

㈣語用─互動模式

語用─互動模式認為人際溝通先於語言的發展。語言治療的目的乃在經由溝通的運用，以減少語言類化的問題。至於其治療策略則強調應在自然環境下提供兒童適當溝通的機會；慢慢減少使用提示、示範的輔助，以激勵兒童主動的說話；然後逐漸擴大對話內容、延長語句，而促進其語言的發展。

除了上述語言治療的理論依據外，一般語言治療師在實施語言治療時，多會參考以下的治療策略（莊勝發，2005；汪延芬，2005）：

㈠發展取向

將兒童語言發展的知識應用於兒童語言障礙的治療。

㈡功能取向

注重訓練特殊幼兒日常生活所需的溝通技能，以學到日常生活所需的溝通能力為主要考量。

㈢結構取向

課程安排與療程規劃，皆是結構性的。其重點在於：
1. 運用臨床的、特殊設施的治療環境。
2. 採用標準化的教學程序。
3. 實施密集的練習。
4. 設定明確、循序漸進的訓練目標。
5. 善用增強項目（reinforcements），以激勵兒童正確的語言反應。

㈣自然取向

重視結合日常生活情境，強調在自然情境下的溝通，並運用日常對話的活動隨機教學。

㈤採取必要的替代溝通（alternative communication）

替代溝通是所應用的溝通方法為非口語的方式，如圖示、符號、手語等。

㈥採取必要的輔助溝通（augmented communication）

輔助溝通是對口語能力不足者提供的輔助系統，如溝通板（communication board）即是。

(七)有器官缺陷者應先行醫療處理

如有聽、視障即應配戴助聽器和眼鏡；有癲癇即應控制不正常放電現象；唇顎裂者即應做好修補術等，讓語言能在最佳狀況下獲得發展。

(八)家長應與專業人員合作共同參與訓練計畫

孩子的語言發展和其生活周遭的人密切相關。父母能共同參與孩子的訓練計畫才能發揮最大的治療效果。

(九)強調先理解後表達之原則

孩子應先聽得懂，然後開口才說得出。

(十)治療活動和遊戲結合

利用孩子喜愛遊戲的特質，運用語音和語言遊戲以促進語言發展。

Chapter 12　特殊幼兒教育

第一節　特殊幼兒教育的性質

特殊幼兒教育（early childhood special education）的興起，主要受到幼兒教育（early childhood education）、學齡兒童特殊教育（special education）、以及補償教育方案（compensatory education programs）的影響。本書第三章提過的美國啟蒙教育計畫（the Head Start programs），即是一種補償教育方案。它主要在補償或改善貧困家庭的學前幼兒之不利的環境與學習經驗，以幫助他們能為正式就學做較好的準備，而不致有輸在起跑點之虞。這種補償教育方案後來也特別保留名額供同屬教育弱勢的特殊幼兒。當特殊幼兒的教育需求受到重視之後，特殊幼兒教育在教育對象的年齡層或教育需求的性質，事實上和一般幼兒教育或特殊教育是相同或相似的。且一般幼兒教育或特殊教育的觀念、內容、與方法，還是頗多值得特殊幼兒教育參考借鏡之處。而特殊幼兒教育強調及早對特殊幼兒提供教育機會的理念，其本質即具補償教育的精神。因此，特殊幼兒教育實以幼兒教育、特殊教育、和補償教育方案為基礎，所結合而成如圖 12-1 的綜合體。

特殊幼兒教育既然是幼兒教育、特殊教育、和補償教育的綜合體，因此它可以簡單的說是對有特殊需求的幼兒，所提供之早期介入的特殊教育與幼兒教育。換句話說，特殊幼兒教育工作的核心就是教育，而教育的主要任務即在為兒童提供適當的學習環境、學習內容，並採用合宜的教學方法幫助他們從事有效的學習，以促進他們的成長與發展。

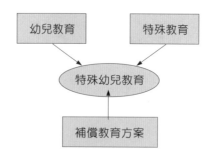

圖 12-1　特殊幼兒教育的基礎

（修正自 Gargiulo & Kilgo, 2005, p.3）

　　此外，特殊幼兒教育應該也是廣義的早期療育服務十分重要的環節。雖然常見有人將早期療育狹義地限於對出生至三歲之前特殊幼兒及其家庭所提供的服務，且也將特殊幼兒教育對象侷限於三歲至五歲之間（Gargiulo & Kilgo, 2005）。這種以服務對象的年齡，去區隔早期療育與特殊幼兒教育的方式，是既不精確，也沒有必要。事實上，這兩種概念是有相當的重疊性。因此作者在本書的論述，基本上是對早期療育採取廣義的看法，而特殊幼兒教育則是早期療育團隊服務中教育層面的介入。同時作者也對教育的性質抱持廣義的觀點，認為只要是幫助兒童學習的歷程皆屬教育。準是以觀，特殊幼兒在三歲之前對醫療的相關需求或許較高，但幫助兒童學習的教育需求仍然存在；至於三歲以後的特殊幼兒可能醫療的相關需求減低了，但教育的需求卻相對增高。特殊幼兒的教育人員，實不限於教師，父母、照顧者等皆同樣在承擔教導孩子的責任。因此，吾人若不以廣義的觀點去看早期療育與特殊幼兒教育的話，則豈不造成某些「專業團隊」服務成員的缺席。

第二節　特殊幼兒教育課程

　　吾人在實施特殊幼兒教育時，需要考慮的不外是教育內容與教

學方法這兩個重要的議題。這兩個議題即屬於課程（curriculum）與教學（instruction）的範疇。Dunst（1981）曾指出特殊幼兒的課程包括：

> 為達到特定長短期目標，而特意組織和實施的一系列仔細規劃與設計的活動、事件、與經驗，且它們遵循與基於特定的哲學與理論立場，而它們的方法與教學形式以及課程內容在邏輯上和其所從出的心理學觀點是一致的。（p.9）

從上述課程的內涵，我們可以瞭解課程的建構有它的理論基礎，需要設定課程目標、設計活動、且考慮到教學方法。Dunst（1981）的見解應屬於廣義的課程概念。至於狹義的課程概念，一般多指包括目標、活動、經驗等課程內容的部分。本節對特殊幼兒教育課程的介紹，將依狹義的課程概念而僅針對課程內容部分作討論。

說到課程的理論基礎，本書第八章曾論及兒童發展模式（Child Development Model）、蒙臺梭利模式（Montessori Model）、認知模式（Cognitive Model）、應用行為分析模式（Applied Behavioral Analysis Model）、活動本位模式（Activity-Based Model）、及生態模式（Ecological Model）六種教育模式。吾人如依個別的教育模式實施特殊幼兒教育時，將會出現各自的課程發展取向，而其所依據的教育模式即成為各自的課程理論基礎了。特殊幼兒教育課程的設計除了應有其理論依據外，我們也須注意一些具有多數共識的實施原則。本節以下將先介紹特殊幼兒教育課程的實施原則，最後並提出一個特殊幼兒教育課程實例以供參考。

一、特殊幼兒教育課程的實施原則

特殊幼兒教育服務對象的年齡層和一般幼兒教育是一樣的。不

管特殊或一般幼兒雖然發展的速率有快慢，但發展的過程是一樣的。此外，特殊和一般幼兒融合接受教育的必要已逐漸成為共識。因此一般幼兒教育課程實施的觀念，對從事特殊幼兒教育者而言，確有瞭解與參考的價值。美國的全國幼兒教育協會（National Association for the Education of Young Children; NAEYC）曾制定「發展性適當的措施」（Developmentally Appropriate Practice; DAP）這樣的指導綱領（Bredekamp, 1987），以做為幼兒教育課程實施的參考。此一指導綱領受到普遍的重視與討論後，全國幼兒教育協會在 1997 年將此一指導綱領修訂出版而名為《幼兒教育方案發展性適當的措施》（Developmentally Appropriate Practice in Early Childhood Programs），以回應過去對 1987 年之《發展性適當的措施》的諸多關切或誤解（Bredekamp & Copple, 1997）。

根據全國幼兒教育協會的看法，《發展性適當的措施》有以下三個重要的層面：

(一)年齡適當性（age appropriateness）

它指的是在幼兒階段，人類發展過程的通用性。根據兒童發展的研究，在九歲之前的幼兒的各種發展領域之成長和改變的順序，是通用、可預測的。根據教師對兒童典型發展的瞭解，他們可以安排學習環境，並規劃適當的經驗。

(二)個人適當性（individual appropriateness）

它指的是兒童的獨特性。兒童有他自己成長的型態與時程，以及他個別的人格、優勢、興趣、背景、經驗等特質。依據「發展性適當的措施」之指導綱領，為了能反映個別的差異，教師應針對學習環境與課程加以設計以滿足每一個兒童的需要。

(三)文化適當性（cultural appropriateness）

它指的是教師瞭解每一個兒童及其獨特社會文化背景的能力。

當教師瞭解每一個兒童的社會文化背景時，可以規劃和個別兒童相關的課程與有意義的學習經驗。

Gargiulo & Kilgo（2005）也指出一般幼兒教育發展性適當的課程，具有以下幾個信念：

㈠學習過程，如果不是更重要的話，也正如最後的結果那麼重要。

㈡兒童透過遊戲以及透過和他們生活相關的具體親身經驗而學習。

㈢異質性編組所秉持的信念，是適當的教育經驗應符合具有各種能力、文化背景、及興趣之幼兒的需要。

Bredekamp & Rosegrant（1992）則指出，當吾人在為幼兒規劃適當的課程內容與活動時，必須表現以下的特質：

㈠認知到兒童的興趣。

㈡活動是有意義的，且和兒童的日常經驗相關。

㈢鼓勵社會性互動。

㈣活動利用兒童已有的知能。

㈤提供許多積極參與的形式，以促進知能的獲得。

此外，全國幼兒教育協會（NAEYC）也提出以下建構幼兒教育適當課程的建議（Bredekamp & Copple, 1997）：

㈠發展性適當課程為兒童發展的所有領域：生理、情緒、社會、語言、美感、與認知而提供。

㈡課程包括跨領域廣泛的內容，它具有社會相關性、心智契合性，且對兒童亦具個人的意義。

㈢課程建立在兒童已知與能做（利用已有的知識）的基礎上，以強化他們的學習，並促進他們獲取新的概念與技能。

㈣有效的課程規劃常跨傳統科目教材作整合，以幫助兒童作有意義的聯繫，並提供機會以培養豐富的概念；聚焦於某一學科常是有效的策略。

㈤課程促進知識與理解、心理運作歷程與技能、以及習性的發

展，以發揮並應用技能，且能持續學習。

㈥課程內容具有智能發展的完整性，能以三歲到八歲幼兒可接觸與辦得到之方式，而反映出認定領域的重要概念和探究工具之學習。

㈦課程提供機會去支持兒童的家庭文化和語言，同時也培養所有兒童參與教育方案與社區共同文化的能力。

㈧課程目標是實際的，且為指定年齡範圍而設計的課程，大多數在這個年齡範圍的兒童皆可達得到。

㈨當被用到時，科技在實質與理念上被整合於班級課程與教學當中。

除了上述全國幼兒教育協會對一般幼兒教育課程的立場外，美國特殊兒童協會（Council for Exceptional Children; CEC）中的幼兒分會（Division for Early Childhood; DEC）也出版了名為《幼兒分會對早期療育與特殊幼兒教育之建議措施》（DEC Recommended Practices in Early Intervention/Early Childhood Special Education）的指導綱領（Sandall, McLean & Smith, 2000）。在指導綱領中指出身心障礙幼兒課程內容以下的六個基本原則：

㈠教育經驗應是家庭本位的

此項原則在強調課程應反映家庭的目標及對其子女的優先事項。家庭對其子女的願景應作為課程規劃的基礎。家庭的偏好在規劃課程內容與策略時應扮演重要的角色。因而，應鼓勵與支持家庭提供意見，同時也應尊重家庭對其子女早期療育所做的決定。

㈡教育經驗應有研究或價值為根據

此乃指特殊幼兒教育人員所運作的特定策略，應有實證研究的支持，或其他專業人員與家庭有同樣的價值認定。因此，特殊幼兒教育人員勢必要經常檢視其現行的課程內容與實施方法，以確保它們的成效，並具有社會效度（social validity）。

㈢教育經驗應和多元文化的觀點一致

適當的教育經驗應反映受教的兒童和其家庭不同的價值觀、背景、與經驗，且認識到他們的獨特性。兒童與家庭的文化背景應有助於課程的發展。

㈣教育經驗應有多專業團隊意見的提供

由於特殊幼兒常有接受諸如物理治療、語言治療、職能治療、或其他相關服務的需要，因此常有許多不同的專業人員會為特殊幼兒及其家庭提供服務。特殊幼兒教育的實施應採團隊合作的方式，所有團隊成員有機會分享資料與專長，經常溝通交流，並共同參與決策。各種專業領域所提供的意見，應整合到課程的設計裡頭。

㈤教育經驗應具有發展和年齡的適當性

要為任何兒童發展適當的教育經驗，其關鍵便在使兒童獨特、個別的需要和課程能夠適配。要為身心障礙兒童安排這樣的適配，可能需要注意到物理與社會環境，調整或運用特殊的設備與器材，並利用特殊化的教學策略與技術，去支持每一個兒童的發展與學習。

㈥教育經驗必須正常化

Wolfensberger（1972）認為正常化原則（normalization principle）是：「儘可能運用有如文化常態的方法，以建立或保持儘可能有如文化常態的個人行為與特徵。」（p.28）正常化常被狹隘地解讀為身心障礙兒童應安置於融合的環境。雖然這種作法是正常化的一種應用，但安置於融合的環境並無法確保正常化原則的貫徹。當應用於身心障礙幼兒時，它包括檢視包含於每一個兒童教育安置的教育計畫、教學策略、物理與社會環境、以及家庭中心的作為等許多不同的面向。

從美國全國幼兒教育協會與特殊兒童協會幼兒分會分別對一般

與特殊幼兒教育課程實施原則所持的立場來看,作者認為並未見有必然的衝突。由於《發展性適當的措施》(DAP)的提出是建立在可適用於「所有」兒童的信念上,因此似引發了諸多是否適用於身心障礙幼兒的爭論。而這些爭論多屬對「發展性適當的措施」指導綱領的解讀問題(Gargiulo & Kilgo, 2005)。事實上,此指導綱領本身是特意成為一般性的,而讓專業人員去解讀甚麼對幼兒才是適當的。在特殊幼兒教育領域裡頭,大多數專業人員皆同意,強調「發展性適當的措施」之課程模式是令人滿意的,不過,若沒有作調適以及對教學方法做個別性的修改以滿足特殊幼兒需要的話,則通常有所不足(Wolery & Bredekamp, 1994)。或許我們可以說《發展性適當的措施》(DAP)對特殊幼兒而言,是原則仍然可行,但一些技術性的細節,尚需針對身心障礙幼兒的需求做進一步的考量與規劃。就這些技術層面的問題來說,則特殊兒童協會幼兒分會的指導綱領,應可以補充或強化《發展性適當的措施》(DAP)過於「原則性」所造成的不足。

事實上,「幼兒教育」與「特殊幼兒教育」課程實施原則整合的需要,近年來受到融合運動(inclusion movement)的影響,似逐漸受到支持。Goodman(1994)更直言,當更多特殊幼兒在融合的環境接受服務時,理論上劃分特殊教育與普通教育,即逐漸會成為問題。

在對「幼兒教育」與「特殊幼兒教育」課程實施原則做整合之前,詳細分析兩者的異同是有必要的。《發展性適當的措施》(DAP)和幼兒分會(DEC)的指導綱領被認為在以下這幾方面是相似的(Fox, Hanline, Vail & Galant, 1994):

㈠強調個別化的重要性。

㈡不強調標準化評量。

㈢課程與評量的整合。

㈣兒童主導活動(child-initiated activities)之重要性。

㈤兒童積極和環境互動之重要性。

㈥強調社會互動。

㈦文化多元的重要性。

事實上，「幼兒教育」與「特殊幼兒教育」專業人員對課程實施原則的見解多數是一致的，若有差異通常多屬強調的程度或著重點的問題，而非兩者有衝突。目前所發現到的差異，係在各自領域裡某些指導原則之應用與著重點方面，特別是下列的差異：

㈠家庭所扮演的角色。

㈡服務提供的模式。

目前對「幼兒教育」與「特殊幼兒教育」的整合所提出的論點，主要是將《發展性適當的措施》（DAP）看作是建構個別化的方案之基礎。當必要時，可為個別兒童加上「特殊幼兒教育」的作法（Udell, Peters & Templeman, 1998）。換句話說，我們應將「幼兒教育」與「特殊幼兒教育」的作法當做不同的資源，可適當地用在個別兒童身上。為了讓《發展性適當的措施》（DAP）能做為特殊幼兒教育方案的基礎，則相關的專業人員似應採取以下的行動（Gargiulo & Kilgo, 2005）：

㈠「幼兒教育」與「特殊幼兒教育」的專業人員須清楚瞭解他們各自原本的課程實施原則為何。

㈡他們須瞭解「幼兒教育」與「特殊幼兒教育」之間在哲學與作法上的一致性和差異性。這將讓他們能調解這些差異，而將《發展性適當的措施》（DAP），視為可建立任何兒童適當的教育規劃之架構。

㈢最後，「幼兒教育」方案須學著將「特殊幼兒教育」的要求與方法，納入發展性適當的教育方案當中。其結果應該是能滿足所有幼兒及其家庭需求之激勵性教育方案的出現。

國內對特殊幼兒的教育安置，基本上同樣是強調和普通幼兒融合的作法。既然要融合，課程內容與實施的方式當然要有適當的安排，才能兼顧普通與特殊幼兒的個別學習需求。因而，前述美國在一般與特殊幼兒教育課程走向整合的努力，似值得我們省思與借鏡。

二、特殊幼兒教育課程實例

　　此處所介紹的是「卡羅來那特殊幼兒課程」（The Carolina Curriculum for Preschoolers with Special Needs; CCPSN）。它是由Johnson-Martin, Hacker & Attermeier（2004）所發展出來。以下將分別就這套課程的理論基礎、適用對象、課程架構、實施原則等分別作扼要的說明：

㈠理論基礎

　　「卡羅來那特殊幼兒課程」是以和兒童正常表現相關，且適於長期適應的發展任務階層（hierarchies of developmental tasks）為內容，並將評量與療育工作相結合。它讓每一個在評量工具上的項目直接和課程的項目相連結，而課程的項目則提出教導被評量之技能項目的方法。這種作法可以提供從評量到療育順利運作的架構。所運用的課程活動皆和幼兒典型日常活動及長期適應有關。換言之，療育係以有意義的方式和兒童的生活相整合。因此，本課程包括以下的特徵：

　　1. 本課程內容係依據典型的發展順序，但不認定兒童在各領域，或甚至在某一領域內，會以同樣的速率去發展（如兒童可能顯現典型的認知發展，但伴隨十分遲緩的動作發展，或兒童可能表現和年齡相當的文法結構，但卻有明顯的語彙發展遲緩）。

　　2. 本課程係以下列兩種方式去面對非典型發展的情況：

　　　(1)每一發展領域的項目再細分為合邏輯的教學序列（teaching sequences）。

　　　(2)建議每一發展領域的項目之一般性修正方式，以便適應某一兒童特殊的感官或動作限制。

　　3. 本課程係基於許多嚴重障礙幼兒不管怎麼從事療育的努力，

仍無法正常發展這樣的認知。因而在對待這些兒童時，必須考慮教導非典型但高度適應的技能，這些技能可以暫時或永遠取代典型的技能。

4. 本課程係發展性的，其內容項目採自標準的發展性評量工具、臨床經驗、以及研究文獻，而行為理論與方法，則作為課程內容項目編製的基礎。此外，本課程也強調發展適應的功能性技能，即使這些技能不必然是典型的。

㈡適用對象

本課程係針對功能界於年齡在二十四到六十個月間之特殊幼兒而設計。它可供教導這些幼兒的學前教育和其他幼兒托育機構之教育人員使用。

㈢課程架構

「卡羅來那特殊幼兒課程」的設計，旨在為功能水準在二十四到六十個月發展範圍內的特殊幼兒，提供研擬療育計畫之有系統的途徑。因此，此一課程包括以下的重要面向：

1. 採用效標參照的評量，以決定兒童在重要的社會、認知、語言、動作、及適應技能的發展水準。
2. 提供從評量結果選擇教育目標的建議。
3. 為納入教育目標的個別化教育計畫（或個別化家庭服務計畫），提出設計活動的原則。

至於本課程之實質內容則包括六大領域的課程序列（curriculum sequences），各領域之下分成一些項目序列（sequence），各項目序列之下，又再分為許多細目序列。茲將這六大領域及其項目序列條列如下：

1. 個人－社會領域
(1)自律與責任。
(2)人際技能。

(3)自我概念。

(4)自我照顧：飲食。

(5)自我照顧：穿著。

(6)自我照顧：儀容整飾。

(7)自我照顧：盥洗。

2.認知領域

(1)注意與記憶：視覺／空間的。

(2)視知覺：積木與拼圖。

(3)視知覺：配對與分類。

(4)功能性運用物件與符號性遊戲。

(5)解決問題／推理。

(6)數的概念。

3.認知／溝通

(1)概念／詞彙：接收性的。

(2)概念／詞彙：表達性的。

(3)注意與記憶：聽覺的。

4.溝通

(1)語言理解。

(2)會話技能。

(3)文法結構。

(4)模仿：發聲的。

5.精細動作

(1)模仿：動作。

(2)抓握與操作。

(3)左右對稱的技能。

(4)使用工具。

(5)視覺─動作技能。

6.粗大動作

(1)直立：姿勢與移動。

(2)直立：平衡。

(3)直立：玩球。

(4)直立：室外遊戲。

在「卡羅來那特殊幼兒課程」中，除分別以前述各領域的項目序列為單位，提出針對適應特殊幼兒活動的建議外，另外也依各自其下的細目序列為單位，分別再提出活動材料、實施方法、教室與功能性活動、及評量標準等建議。

㈣實施原則

「卡羅來那特殊幼兒課程」對課程活動的設計與實施，基本上係秉持以下的原則：

1. 納入遊戲

兒童多從遊戲中學習。父母與療育人員應將療育活動和兒童的遊戲相結合，視他們與孩子的互動為遊戲而非治療，並設計出特殊幼兒能獨立遊戲的方法。

2. 遵循兒童的引領

兒童從出生開始即在試驗著看他們的行為對其周遭物理與社會環境的影響。因此將療育活動和兒童當前的興趣及進行中的活動相整合是很重要的。換言之，儘可能給予孩子多一點自我控制的空間是有必要的。

3. 提供選擇的機會

學齡前兒童一項重要的發展任務，即在培養優勢感（sense of mastery）與獨立性。就是這種追求獨立的渴望，使得有些兒童變得桀驁不馴。幫助兒童克服這方面問題最好的方式，即是提供他們許多機會，去作他們的照顧者能接受的變通性選擇。

4. 讓行為後果有重要意義

成人可透過社會性回應與環境的控制，以提供大部分特殊幼兒行為的後果，而培養良好行為或消除不良的行為。

5. 將作業細分成更小的步驟以確保成功

作業的進一步細分將使學習有困難的幼兒較容易學會,以增進他們成功的機會。

6. 提供相同與變化的環境

相同的環境給予幼兒安全感。相同的感覺有助於幼兒在他們的世界中覺得安全,並信賴他們的照顧者。在這種安全的世界中,特殊幼兒才能接受與喜愛會發生的變化。

7. 將學習經驗安排到日常活動中

在日常活動中的學習經驗,會比在孤立的教學情境中的學習更有效果。例如,想要增進抓握能力的特殊幼兒,在一天當中有許多機會(如在穿著、飲食、沐浴、遊戲、繪畫時)練習這種技能。

8. 使用清楚的語言

對特殊幼兒的溝通應使用他們容易瞭解的語言,並鼓勵他們以任何可能的方式去作反應。

9. 容許安靜的時間

就像成人一樣,所有兒童皆需要有自己的時間。事實上,成人只要對兒童作回應,並對兒童的興趣顯示興趣與熱心,就能教很多了。

10. 組合兒童以從事最理想的學習

特殊幼兒和普通幼兒學習團體的組合應保持彈性,一切以能發揮最理想的學習效果為依歸。

11. 安排融合的班級

雖然特殊幼兒被安置於融合的班級,但仍不可忽略他們個別化教學的需要。

12. 長遠的思考

特殊幼兒在每一項課程序列的學習皆有其長遠的目標,萬一學習碰到困難,似應考慮幫助他們發展適應性技能。

第三節 特殊幼兒學習環境的安排

　　適當的課程設計固然是實施特殊幼兒教育的基礎，但欲發揮課程的功能，卻有賴透過教學去落實。在特殊幼兒的教學中，特別需要考慮的應該是學習環境的安排與教學策略的運用這兩方面的議題。本節將探討特殊幼兒學習環境安排的相關議題。

　　環境的安排是具有「境教」意義的。良好的學習環境，不僅有助於激勵特殊幼兒的學習熱情，提昇教學者（教師、保育員、父母等）的教學效能，甚至減少特殊幼兒的不良行為。特殊幼兒學習環境應根據學習理論、專業人士與專業團體的建議、以及研究的證據去加以考量與設計（Gargiulo & Kilgo, 2005）。在早期療育強調以家庭為中心的服務概念引導下，特殊幼兒的學習環境當然不限於如兒童發展中心、托兒所、幼稚園等的早期療育機構，家庭本身即是最自然也最重要的學習環境。因此，以下將就良好學習環境的特徵、家庭與機構學習環境的安排，分別加以討論。

一、良好學習環境的特徵

　　一般而言，特殊幼兒學習環境的安排，不管是在家庭或機構，如欲發揮最大的學習促進功能，似應對以下的因素特別加以考量（Hanson & Lynch, 1995; Gargiulo & Kilgo, 2005）：

㈠具備有條件與回應性的環境（contingent and responsive environments）

　　所謂有條件與回應性的環境，是指幼兒的行為會導致某些可預期事物的發生之環境。換句話說，行為和後果之間已形成了因果關係。當幼兒經驗到對環境具有控制的力量時，他們會受到激勵，而

和環境持續的互動。具備有條件與回應性的環境將有助於特殊幼兒的學習，且能激勵他們去學習。有條件與回應性環境的營造可以包括社會性互動（如照顧者和幼兒）和非社會性環境（就是物理性的環境，如建築、空間、設備、器材、物件等）互動（如幼兒玩玩具）兩方面。就社會性互動而言，成人對幼兒行為所回應的言行、態度，可能塑造孩子的行為，也在影響孩子的發展。至於非社會性環境互動，如幼兒對玩具的操弄、玩具會發出聲響或其他反應即是。幼兒的學習環境若為非條件與回應性的，則極易令他們逐漸退縮，產生挫折，而不利於他們的發展。

㈡健康、安全、與衛生的環境

特殊幼兒因為身心障礙或具有身心障礙的危險，再加上年齡幼小，疾病抵抗力較弱，健康、安全、與衛生的學習環境，對他們格外重要。在考慮這些議題時，除了就一般健康、安全、與衛生環境的建構與維護，要有制度化與標準化的程序與作為外，當然也須考量因殘障所引發的特殊設施、設備、或器材的需求。

㈢適合年齡的環境

學習環境的安排也應注意特殊幼兒的年齡所產生的相關需求。需要考量的可能包括以下幾方面：

1. 特殊幼兒大多數活動最好在地板上或使用幼兒尺寸的桌椅實施。
2. 特殊幼兒需要有機會接觸許多提供操弄機會與感覺經驗的活動項目。
3. 應有供大、小肌肉活動使用的設備。
4. 應有供閱讀、藝術、想像或戲劇遊戲活動使用的空間。
5. 器材應依功能加以整理，並每次僅以少量或特定項目供應兒童使用，以免造成混亂。
6. 光潔明亮、令人感覺愉快，且能讓幼兒探索的環境，是最有

益於他們學習的。

㈣能滿足特殊的設備需求

良好的學習環境應注意幼兒因身心障礙所產生的特殊設備需求。不管特殊設備或器材是價購而來，或自行製作，或是對原有設備或器材的修改，其目的即讓特殊幼兒在環境中無障礙，而能充分滿足其生活與學習上的需求。有關設備或器材的設計或修改屬於輔助科技（assistive technology）的範疇，本書將在第十四章另作討論。

㈤物理環境的安排

除了前述設備或器材使用的無障礙外，物理環境相關因素如行動的可及性（accessibility）、採光、噪音水準、溫度等，皆應考慮特殊幼兒的獨特需求，而採取必要的措施，以避免出現物理環境的障礙。此外，不管是家庭或機構在空間上似可按功能分區使用，讓兒童知道不同的區域代表有不同的活動。

㈥提供特殊幼兒及其家庭社會融合的機會

和非身心障礙同儕融合的經驗對身心障礙兒童的好處，包括在溝通行為、注意力、社會行為、與學習技能的精進（Strain & Odom, 1986）。這種社會融合機會的提供，當然需要考慮到諸如家長的態度、行政的配合、相關資源的條件等因素。至於融合的方式，則可就全部時間、部分時間、逆向回歸主流（reverse mainstreaming；非身心障礙兒童融入特殊教育方案之方式）等，去考慮可能的選項。

二、家庭學習環境的安排

家庭環境是特殊幼兒接觸時間最多，也是和他們的教養與發展關係最密切的父母和家人居住的地方。因而家庭環境當然和特殊幼兒的學習與發展息息相關。至於在家庭中良好學習環境的營造，似

應聚焦於下列兩個相關的面向（Hanson & Lynch, 1995）：

㈠強化親子互動關係

特殊幼兒同樣是社會性的動物，他們多數的學習也和人的互動有關。父母和兒童互動的態度與方式，的確對孩子的發展有長遠的影響。在親子的互動中，最值得注意的議題有以下幾方面：

1. 解讀與回應幼兒的行為線索

幼兒由於身心障礙所出現的異常動作與行為，父母如做了錯誤的解讀（如腦麻痺幼兒僵硬的表情，被錯誤解讀為對父母的負面反應）與回應，就可能影響彼此的互動關係。

2. 溝通時的輪流與相互性

成人溝通時會有一來一往、輪流與相互性的交流互動，親子溝通也應不例外。特殊幼兒若反應較差或缺乏穩定性，即可能不容易表現輪流與相互的溝通模式。因此父母適時鼓勵孩子用注視、微笑、觸摸、或出聲音來做回應是很重要的。不管孩子用哪一種方式做反應，父母應給予孩子時間反應，並在他們反應之後，也再以微笑、回話、觸摸、或注視回去等方式給孩子作回應。

3. 溝通的步調

有些特殊幼童需要較多的時間去做反應，有的則很快地轉移注意與互動的狀態。有時同樣一個孩子甚至在不同的時間與不同的場合，就表現出兩種極端的情形。若有類此溝通步調特異的狀況，為人父母者應去瞭解孩子想要表達的是甚麼，再作適當的回應，以免造成誤判，而形成互動上的困難。

4. 配合或模仿

父母能適當地配合或模仿兒童的行為，也有助於親子的互動。例如，孩子玩積木，父母也跟著玩，孩子笑，父母也跟著笑。這種作法會使父母對孩子主導的行為，變得十分具有回應性。孩子也知道他們的行為引起父母的注意與反應，這

對積極的親子互動極有助益。

(二)在日常生活情境安排「可教導的時刻」

把特殊幼兒療育或學習活動融入其日常生活中,對促進他們的發展幫助極大。父母可以發現任何日常的活動,很多是可用來教導孩子的時刻。例如,換尿布、餵食、穿著、看電視、遊戲、上街購物等,皆是和孩子互動,並提供學習機會的重要時刻。在這些「可教導的時刻」中,並不是那麼強調兒童的學習成果,而應重視的是學習的過程。換言之,兒童從這樣的過程會得到激勵,而學習如何和環境中的人與物適當地互動。

三、機構學習環境的安排

除了前面討論過的良好學習環境的一般特徵之外,吾人在安排機構學習環境時,尚應慎重考量以下的議題(Hanson & Lynch, 1995; Gargiulo & Kilgo, 2005):

(一)位置的選擇

不管機構的屬性(學校、幼稚園、托兒所、醫院、發展中心等)為何,吾人在選擇機構的位置時,須注意應儘可能滿足以下的條件:

1. 安全與物理環境的需求。
2. 使用自來水。
3. 衛浴設備適合幼童。
4. 換尿布與清洗區。
5. 簡易食物調理區。
6. 易於分隔使用的大面積空間。
7. 室外遊戲場。
8. 設備、玩具、器材、個人物品等存放區。

   9. 辦公空間。

   10. 小型會議室。

   11. 交通便利。

   12. 便於利用社區資源。

㈡空間的設計

  學前教育機構每一幼兒在室內應有 35 平方英尺，而室外則須有 75 平方英尺為宜。服務幼兒年齡更小的機構，由於孩子的活動力較小，所需要的空間也會較小。空間的組織與分區和特殊幼兒療育方案的有效運作息息相關。療育方案的目標會決定空間該有的功能，而對空間功能的要求，又在引導空間的組織與分區設計的方向。在設計空間時，功能性、方便性、效率性、安全性，且能培養幼兒的主動性與獨立性，皆是重要的指導原則。

㈢活動時程的安排

  安排活動時程需要注意個別與小組活動、靜態與動態、結構與非結構活動的平衡。此外，活動和活動間如何有效的轉換，也是在安排活動時程要考慮的。以上這些因素加上幼兒注意力短暫，因此一系列 15-30 分鐘各項活動的安排，是比較適當的作法。

㈣成人和幼兒的比率

  通常成人和幼兒的比率，須考慮幼兒的年齡、身心障礙的程度、療育方案的性質等因素。大致上，一般早期療育方案成人和幼兒的比率，是一個成人對二到四個幼兒。由於早期療育的強調團隊模式、以及父母或照顧者的參與，此一比率在有些活動情況甚至可能更低。

第四節　特殊幼兒教學策略

　　要為任何兒童提供適當的教育經驗，其關鍵便在兒童的個別需求和環境、教材、及教法之間如何取得適當的配合。談到兒童的需求，增加社會互動經驗以增進特殊幼兒的社會適應能力，一直被認為是他們極為重要的學習需求。而幫助這些幼兒融入普通幼兒的學習環境，多被認為有助於這種需求的滿足。此外，特殊幼兒由於身心發展狀況的不同，在學習環境、教材、及教法方面，也可能要作必要的調整，才能因應彼等獨特的學習需求。因而以下將就融合環境的教學以及各類特殊幼兒教學這兩方面的策略，分別提出討論（Gargiulo & Kilgo, 2005）：

一、融合環境的教學策略

　　所謂環境的融合（inclusion）並不只是將特殊幼兒安置於普通幼兒的教育環境而已，教師尚應注意他們是否積極地「投入」其環境中的所有活動當中。而所謂的「投入」（engagement），是指在幼兒的一整天當中，持續、積極涉入和人（如教師、父母、同學等）、活動（如用點心、遊戲、團體活動時間等）、以及材料（如使用玩具、繪畫用具等）的接觸或參與。對在融合環境的特殊幼兒，其一般的教學策略大致可從下列四個方向去努力：

㈠教師的引導

教師為特殊幼兒營造融合的環境時，或可運用以下的策略：

1.安排有利的環境

物理空間的規劃、材料的選擇與運用、以及對活動結構（structure）的提供等皆可能影響特殊幼兒在此環境中和人與物互

動的需要與機會。例如，將玩具或點心置於特殊幼兒看得到但拿不到的地方，將會導致他們開口要求。

2. 促進接納

接納身心障礙兒童可能是真正「融合」的重要條件之一。要促進對不同能力幼兒的瞭解與接納，教師可以透過合作性活動、說故事、強調彼此異同的討論、角色扮演等方式去努力。

3. 提供提示（prompts）和激勵

教師可以藉由提示與激勵以促進幼兒投入於融合的環境之中。激勵的方式可以是口頭讚美或是具體的獎賞。而提示則有口頭直接提示、示範、動手協助、空間提示、視覺或圖片提示、給予暗示等不同的選擇。

4. 接受不同的參與程度及方式

這是指教師調整其對特殊幼兒參與團體活動的程度或方式之期待。這種調整通常包括接受幼兒的部分參與（partial participation）或適應性參與（adapted participation）。例如，某一特殊幼兒僅以單字而非完整的句子回答，算是部分參與；若是孩子用注視而非說出或指出某物件做回應，即屬適應性參與（一種另類的參與方式）。

5. 注意教師的溝通訊息

教師對特殊幼兒所傳達的溝通訊息如能在速度與複雜度方面適當調整，也有助於孩子的瞭解，而增進他們在團體活動中互動的能力。調整的方式如使用簡單的語彙、較短的語句、語調的變化、說話的速度、視條件而反應、提供支持架構（scaffolding）等。

(二)同儕的引導

它是利用非身心障礙幼兒去幫助特殊幼兒學習與投入團體活動的方式。同儕引導的策略有助於促進特殊幼兒的社會和溝通的技能。這種策略在運用時，通常須慎重挑選非身心障礙同儕，施以特

別的訓練、提供幼兒結構性有彼此互動的機會，並在互動中給予必要的激勵與支持。同儕引導的策略尚可分成以下兩種形式：

1. 同儕帶頭的療育（peer-initiation interventions）

   在療育活動中，採用同儕帶頭的策略有助於增進特殊幼兒諸如主動、回應、分享等社會行為。

2. 合作學習（cooperative learning）

   它是指小組的學習者積極地投入，以共同完成某項活動或作業的學習方式。合作學習有助於促進身心障礙與非身心障礙幼兒之間積極的社會互動。一般而言，在合作學習中，可以促進積極的互相依賴的關係，需要面對面互動溝通，每個成員皆有其責任歸屬，且須依循團體運作的過程（如輪流、傾聽、帶頭、回應等）去進行活動。

㈢日常例行活動的運用

利用已有的日常例行活動諸如遊戲、點心時間、活動轉換時刻、集會等，也可以增加特殊幼兒許多社會互動的機會。運用日常例行活動的策略如欲有效，則教師與父母需要瞭解有特定目的的日常活動（如點心時間是為了吃東西），也可以作為教學的時間。例如，點心時間也可以成為促進幼兒精細與粗大動作、溝通技能的時間。此外，日常例行活動的運用應預先規劃，所有參與療育工作的人員也應相互協調，且知道在同樣的例行活動中可加以強化的各種技能，並持續注意需要做的改變。

㈣特定自然情境的運用

這類情境策略（milieu strategies）的特性是幼兒帶頭（child-directed）但是教師給予指導（teacher-guided）。它多利用自然的環境（人員、材料、活動）去增進語言的能力（特別是社會互動的情境）。這些自然情境策略尚包括下列的形式：

1. 偶發教學（incidental teaching）

偶發教學是利用自然發生的機會去從事教學，它有助於促進各種不同能力幼兒的溝通技能。在教學過程中，教師除了利用孩子主動溝通的意願外，尚可能用到示範、延伸、指引（mand）、時間延宕等策略。偶發教學的進行步驟如下：

(1)找出特殊幼兒溝通的目標以及達成這些目標之活動或適宜的時間。

(2)安排環境以增加幼兒主動溝通的可能性。也就是提供孩子有表現主動溝通需要的環境。如將孩子最喜歡的東西或玩具放在他們看得到，但卻自己拿不到的地方。

(3)待在接近孩子的地方，觀察並等待他們的主動溝通。

(4)當孩子主動溝通時，則遵循以下的步驟：

①聚焦於孩子正要求的。

②要求孩子更詳細的語言敘述。

③等待孩子更精緻的語言反應。

④如果孩子提供更多的語言，則獎勵他們，延伸他們的敘述，並給予所要的東西或行動。

⑤如果孩子未適當反應，則提供示範，並給予期待的注視，且再等待他們的反應。要是孩子模仿教師的示範，則提供他們所要的（如協助或東西）。

2. 示範（model）與延伸（expansion）

示範與延伸的技術進行的步驟如下：

(1)在出示孩子所要的東西之後，成人給予孩子提供語言或手勢的示範。

(2)成人給予期待的注視，並等待孩子的反應。

(3)要是孩子提供所要的反應，則成人給予所要的東西或行動，並延伸孩子所說的話。

3. 指引－示範（mand-model）

指引－示範的技術在呈現給孩子要求其語言或手勢反應之方

向、命令、或問題。由於指引—示範的技術是指導性的，也因此更具介入性。它可和幼兒帶頭的活動結合運用，且能強化幼兒帶頭的活動。例如，當兒童喝完果汁，並明顯想要多喝一點時（開始東張西望找果汁），大人可以說「告訴我你要甚麼」，要是兒童有所反應，則給予他要的，並提供語言的確認與延伸。如果兒童未反應（或未正確反應），則提供孩子示範，接著給予所要的東西或行動。

4. **時間延宕**（time delay）

時間延宕法係有系統運用短暫的等待，以教導兒童去啟動彼此的互動。時間延宕法特別有助於教導學前幼童及中重度障礙較大孩子的語言和反應行為。例如，呈現孩子高度喜愛的東西，他們看得到，但卻自己拿不到。一旦孩子對某樣東西顯示興趣，則大人短暫的等待（如 5 秒、10 秒）孩子出現所要的行為（如期待地注視著大人、說「多一點」、說「果汁」、伸手要取等），此時大人應保持沉默，但仍維持目光的接觸。如果兒童有所反應，則大人給予所要的東西。要是孩子無反應，則大人提供語言提示（如「告訴我你要甚麼」）、或動手提示（帶著他的手協助他到達所要的東西），並以提供所要的東西來激勵其反應。至於所要的行為（desired behavior）或所要行為的範圍，是依據兒童個人的目標而先行設定。

5. **阻斷的例行活動**（interrupted routine）

阻斷的例行活動之策略，其用意乃在激起兒童主動溝通的意願。它可促進兒童投入團體活動，並可藉此教導他們溝通、社會、認知、動作、及自我照顧的技能。阻斷的例行活動之運用通常有以下三種方式：

(1)提供不完整的材料：如教師所提供的材料不完全，兒童可能會說出少了甚麼。

(2)保留或延宕所預期或高趣味性的項目或活動：如教師只發

給孩子餐巾紙和果汁（但保留餅乾），但卻告訴孩子「開始吃你們的餅乾」。

(3)犯了糊塗的錯誤：它是指違反某樣東西的功能，或和兒童所知道的正確作法或語言相違背。例如，將鞋子穿在手上、帽子戴在腳上、或故意說錯答案等，皆可能激發兒童的反應。

當在運用阻斷的例行活動之策略時，須注意以下條件的配合，才容易產生效果：

(1)兒童須能預知例行活動進行的步驟。

(2)例行活動應包含各種高趣味性的東西。

(3)全部例行活動應迅速完成，以增進多重互動的可能性。

(4)例行活動應是功能性的，以增進技能類化的可能性。

二、特殊幼兒教學策略

特殊幼兒本身就是一個異質性的群體。由於這些幼兒在感覺、動作、健康、認知、社會與情緒、溝通和語言等方面的發展，可能出現異常的狀況，因此在為他們所提供的環境、教材、及教法，也常須做個別性的考量。以下將分別就特殊幼兒因特殊的發展需求而應有的教學策略，分別加以探討：

㈠視覺障礙幼兒

視覺障礙一般可分為弱視與全盲兩類。視覺障礙的影響要看發生的年齡、殘餘視力、病理性質（進行性或非進行性）、行動能力、以及是否出現其他障礙而定。幼兒視覺障礙的出現，若需求在早期得不到滿足，可能對其在社會、語言、認知、知覺動作發展等方面有不利的影響。為了滿足視覺障礙幼兒的發展需求，吾人似應注意以下教學策略的運用：

1. 學習情境的調適

為因應幼兒視覺障礙所產生的特殊需要，其學習情境的安排似應注意以下事項：

(1)採光應良好。

(2)幼兒座位應避免刺眼的強光、陰暗、或光線閃爍不定。

(3)避免噪音水準干擾幼兒對聽覺訊息的獲取。

(4)訓練幼兒在目前環境中之定向與行動（orientation and mobility）的能力。

2. 教材與設備的調適

由於視力上的困難，視覺障礙幼兒所需的教材與設備，若能考慮從視覺、觸覺、或聽覺方面去做調適性的協助，應有助於他們的學習與生活的適應。而這種調適或改變必須根據幼兒個別的需要加以考量，而非一體適用。如果認為每一個視覺障礙幼兒需要相同的適應性教材與設備，那就大錯特錯。現就前述從視覺、觸覺、或聽覺方面去做調適性的協助，分別舉例如下：

(1)視覺的協助（visual aids）：如大字體課本、高強度桌燈、放大鏡等。

(2)觸覺的協助（tactile aids）：如點字課本、點字機、觸摸式地圖、盲用走道等。

(3)聽覺的協助（auditory aids）：如有聲書、具有聽覺信號的鐘錶或紅綠燈、可將文字教材轉化成語音的設備等。

3. 教學方法的調適

針對視覺障礙幼兒的學習需求，教師或照顧者在教學方法上可能須要考慮以下的作法：

(1)在教導視覺障礙幼兒某一特定技能所用的語彙應有一致性，免得孩子因看不到而橫生困惑。

(2)由於不像視力正常的孩子能充分運用所獲得的視覺信息，在對視覺障礙幼兒提供回應時不可操之過急，應亦步亦趨，

循序漸進，讓孩子知道要做的是甚麼，並回應孩子做對了甚麼，以及該怎麼做。然而，教師或照顧者所提供的協助程度應逐漸降低，以增進孩子的獨立功能。

(3)應向孩子解釋環境所出現的聲音與視覺的資訊。換句話說，教師或照顧者有必要隨時向視覺障礙幼兒做「現場實況轉播」，讓孩子能瞭解環境中的狀況。

(4)技能的教學，特別是自我照顧技能的學習，應該在它們自然發生的時間與地點進行。

(5)在教學之前，應讓視覺障礙幼兒先熟悉教學中用到的相關模型、教具、設備等，以使他們在教學時更能專注於所教的概念，而非這些相關的模型、教具、設備。

(6)注意視覺障礙幼兒對透過特定感官以獲取資訊的需求。例如，有的孩子除了聽覺之外，嗅覺對他也大有幫助；他可以藉著教師桌上瓶花所散發的氣味，找到教師的辦公桌。

(二)聽覺障礙幼兒

聽覺障礙就其嚴重程度而論，大致可分為重聽（hard of hearing）與聾（deaf）兩大類。聽覺障礙有的是出現在語言獲得前（pre-lingual），也有的是發生於語言獲得後（post-lingual）。一般而言，前者比後者對幼兒發展的不利影響可能更大。雖然聽覺障礙幼兒彼此間的情況未必一樣，但下列的教學策略事實上似具有共通性的參考價值：

1. 學習情境的調適

考慮到聽覺障礙幼兒聽覺上的困難和對視覺訊息有較大的依賴，因此其學習情境應注意以下適應性的作法：

(1)學習環境的採光應適當，且說話者須避免站在陰暗或刺眼強光出現的地方，以免造成聽覺障礙幼兒從說話者獲取視覺線索的困難。

(2)應將聽覺障礙幼兒的座位安排在教師的正前方，若是孩子

依賴某一隻耳朵蒐集聽覺線索，亦可將座位安排在教師的左邊或右邊。

(3)應允許孩子可以在教室內作必要的移動，以方便獲取視、聽資訊。

(4)教師不可背對孩子講話，且說話時也應避免遮掩嘴巴，以免影響孩子的「讀」話。

(5)教師應管制教室內的噪音水準，免得干擾了戴助聽器的幼兒。

2. **器材與設備的調適**

和聽覺障礙幼兒的學習最直接相關的，應是助聽器及其相關的器材。在家中或教室應存放助聽器的備用電池，以供不時之需。教師對助聽器的功能應有基本的認識，也須瞭解操作與保養的方法，且須定期檢視孩子配戴的合適性為何、以及功能是否正常，並知會家長以做必要的處置。

3. **教學方法的調適**

聽覺障礙幼兒的基本困難，就在他們與別人溝通互動的能力。因此大部分教學方法的調適，也多和如何提昇他們的溝通效能有關。以下是教師或照顧者在提昇聽覺障礙幼兒溝通效能之若干可行的選項：

(1)嘗試運用其他的溝通管道，如觸覺或視覺的方法或材料（使用照片、圖畫、圖表、手勢等）。

(2)提供多方面的機會，以增進聽覺障礙幼兒社會互動的能力。

(3)教師應瞭解各種不同溝通方式如口語法、手語法、或綜合溝通法的性質，並採取適當的方式和聽覺障礙幼兒溝通。

(4)和聽覺障礙幼兒有接觸的所有成人（特別是父母）與同儕，皆應懂得如何和聽覺障礙幼兒溝通。

(5)鼓勵每一個人皆學會聽覺障礙幼兒所使用的相同溝通方式，應有助於相互間的互動。

(6)聽覺障礙幼兒班上同儕若能如教師一樣採用相同的溝通技

術（如當說話時面向聽覺障礙幼兒等），對同儕間的互動也有幫助。

(7)和聽覺障礙幼兒溝通時，應運用正常的聲音、手勢、與觸摸（當合適時），因過度誇張的聲音、手勢、與觸摸可能讓孩子徒生困惑。

㈢動作發展遲緩與病弱幼兒

動作發展遲緩（delays in motor development）多屬諸如脊柱裂（spina bifida）、腦麻痺（cerebral palsy）、肌萎症（muscular dystrophy）、脊髓損傷（spinal cord injury）等肢體障礙所出現的情形。而身體病弱則多和諸如哮喘（asthma）、糖尿病（diabetes）、白血病（leukemia）等慢性病有關。肢體障礙和身體病弱有時也常被統稱為身體障礙。這些障礙狀況雖然性質各異，不過在教學策略方面似仍有其共通的考量，以下即針對這些共通處分項介紹：

1. 學習情境的調適

有關動作發展遲緩與病弱幼兒學習情境的調適，基本上多屬行動可及性（accessibility）的問題。萬一由於這些幼兒行動不便無法像其他非身心障礙幼兒一樣到達其學習或其他活動的情境，無法使用相關的設施設備，則學習機會就會受到剝奪。由此可見，維持情境、設施設備的可及性是這些幼兒學習的必要條件。基於可及性的考量，常見學習情境的調適策略似多和以下的措施有關：

(1)建築物內外空間須考慮方便輪椅的進出，因此走道的寬度、升降機的加設、坡道的設置等皆成為可能的選項。

(2)基於培養兒童獨立性的考慮，教室的相關設備皆應配合兒童特殊的身心狀況（如廚櫃的高度是兒童可自行使用的），做必要的設計或修改。

(3)應為在就座（seating）或擺位（positioning）方面有特殊需求的幼兒提供必要的設備協助。

(4)應為有特殊服藥需求的幼兒在設備、服藥指導、副作用監控、及和家長聯繫等方面有特別的考量與安排。

2. **器材與設備的調適**

在器材與設備調適的需要，也多和動作發展遲緩與病弱幼兒的行動能力及體能有關。在做這方面的調適時，似可留意以下的事項：

(1)物理治療師和職能治療師在動作發展遲緩與病弱幼兒的器材與設備之調適，應可提供必要的專業諮詢。

(2)應考慮使用適應性設備（adaptive equipment）如輪椅、助步車、適應性座位（adaptive seating）等方面的需要。

(3)對於需要兒童操作的器材，應考慮其體能是否足以負荷，否則即應做必要的調適。

(4)如果可能，應儘量修改日常的器材以應孩子的需要（如湯匙握柄纏上膠帶，即可方便某些腦麻痺幼兒使用）。這種作法可能省事、省錢，也可降低負面的標記影響。

3. **教學方法的調適**

面對身體障礙幼兒所呈現的特殊學習需求，教師或父母有必要注意以下教學方法調適的需要：

(1)如果身體障礙幼兒有體力缺乏、容易疲憊的情形，則在活動時程、時間長度、課程步調等方面，可能需要有適應性的作法。

(2)由於兒童行動的不便，不同活動場地的轉換所造成人員、設備、器材等配合移動的問題，應事先做好因應的安排。

(3)應儘量讓身體障礙幼兒跟其同儕一樣有機會分擔日常的服務工作，以增進他們的領導能力、獨立性、自尊心、與歸屬感。

(4)注意兒童因經常缺席所導致的學習問題，並妥為規劃彌補之道。

(5)教師與父母應注意兒童可能因身體障礙所產生的心理適應

問題，並在必要時尋求專業諮商（counseling）的協助。

(6)教師對身體障礙幼兒的同儕，有些可能因為見到同學的身心障礙而心生困惑與焦慮，應適時提供諮商的協助。

㈣認知發展遲緩幼兒

一般而言，認知發展遲緩幼兒可能學習較為緩慢，記憶力不佳，且對本身行為的控制與學習的遷移也發生困難。他們可能需要成人更多的指導和直接教學，需要依賴具體的學習活動，且可能不容易瞭解太多的口頭指示。由於認知發展遲緩幼兒的特徵個別間的差異仍大，因此他們未必有相同的特徵或學習困難。以下對認知發展遲緩幼兒的教學策略係就比較具有共通性的部分加以討論：

1.學習情境的調適

考慮到一般認知發展遲緩幼兒可能出現的學習特徵，其學習情境的調適似可從以下幾方面去努力：

(1)提供豐富且具有激勵性的學習情境，對認知發展遲緩幼兒的發展十分重要。

(2)瞭解這些幼兒對玩具、食物、活動等的興趣所在，以做為安排活動與提供激勵的參考。

(3)儘量在自然的情境下進行教學，以減少孩子學習遷移或類化的困難。

(4)日常例行活動的安排應有其一致性，以有助於促進孩子的安全與自我確定感（如「我知道我在這裡該做甚麼」）。

(5)由於這些幼兒不像一般幼兒在社會互動與遊戲中自然學到認知、語言、或社會技能，因此和一般同儕結構性遊戲（structured play）的安排，似有助於提供彼等語言發展及社會化的典範。

2.器材與設備的調適

對認知發展遲緩幼兒的教學，關於器材與設備的調適似可考慮以下的作法：

(1)儘量提供認知發展遲緩幼兒具體、可以親身體會的學習經驗。

(2)應用具體（如真的錢幣而非玩具鈔票）、多管道（如講解、示範、融入遊戲等）的方式，以指導抽象概念的學習。

(3)為因應認知發展遲緩幼兒在認知能力上的差異，所提供的學習材料應包括各種不同程度的難易繁簡水準，讓彼等既有成功的機會，也深富挑戰性。

(4)在選擇教材或玩具時，應考慮其具有增進社會互動的價值或可能性。

(5)為克服這些幼兒記憶力的缺陷，可多運用諸如照片、圖示等視覺性的輔助（如洗手臺旁張貼洗手步驟的圖示），以支持彼等獨立行事的能力。

3. 教學方法的調適

對認知發展遲緩幼兒的教學，下列策略的運用應有其價值：

(1)瞭解認知發展遲緩幼兒在學習上的優勢並善加運用，以增加他們成功的機會、提振自尊心、維持學習興趣、並減少挫折感。

(2)即使在刻意安排的結構性遊戲當中，教師或父母仍應經常注意與支持認知發展遲緩幼兒和他人的互動（如使用提示、讚賞等），以促進社會化並提昇溝通的能力。

(3)應將語言技能的學習融入課程的所有面向，包括活動的轉換時刻（如問兒童「我們接著到哪裡去？」）、自我照顧的活動（如「告訴我你在做甚麼。」）、及遊戲活動（如「小豆，請小美幫你。」），以擴展他們溝通與社會交往的機會。

(4)由於認知發展遲緩幼兒的記憶力問題，他們多有類化（generalization）或遷移已學得知能的困難，以下的作法或有助於增進彼等的類化能力：

①由不同的人參與對兒童的教學，藉此可讓兒童習慣於不

　　同的人之教學。不過參與教學的人（如教師、父母、助
　　理、志工等）對兒童的指導與期望應有一致性，以確保
　　在各種不同場合指導與期望的一致性。

②技能的教學可安排於自然發生的活動中。

③學習活動可安排於儘可能類似於類化的場合之教學情境
　　中。

④教學情境應有變化。經由情境與活動的擴充，兒童可藉
　　此在其中運用其所學，又有他人在場，長此以往，即可
　　增進技能類化的可能性。

(5)運用工作分析（task analysis）將某一技能或活動細分成更
　　小、更易掌握的步驟，將有助於認知發展遲緩幼兒的學習。

(6)透過伴隨日常活動之慣用語或歌曲的教學，在孩子朗朗上
　　口之後，將可提示工作的步驟，而有助於認知發展遲緩幼
　　兒順利地完成日常的活動。

(7)工作分析也可採取倒退串連法（backward chaining），由教
　　師或父母為孩子完成只剩最後一個步驟（依工作分析決定）
　　之某一項工作（如穿長褲），而由孩子去完成（如從大腿
　　拉到腰臀）。如此孩子即容易產生「完成」的成就感。當
　　此一步驟能穩定達成之後，即可逐漸提高對孩子的期待，
　　而要求他往前面的步驟逐一去學習（如從膝蓋、然後再從
　　足踝等拉上）。

(8)提供認知發展遲緩幼兒必要的支持架構（scaffolding）。此
　　一教學策略係從孩子知道的開始，而將新的資訊和過去學
　　過的資料聯結在一起。在兒童開始從事學習某一新技能時，
　　教師即提供各種形式的協助。新的資訊係建立在兒童的知
　　識基礎上，而以邏輯的順序加以呈現，且給予兒童應用新
　　技能的機會。當兒童能勝任時，教師的支持應逐漸減少。
　　教師所提供的支持架構，將有助於孩子成為獨立且熟練的
　　問題解決者。

㈤社會與情緒發展遲緩幼兒

一般而言，行為異常（behavior disorder）一詞多被用來描述各種社會與情緒發展遲緩的狀況。這些異常狀況諸如注意力缺陷、過動、行為失常（如攻擊、脫軌、破壞行為）、焦慮異常（分離焦慮、過度焦慮、逃避、退縮）等可謂形形色色，不一而足。通常我們不會給幼兒這些標記，但他們可能會顯現某些早期的徵候，而這些徵候可能日後會發展成為行為問題。由於社會與情緒發展遲緩幼兒是一個異質性甚高的群體，因此對他們的教導策略宜採個別化的考量。以下對這些幼兒教學策略的討論，以具有共通性者為主。

1. **學習情境的調適**

   在面對幼兒的行為問題時，教師或父母對學習情境的調適應有以下的基本概念：

   (1)幼兒行為問題的發生和某些時間、空間、人員、事件、活動、物件、成人的期待等因素是否有關。如果那些關係是確實的，就可以作為情境調適的方向。

   (2)對於行為異常幼兒而言，提供他們一個可預期且一致性的環境十分重要。因此，基本行為規範與例行活動的確立與貫徹，以及在有任何改變時，能給予幼兒適當的引導，讓他們知道將有甚麼活動會發生，如此方能讓他們有安全感。

2. **器材與設備的調適**

   針對行為異常幼兒的特殊需求，吾人在從事器材與設備的調適時須注意以下的事項：

   (1)行為異常幼兒若有特殊的服藥需求，除了須細心叮嚀定時服藥外，亦應注意因藥物的副作用而產生的行為變化，並和家長適時保持聯繫。

   (2)善用可作為自我表達的器材（如泥土、畫材、錄音機等），並透過適當的活動讓行為異常幼兒有機會藉由這些材料表達自己的情緒、感受、願望、與意念。

(3)應注意材料的安全性，且應以有助於積極的社會互動為宜。教師或父母應避免行為異常幼兒接觸具有攻擊性的玩具、書刊、電視節目、或遊戲，以免孩子出現不良的模仿行為。

(4)遊戲器材或設備的購置，應以能促進行為異常幼兒的合作行為列為優先選擇。

(5)所提供的器材、設備、與活動應對幼兒具有激勵作用，以提昇他們的學習興趣。

3.教學方法的調適

對行為異常幼兒的教導，行為的改變是教師與父母關注的焦點。為了促進這些幼兒養成良好行為並消除不良行為，似可參考以下的作法：

(1)瞭解行為問題的原因，並指出某一特定不當行為是在何時、何地、及跟誰發生的。這種對特定行為蒐集資料的過程，被稱為功能性行為分析（functional behavior analysis）。

(2)如已確定幼兒的某一行為需要改變，則可針對該行為擬定個別化行為改變計畫（為個別化服務計畫的一部分），選擇適當的活動、材料、與人員作為激勵目標行為之用。

(3)無論採用的激勵策略是何種活動、材料、與人員，相關的教育人員（教師、父母、助教、志工等）事先應有討論與協調，以期作法一致。

(4)當可能的時候，讓孩子可以選擇，而非對他們作要求。例如，小陶拒絕離開遊戲區到繪畫區去，教師可以給他選擇而說，「我們需要到繪畫區去，你可以帶一塊紅色或藍色積木到繪畫區。」或「你可以像一隻小白兔或像一隻青蛙一樣跳到繪畫區。」以這種方式，教師給了小陶一個選擇。小陶有去到繪畫區的方式之選擇，而教師也已完成了所要的行為。

(5)應提供孩子多方面活動的機會以供選擇，讓孩子能有控制環境某些面向的感覺。

(6)當安排小團體活動時，同儕應加慎選，以讓他們成為行為
異常幼兒在行為、社會化、與溝通上之良好典範。

(7)妥善運用隔離（time-out）的策略，以處理行為異常幼兒的
攻擊行為。

㈥溝通和語言發展遲緩幼兒

溝通（communication）指的是說者和聽者之間訊息的交換。語
言（language）是指在彼此溝通時對符號、句法、或文法規則的運
用。而說話（speech）則是用以溝通之口部的動作行為。語言發展
遲緩會和認知發展遲緩、感覺障礙（聽障或視障）、情緒問題、自
閉症、普遍性發展異常（pervasive developmental disorders）、動作障
礙（如腦麻痺）、語言與文化歧異等因素有關。正由於溝通或語言
發展遲緩和其他障礙具有相互關聯的性質，因此在教學策略上似應
有個別化的考量。以下對教學策略的討論，仍以具有普遍應用價值
者為主：

1.學習情境的調適

學習情境的調適有部分將視語言發展遲緩的成因而定。不過
以下通用的原則，應有助於溝通和語言發展遲緩幼兒之語言
發展：

(1)提供語言刺激豐富的家庭或教室情境：幼兒應及早接觸諸
如音樂、會話、及文字（如書刊）的刺激，以促進他們的
認知、社會、及情緒的發展。而語言刺激豐富的情境將可
提供幼兒說話、語言結構、及社會互動的學習典範。

(2)教師與照顧者應回應幼兒的非語言和語言溝通：教師與照
顧者對幼兒各種溝通的努力所做的回應，對他們語言發展
具有強化與激勵的作用。

(3)應採用「輪流」的遊戲以提供和幼兒「會話」的機會：在
需要「輪流」反應的遊戲中，「會話」即自然發生。

(4)在幼兒周遭環境中的行動和物件應加標示：如母親一面替

孩子穿上襪子，一面說「穿上襪子」，則孩子久而久之即自然知道襪子為何物，也學會說「穿上襪子」。

2. **器材與設備的調適**

所有的器材與設備應以能激發幼兒興趣和促進他們的語言發展為優先考量。以下對器材與設備調適的作法或可參考：

(1) **應選擇對幼兒獨特的興趣具有吸引力的材料與活動**：能迎合幼兒興趣的材料與活動，會讓他學起來愉快、較能專注，也較有可能出現語言的表現。

(2) **材料應置於幼兒看得到但接觸不到的地方**：此一策略在提供幼兒視覺上的誘因。為了接觸他所要的東西，自然會運用語言去溝通。

(3) **材料或設備應有意地加以限制**：例如，孩子和父親桌上皆放了茶杯，在父親給自己倒上果汁後，故意忘了給孩子倒，此時孩子自然會開口要父親倒上果汁。因此這一策略也有讓孩子不得不運用語言去溝通的作用。

(4) **材料應被用為做選擇的機會**：在幼兒的家庭和學校的例行活動中，若能提供孩子多方面的選擇機會，他們會變得更為自立且對環境更能掌握，同時在溝通的努力中也得到支持。

3. **教學方法的調適**

對於促進幼兒的語言發展，以下的作法應有其積極的作用：

(1) **每一項活動應被視為一種語言發展的機會**：無論幼兒的家庭和學校的任何例行活動，全皆有讓孩子接觸與使用語言的機會。

(2) **教師或父母應模仿孩子的行動與聲音**：模仿孩子早期的行動與發聲，是激勵幼兒動作和語言活動的一種理想方式。

(3) **應延伸幼兒所使用的語言**：藉由此一策略，教師與父母能利用孩子的主動性（與興趣），模仿（激勵）孩子的發聲，並提供示範以延伸孩子的發聲。

⑷發聲必要時可配合手勢姿態：發聲和手勢姿態的結合運用，等於提供幼兒視覺與聽覺的線索，應有助於幼兒對語言的理解與表達的學習。

⑸可以運用暫停（語言和肢體的）以提供孩子溝通的機會：此一策略旨在希望教師或父母不要說得過多，應放慢腳步，留點兒空間與機會，去等待孩子溝通他要的是甚麼。

⑹教師應和相關專業人士（如語言治療師）充分合作：教師和相關專業人士的充分溝通協調，將有助於大家採取相同的策略且對孩子有著相同的期待。這對孩子語言技能的類化應該有所助益。

Chapter 13　特殊幼兒心理治療

第一節　特殊幼兒藝術治療

一、藝術治療的性質

藝術治療（art therapy）是心理治療（psychotherapy）的方式之一（朱秉欣，1996）。它是藉由如視覺藝術、音樂、舞蹈、戲劇、詩詞等表現性藝術的形式，以從事心理診斷與治療的專業。是以藝術治療又被稱為藝術心理治療（art psychotherapy）。

美國藝術治療協會（American Art Therapy Association，簡稱AATA）曾對藝術治療作了如下的界定：

藝術治療提供了非語言的表達和溝通機會。在藝術治療的領域中有二個主要的取向：一、藝術創作即是治療，而創作的過程可以緩和情緒上的衝突並有助於自我認識和自我成長；二、若把藝術應用於心理治療中，則其中所產生的作品和作品的一些聯想，對於個人維持內在世界與外在世界平衡一致的關係有極大的幫助。藝術治療就如藝術教育一般，可以教導技巧及其使用材料的方法。藝術若被用於治療中，那麼治療師給個人的指示提供了自我表現、自我溝通和自我成長的機會；藝術治療較關心的是個人的內在經驗而非最後的產品。在藝術治療中，治療的過程、方式、

內容和聯想變得非常重要，因為每一部分都反應出個人的
人格發展、人格特質和潛意識。（陸雅青，1994，p.21）

上述美國藝術治療協會對藝術治療的定義，似頗為寬廣。它不
但把應用於心理治療中的藝術創作歷程視為藝術治療，甚至於單純
的藝術創作也被認為具有治療的價值。後者的觀點似與藝術教育較
為接近。作者以為藝術創作儘管可能發揮治療的價值，但藝術教育
未必就可等同藝術治療。其中的關鍵應是教學者的態度與藝術治療
的素養。陸雅青（1994）認為藝術教育與藝術治療最大的區別在於
前者重視學習目標的達成，以教學原理來從事教學活動；而後者則
以心理健康作為治療的目標，而以心理治療原理來實施其治療活
動。兩者雖均重視創造力的發揮，然前者強調藝術活動的成品，而
後者則著眼於創造的歷程。

總而言之，從上述藝術治療的定義，以及對藝術教育與藝術治
療觀念的討論，吾人應可瞭解藝術治療的本質應係將藝術作為個人
表達內在和外在經驗的媒介；透過這種媒介不僅個人可以抒發其認
知與情緒的經驗，同時經由這些內在經驗的宣洩，治療師將有機會
去詮釋、解讀、分析其心理的需求、衝突、與壓力，從而透過適當
的介入，以協助當事人獲致心理的健康。從藝術治療的意涵來看，
一般認為它具有以下的特質（陸雅青，1994；王有煌，2005）：

㈠藝術治療具有非語言溝通的特質，較不受口語表達的限制，
　因而比一般傳統心理治療的適用對象要更廣泛。

㈡藝術創作過程可以降低當事人的防衛心理，有助於治療關係
　的建立。

㈢藝術作品不受時空限制，而且是具體存在的。

㈣藝術創作的表達往往能透露潛意識的內容。

㈤藝術創作提供當事人一種能被社會接受之負面情緒的宣洩管
　道。

㈥藝術創作是自發和自控的行為，有助於緩和當事人的情緒。

(七)藝術治療過程是一個建構、陳述的過程,當事人透過其藝術創作品可以統整其情感和意念。

(八)治療師不必干擾到當事人的防衛機制而獲得其潛意識的素材。

(九)藝術治療中當事人的作品是一種診斷指標,從其一連串作品的表現也可用以評估病情的發展。

(十)藝術治療團體成員對作品的陳述與分享,將可激勵其他成員的情緒反應和積極參與的動機,並流露真情感,且較易接納已開放的經驗。

(十一)藝術治療因涉及當事人知能和感官的運用,可促進幼兒的感覺統合。

(十二)藝術表達具有時空的整合性,當事人能將所表達的意念與情緒關聯到過去、現在事件、甚至投射到未來的活動。

(十三)當事人能直接由藝術創作的過程感受到能量的改變,並釋放其創造的潛能。

前面曾提及藝術治療可包括諸如視覺藝術、音樂、舞蹈、戲劇、詩詞等表現的形式,但其中最易運用且運用較廣的應屬視覺藝術裡的繪畫。因此即常有人說:「要表達思想與觀念,語言是最好的手段,而要傳達情感,繪畫則是最好的方法。」因此本節對藝術治療相關議題的討論,將以視覺藝術中的繪畫為主。

二、藝術治療服務對象

藝術治療以其所具有非語言溝通的特性,因此有相當廣泛的適用對象。它不僅可幫助身心障礙的兒童或成人適應現實的生活,也可以幫助一般人獲致更健康快樂的人生。一般的輔導或心理治療多須透過面對面的溝通,這對多數特殊幼兒而言,無疑已構成某種程度的障礙。然而,繪畫對孩子來說卻是從二歲左右可能就會有的生活經驗(塗鴉期),也是他們最初的一種溝通形式與最直接的訊息傳遞。因此透過繪畫這種形式的藝術治療,應該極適合多數特殊幼

兒的身心狀況。吾人運用藝術治療於特殊幼兒的早期療育時，不管是當做主要或輔助性的療育項目，所需考慮的當然是怎麼樣的特殊幼兒特別有接受藝術治療的需要，也最能從藝術治療獲得幫助。一般而言，凡是具有心理困難、社會與情緒問題的特殊幼兒多是藝術治療可以服務的對象。而比較可能出現這些問題的特殊幼兒多和以下的身心狀況有密切的關係：

(一)智能障礙。

(二)學習障礙。

(三)發展遲緩。

(四)溝通障礙。

(五)自閉症。

(六)腦麻痺。

(七)情緒障礙。

(八)行為偏差。

(九)因視障、聽障、肢障等身體障礙所引發的適應問題。

(十)多重障礙。

(十一)人際關係的問題。

特殊幼兒經評估後，如確定有接受藝術治療的需要，則當吾人對特殊幼兒實施藝術治療時，若採取繪畫創作的方式進行，則所選用的繪畫方式與材料仍應注意須適合孩子的年齡與身體狀況。例如，有些腦麻痺幼兒拿握一般的繪畫工具若有困難，則除了工具特別設計之外，直接以手沾取顏料作畫的方式，也可以是一種另類的選擇。總之，繪畫方式與材料因應幼兒的特殊狀況而適當變通是有必要的。

三、藝術治療基本原理

藝術治療師在從事診斷與治療時，具備兒童繪畫心理發展的知識是必須的。兒童繪畫心理的發展大致可分為下列五個階段（陸雅

青，1994）：

　㈠塗鴉期（二歲至四歲）。

　㈡前樣式化期（四歲至七歲）。

　㈢樣式化期（七歲至九歲）。

　㈣黨群期（九歲至十二歲）。

　㈤擬似寫實期（十二歲至十四歲）。

　除了兒童繪畫心理發展的知識外，藝術治療師由於所接受專業訓練背景的差異，可能會有不同的理論取向。也因為各自信奉理論基礎的不同，而可能對當事人的創作過程和其作品的詮釋以及治療的態度有所出入。藝術治療相關的理論取向較常被提及的不外是精神分析取向（psychoanalytic approaches）、發展取向（developmental approaches）、調適取向（adaptive approaches）、以及認知─行為取向（cognitive-behavioral approaches）。茲將這些藝術治療的理論取向分別扼要討論如後（Rosal, 2000）：

㈠精神分析取向

精神分析取向的藝術治療主要包含以下三個理念：

1. 藝術創作的過程有助於開啟當事人潛意識的內涵。它讓潛意識的衝突、願望、顧慮、和衝動自然浮現，因為當事人潛意識的素材多以象徵的形式呈現，所以不像口語表達那麼樣具有威脅性。

2. 藝術創作能幫助當事人將性與攻擊的人類本能和衝動，採取能為社會所接受的方式表現出來。

3. 藝術治療師的角色，乃在提供中性而安全的環境，讓當事人的創作過程可以順利地進行，也有助於其釋放出潛意識、象徵化的素材。

　因而，採取精神分析取向的藝術治療師，似須注意培養和特殊幼兒適當的治療關係。他們也應對藝術創作過程及作品本身的象徵性內容和意義具有深刻的認識。

(二)發展取向

發展取向的藝術治療似存在著以下三個中心思想：

1. 藝術創作的過程有助於認知與情感的發展。
2. 兒童的藝術表現、治療、以及和藝術媒材的互動，皆存在著發展階段。
3. 藝術治療師必須表現彈性化的角色，有時固可是指導性的，有時亦可以行動為主，有時也可以是即興的，總之應允許當事人有自由表達的機會。

因此，運用發展取向的藝術治療師，須能正確瞭解特殊幼兒的發展階段，並據以研擬治療計畫，以提供足以促進其健康成長的藝術活動經驗。

(三)調適取向

調適取向的藝術治療可以說是因特殊教育「正常化」（normalization）、「回歸主流」（mainstreaming）、「融合」（inclusion）等觀念的興起，許多身心障礙兒童回到普通班上正規的藝術課程，再加上許多家長也要求對其子女實施藝術治療，因此乃有調適取向藝術治療理論的發展。此一理論取向的藝術治療主要在強調以下三個原則：

1. 藝術創作經驗讓身心障礙兒童有機會參與正常化的生活與學習。
2. 所有藝術創作經驗均可加以調適，以符合身心障礙兒童的個別需要，讓彼等能參與、學習，並因而喜愛藝術活動。
3. 藝術治療師應注意兒童情緒、生理、學習上的需求，他們必須具有敏銳的觀察力與足夠的創意，以設計出能滿足特殊兒童需要的藝術經驗，並能解決調適的議題。

因此，依據調適取向理論，治療師應評估特殊幼兒身心狀況的優勢與缺陷所在，並以其優勢做為治療工作的起點。此外，也該設

計可減低其缺陷、並擴展他們正常化經驗的藝術治療課程。

㈣認知—行為取向

Mahoney & Arnkoff（1978）認為認知—行為取向存在著認知重建治療（cognitive restructuring therapies）、適應技巧治療（coping skills therapies）、及解決問題治療（problem-solving therapies）三個主要的治療方式。

此外 Mahoney & Arnkoff（1978）也指出認知—行為取向的藝術治療涵蓋以下三個主要的原則：

1. 人類透過認知的過程，會發展出適當與不適當的行為與情感模式。
2. 人類學習、試驗的無形程序，通常係在促成前述認知過程的運作。
3. 藝術治療師在扮演身兼診斷與教育工作者的角色。他們不僅須瞭解兒童不當的認知過程，且須安排可以改變其認知與行為的學習經驗。

Rosal（2000）因此總結認知—行為取向之兒童藝術治療實具有以下四個主要的特徵：

1. 藝術即是認知的活動。
2. 藝術可以改變錯誤的認知。
3. 心象（imagery）可被應用於治療以改變行為。
4. 藝術可應用於改善兒童自我控制的能力。

因此，選擇以認知—行為取向從事特殊幼兒藝術治療的治療師，必須對較高層次心理運作過程有所瞭解。他們不只探究特殊幼兒內心的訊息與心象，並且也運用心理和具體的視覺形象，去介入會影響兒童發展的心理運作歷程。

從前述不同的理論取向，我們固然可以看到治療師從事兒童藝術治療時，可能會出現介入重點、介入歷程、以及所需具備素養的差異。然而，Rosal（2000）也特別指出所有這些理論取向似有以下

的共同點：

1. 所有藝術治療師均須有深厚的理論背景，以作為從事治療工作的基礎。
2. 所有藝術治療師均須對藝術媒材的特性有透徹的瞭解。
3. 所有藝術治療師均須先對兒童有確切的評量，然後再據以發展治療的目標與計畫。
4. 所有藝術治療師均會注意觀察當事人在藝術創作及行為上的改變。
5. 所有藝術治療師均會肯定每個兒童全人化的藝術表現。
6. 所有藝術治療師的職責均在協助促進兒童心理健康與成長。

第二節　特殊幼兒音樂治療

一、音樂治療的性質

正如 Aldous Huxley 所言：除了沉默之外，最能表達無法表達的即是音樂。音樂早在古代就被認為具有促進健康與福祉的力量。甚至在《聖經》中也有音樂恢復健康與治療功效的記載。音樂作為治療人類病痛的方式起源雖早，然而音樂治療（music therapy）被有系統的研究與應用，甚至於成為一種專業，應該是最近半世紀的事。

音樂治療也屬於心理治療的方式之一（朱秉欣，1996）。Alvin（1965）認為「音樂治療是將音樂以人為控制的方式，運用在有生理或心理疾病以及情緒障礙者之復健、治療、教育與訓練上。」（引自呂佳璇，2002，p.22）1982 年，國際音樂治療師研討會的聯合宣言對音樂治療也做了以下的聲明：

音樂治療在促進諸如獨立、改變的自由、適應性、平衡、

及統合方面邁向生理、情緒、心智、與精神自我完整性的創造過程。音樂治療的實施涉及治療師、當事人、以及音樂的互動。這些互動開啟與維續音樂和非音樂可或不可觀察到之改變的過程。當音樂的節奏、旋律、及和聲這些要素一直做了精心的安排，治療師與當事人可以發展出會使生活品質完美的關係。吾人相信音樂治療對健康福祉所作之獨特的貢獻，因為人對音樂的感應是獨特的。（Barksdale, 2003, p. 2）

蕭瑞玲（2003）認為：

「音樂治療」是指運用音樂本身的構成元素（速度、節奏、音高、拍子、和聲、旋律等），針對個案所具有的音樂和非音樂能力，有計畫和結構性的設計適合個案的音樂治療活動，幫助個案重建、保持、改善其肢體、表達溝通、認知理解、社會行為、情緒表達、心理狀態等方面問題，以達到好的生活品質及健康的目標。

從上述幾個音樂治療的定義，吾人可以發現所謂音樂治療，乃是透過音樂的節奏、旋律、及和聲這些要素的特性所精心安排，以達到促進人們生理、情緒、心智、溝通、社會行為等方面健全功能之創造性活動。而從事音樂治療的專業人員則通稱為音樂治療師（music therapist）。至於音樂之所以有治療的作用，應該和它所具有的下列特性有關（Boxhill, 1985）：

㈠音樂是有系統與組織的聽覺訊息。

㈡音樂非語言的特性，使它成為普世的溝通方式。

㈢音樂是跨文化的表達方式。

㈣音樂的聲音刺激具有直接穿透人們心靈與身體的力量。

㈤音樂內在的結構與性質具有讓個人與團體自我組織的潛力。

㈥音樂會影響音樂與非音樂的行為。
㈦音樂可促進學習與技能的獲得。
㈧音樂能誘發人們的生命活力。
㈨音樂可以激發人們的想像力。
㈩音樂能影響或改變一個人的情緒狀態。
(十一)音樂有助於宣洩內在的情緒。
(十二)音樂能使人感到愉悅。
(十三)音樂能促進一個人的感覺統合。
(十四)音樂能使一個人獲得美的感受。
(十五)團體音樂活動有助於促進人際關係。

由音樂本身所具有的上述特性，如經治療師針對當事人的需要，而將音樂活動做精心的安排，則可能產生治療的功能。一般而言，音樂治療所能發揮的功能，大致有下列幾方面（Prinsley, 1986; Barksdale, 2003；林貴美，2001）：

㈠促進溝通障礙者創造性的表達。
㈡提供所有功能領域具有激勵性的學習經驗。
㈢創造積極、成功、和愉悅的社會經驗。
㈣培養對自我、他人、和環境的覺察，從而有助於各方面功能的改善、福祉的增進、以及生活的獨立。
㈤增進自我意象（self-image）與身體的覺察。
㈥增強動機、改善自尊。
㈦增進感覺統合能力。
㈧增進溝通技能。
㈨增進有目的地運用體力的能力。
㈩減少不適應（如刻板、衝動、自殘、攻擊、失常等）的行為。
(十一)增進和同儕及他人的互動與合作。
(十二)增進獨立與自我指導的能力。
(十三)培養創意和想像力。
(十四)促進情緒表達和適應。

㈩促進心靈的和諧。

㈦增進專注的行為。

㈧改善心智反應的能力。

㈨增進精細與粗大動作技能。

㈩培養休閒技能與興趣。

㈢可作為獎賞或學習的誘因。

㈣增進聽知覺的能力。

音樂治療若以音樂運用的方式而論,則可分為以下兩種型態(劉焜輝,1994a):

㈠被動性音樂治療(passive music therapy)

它是以音樂作為感官刺激的手段,透過音樂聆聽的途徑,讓聆聽者感到慰藉、鬆弛、或愉悅,所進行的治療方式。因此,諸如音樂欣賞與冥想、心得分享等靜態活動,多屬被動性音樂治療的範疇。

㈡主動性音樂治療(active music therapy)

它是透過音樂演奏或隨音樂舞動,而作為自我表現的途徑,以此作為緩和情緒、病痛、或發揮潛能、創意的治療方式。因而,肢體律動、節奏訓練、即興與創造性表演等動態活動,則多屬主動性音樂治療的性質。

此外,音樂治療如果以同時治療對象的數量而言,亦可有個別音樂治療與團體音樂治療之別。茲將其運用時機分別說明於下:

㈠個別音樂治療

它是採一對一的治療方式。如果治療對象年齡較小(三歲以下)、有過動、攻擊、退縮傾向、溝通困難、或缺乏活動能力時,個別治療應較適合。

㈡團體音樂治療

治療對象通常在三人以上。如果治療的目標是培養獨立性、社會認同、人際關係、社會適應時，則應採取團體治療的方式。

至於音樂治療的實施，通常可以包括以下四個階段（呂佳璇，2002）：

㈠治療前的評估

此項評估應是特殊幼兒整體評量活動的一部分。音樂治療師想要瞭解的資料，如其他專業團隊成員已做過，只要參考現成的資料即可。音樂治療師在此特別需要瞭解的，應該是治療對象的音樂行為（如對音樂的偏好、反應、認知、技巧等）和非音樂行為（如身心狀況、行為特徵、以及認知、溝通、社會能力等），以作為研擬治療計畫的依據。

㈡擬定治療計畫

此項計畫應是當事人個別化服務計畫的一部分（IFSP或IEP）。計畫中的治療目標應是特殊幼兒治療需求的反映。計畫中對相關的治療方式、程序、及資源的運用等，皆應預做安排。

㈢進行治療活動

實際治療活動的進行過程和一般的教學活動十分類似。若尾欲（1997）曾建議採取以下音樂治療活動的基本過程：

1. 開始的歌。
2. 做為導入的次要活動。
3. 主要活動。
4. 準備結束的次要活動。
5. 結束的歌。

此外，Barksdale（2003）則主張音樂治療活動主要是由以下三

部分所組成：

　　1. 歡迎歌或活動。

　　2. 針對特定IEP的目標而設計的樂器演奏、歌唱、聆賞、創作、配合音樂舞動之活動。

　　3. 結束的活動（如再見歌、綜合討論、復習等活動，依兒童年齡或功能水準而定）。

㈣**治療後的評量**

　　治療後的評量乃在瞭解特殊幼兒在治療目標實現的狀況。評量結果亦可作為改進治療內容與方法的依據。

二、音樂治療服務對象

　　目前音樂治療的服務對象似持續在擴大之中。不管是成人或兒童，具有精神疾患、發展障礙、老人癡呆症（Alzheimer's Disease）、藥物濫用問題、腦部傷害、身體障礙、慢性病等，皆曾接受過音樂治療的服務（Barksdale, 2003）。就已有的文獻、實務工作報告等資料（Barksdale, 2003; Nordoff & Robbins, 2004；林口長庚醫院，2005c），身心障礙者成為音樂治療服務對象似以下列的情況居多：

　　㈠情緒障礙。

　　㈡心智發展遲緩。

　　㈢唐氏症。

　　㈣自閉症。

　　㈤失語症。

　　㈥腦傷。

　　㈦腦麻痺。

　　㈧視覺障礙。

　　㈨聽覺障礙。

　　㈩學習障礙。

㈣感覺統合缺失。

㈤語言溝通困難。

㈥行為困擾。

㈦幼兒精神分裂症。

㈧肢體障礙及動作發展遲緩。

㈨知覺障礙。

㈩多重障礙。

特殊幼兒若有以上的情況,根據過去的經驗,或許能從音樂治療獲益。不過當事人確切的需求何在,何種音樂活動與怎麼樣的介入方式才能對他們發揮治療的功能,皆需要個別化的評估、考量、與規劃,方可實際地進行音樂治療的活動。

三、音樂治療基本原理

音樂治療師從事特殊幼兒的音樂治療時,除本身需具備音樂理論與技巧的基礎外,也應有心理治療、特殊教育等方面的素養。音樂治療在目前仍屬發展中的專業領域。由於治療師本身專業與經驗背景的不同,因此其所依循的治療原理與方式可能會有差異。目前的音樂治療若依其理論取向加以分類,大致可以區分為九種治療模式。茲將這九種治療模式的治療原理及原則,分別說明於後(劉焜輝,1994b):

㈠藥物治療模式

此一模式的特徵是完全相信音樂具有治療的功效。藥物治療模式以音樂欣賞為治療之核心。音樂可分為鎮靜的、興奮的、催眠的、強精的藥物性質。因此,吾人可依當事人的個別症狀對症治療。

㈡精神分析模式

在對當事人進行精神分析的過程中,利用音樂促進當事人自由

聯想,讓潛意識得以表露。

(三)行為治療模式

行為治療模式的音樂治療所運用的乃是行為治療的原則。治療過程強調增強原則的應用。它藉由音樂學習與樂器演奏過程蘊藏賞與罰的特性(如須彈奏正確才有預期的音效),使當事人逐漸產生正面的行為改變。

(四)諮商模式

當事人所喜愛的音樂內容多和當時的心情頗為一致。當事人對音樂種類的好惡,即成為關心的焦點。因此這一模式就強調治療師和當事人一起聽音樂,依當事人的音樂鑑賞傾向以瞭解其病情,且藉改變提供音樂鑑賞的種類,去改善他們的心理症狀。

(五)團體治療模式

以團體治療的方式進行音樂活動。團體成員藉由以音樂為媒介的交流互動,以培養團體成員的隸屬感、角色意識、自尊心、並增進社會適應的能力。

(六)鬆弛訓練模式

利用音樂所特具的鎮靜功能,增進當事人的自律能力、並達到身心鬆弛的效果。

(七)淨化模式

透過音樂欣賞,使當事人內心獲致平靜、或藉由演奏活動以紓解心中鬱悶。

(八)作業治療模式

由於音樂演奏需要伴隨種種的身體運動,透過這些身體運動將

能改善當事人身心功能的障礙。

(九)遊戲治療模式

同一種樂器可以發出不同的聲音，因此樂器對兒童而言是最富魅力的玩具。在遊戲的過程中，當事人和治療師可以藉由樂器的音樂表現以達成遊戲的溝通與互動，如此將有助於當事人減少防衛，並獲致統整的發展與自我實現。

從上述九種音樂治療模式，我們不難看出音樂治療之所以能夠發揮作用，除了憑藉音樂本身所具有的特性之外，事實上多數的音樂治療皆與傳統心理治療、諮商、輔導、教育訓練等方面的理論與技術結合運用，以期獲致治療的成效。

第三節　特殊幼兒遊戲治療

一、遊戲治療的性質

遊戲常被稱為兒童的語言，而玩具又是兒童的詞彙。遊戲是兒童自然與自發性的行為。透過遊戲，兒童能表達他們許多未能用言語清楚溝通的感覺、願望、需求、和經驗。由於遊戲的熟悉與不具威脅性，兒童在遊戲的場合能將他們的能力表現得淋漓盡致。遊戲也能提供兒童跟同儕與成人互動的機會（Sayeed & Guerin, 2000）。因此，遊戲不但具有供父母、照顧者、與專業人員用來評量幼兒功能水準的潛力，也常被用作治療兒童適應問題的方式。

遊戲治療（play therapy）也是心理治療的一種（朱秉欣，1996）。心理治療的目標無非在改變當事人的行為，而改變的發生必須透過訊息的交換，也就是必須要溝通。換句話說，溝通是改變會發生的前提（梁培勇，2001）。這種溝通對大部分成人的求助者

而言，語言即是他們最熟悉的溝通媒介，治療師也多透過這種媒介企圖去改變當事人的行為。

　　不過對兒童，特別是特殊幼兒而言，他們仍處於語言學習與發展的階段，語言並不是他們所擅長的接收與表達的工具。如果治療師依賴語言作為溝通的媒介，不但兒童理解有困難，他們也無法充分表達自己的想法與感受。如此一來根本無法達到溝通的目的。溝通的目的達不到，要想改變兒童就不太可能。由於遊戲是兒童自然與自發性的「語言」。治療師若能瞭解與運用這種遊戲「語言」，去改變他們的行為，則遊戲也可作為心理治療的媒介。因此，凡是以遊戲作為主要溝通媒介的心理治療，皆可稱為遊戲治療。

　　遊戲之所以能做為心理治療的一種方式，除了它具有溝通功能外，治療師如欲有效運用遊戲這種治療工具，似不應忽略遊戲所具有的其他特性。由於「遊戲」這個議題長期受到教育、心理、社會等學術領域的重視，因此有關遊戲性質的觀點也十分豐富。茲將這些常見的觀點臚列於下（Mitchell & Mason, 1948; Sayeed & Guerin, 2000）：

　　㈠遊戲是活動。遊戲不是閒著無事，遊手好閒到處遊蕩也非遊戲，而是活力消沈，因為它缺乏興趣，顯示喪失遊戲的精神。

　　㈡遊戲並不限於任何特定的活動形式。它可以是神經肌肉、感覺、心智的，或是這些活動形式的組合。

　　㈢遊戲在教育的價值是由於它具有使遊戲者感興趣，能引起注意，並激發他們從事活動的熱情與毅力之能量。

　　㈣某一活動是否為遊戲，端視從事活動者對其所做事情的態度而定，換言之，全視驅使他們從事活動的動機為何，方能判斷活動是否為遊戲。

　　㈤遊戲精神是一種態度，而這種態度常是對活動滿意的表示。

　　㈥成人跟兒童一樣會從事遊戲。遊戲對兒童而言，是獲得生命的成長，但對成人而言，卻是生命復甦的娛樂。

　　㈦遊戲可以有目標。由於目的或目標的存在，方賦予活動以意

義，也給予遊戲有從事活動的價值。兒童在追求與完成這些目標時將會產生滿足感。

㈧遊戲可以有遠程的目標，而不限於對活動直接的興趣，如純粹喜歡打籃球當然是對籃球活動直接的興趣，但打籃球要是希望有一天能當上國手，則籃球活動的興趣是間接的，直接的興趣卻是在遠程的目標。

㈨遊戲並沒有外在的目標。

㈩遊戲可發揮如工作的功能。遊戲與工作往往是重疊的。除了遊戲的參與者外，沒有人能決定某一活動是工作或遊戲，它完全取決於當事人內心的想法。

㈠遊戲是令人覺得快樂有趣的。

㈡遊戲是自然發生與自願參與的。

㈢遊戲包含遊戲者某些主動作為的成分。

㈣遊戲和包括如創造活動、解決問題、語言學習、以及社會角色的培養等非遊戲之間，存在某些系統性的關係。

㈤遊戲是放鬆自己的方法，也是不計未來利益消耗多餘精力的一種方式。

㈥遊戲就是行為的表現，且遊戲行為可藉由經驗而改變，因此遊戲也具有學習的性質。

㈦遊戲可表達個人的情緒經驗。

㈧遊戲可使學習對兒童變得有意義，因此遊戲在幼兒教育課程中具有重要的地位。

㈨遊戲具有混沌的性質。這是用 Gleick（1988）的混沌理論（Chaos Theory）來解釋遊戲的概念。此一理論認為在所有系統的過程與結果之間存在非線性關係（non-linear relationship）。由於所有現象的不規則與不確定性，科學的測量常是不可能的。在非結構或非指導下的遊戲情境，此一理論最能用來解釋兒童的遊戲行為。在遊戲環境中，觀察者完全無法確定兒童會在遊戲情境中做甚麼，或他們會從遊戲情境中

得到甚麼。因此在成人對遊戲的瞭解與他們對遊戲所認定的價值方面，遂產生了混淆與爭論。

㈤遊戲是社會互動的工具。

㈥遊戲是一種過程。

㈦遊戲也會產生結果。

㈧遊戲可以分為探索性、創造性、想像性、身體活動性、問題解決性、以及社會性六類。

從前面所列舉的這些遊戲性質的多樣性，我們似應相信遊戲的內涵是相當豐富的。當然上述所列舉的這些遊戲的性質，有少部分看起來是矛盾的，例如，「遊戲可以有目標」與「遊戲可以有遠程的目標」，顯然是和「遊戲並沒有外在的目標」有所衝突。這種對遊戲性質觀點的歧異，我們似應以「見仁見智」或「立論角度不同」視之。我們或許也可以用 Gleick（1988）的混沌理論來化解類似的矛盾。

就因為遊戲內涵的多樣與豐富，因此要給遊戲下定義並不容易。不過在現有的文獻裡頭，遊戲的定義似乎多和下列兩種取向有關（Sayeed & Guerin, 2000）：

㈠過程取向（process-led）的遊戲

人們注意的是在遊戲時，兒童做的是甚麼，兒童本身發生甚麼改變。過程取向的遊戲所著重的是以下的屬性：

1. 內在動機

兒童自動從事遊戲活動。

2. 享樂

遊戲對兒童是一種積極和愉悅的經驗。

3. 學習

遊戲促進學習的過程。

4. 幸福

遊戲令兒童喜悅，滿足其情緒需求。

5. 發展

兒童的發展水準在遊戲中顯現出來，且透過遊戲經驗，我們可以評估與增進其功能水準。

6. 互動關係

兒童透過遊戲和包括人與物的環境產生互動關係。

7. 情境脈絡、時間、空間

遊戲的過程在支持性的環境和時間與地點的限制下發生。

(二)結果取向（product-led）的遊戲

人們關注的是兒童從遊戲情境得到甚麼。結果取向的遊戲所強調的則是以下的屬性：

1. 思考

遊戲提供兒童機會去應用其現有的想法，且擴展其思考技能。

2. 動作活動

大部分遊戲活動涉及兒童身體的主動性，且運用其體能以培養未來的能力。

3. 行為

遊戲是對像遊戲材料與活動之刺激，一種可觀察得到的反應。

4. 為未來作準備

遊戲讓兒童培養日後生活所需的知能。

遊戲到底是過程取向或結果取向，應該又是「見仁見智」的問題。比較持平的看法應該是屬於個體和情境的互動。Sayeed & Guerin（2000）曾以圖 13-1 來顯示這種互動情形。由圖 13-1 我們可以瞭解兒童個體有他自己的天生能力、生理發展、成熟的條件，而情境則涉及社會文化背景、互動的機會、物理環境等因素。兒童本身的條件和情境因素的結合，即在影響兒童怎麼從事遊戲和遊戲的結果。換句話說，個體和情境因素的互動在左右遊戲的過程與結果。

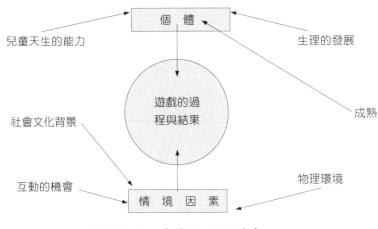

圖 13-1　遊戲的互動模式
（修正自 Sayeed & Guerin, 2000, p.16）

　　從前面對遊戲所具有的屬性所做的討論之後，作者認為所謂遊戲治療，應該是治療師利用遊戲的方式去瞭解兒童本身的優勢、潛能、問題、與需求，並運用心理學的方法去改變兒童之一種心理治療的方式。由於治療師所根據心理學方法的不同，遊戲治療也跟一般透過談話的心理治療一樣，可以區分為許多不同的派別（O'connor & Schaefer, 1994; O'connor & Braverman, 1997）。

　　遊戲治療的過程可能會因不同心理學理論而有出入。我們若以兒童中心遊戲治療（child-centered play therapy）為例，則大致可分為初始階段、治療階段、以及結束階段三個時期（鍾鳳嬌，1999），茲分別說明於後：

㈠初始階段

　　在此一階段和兒童建立良好、信任的治療關係，是治療工作的重點。其中包含以下幾項主要的工作或狀況：

1. 治療師引導兒童進入遊戲室

　　此時治療師的關心、包容、接納，可以減少兒童的陌生與困惑。

2.治療關係的建立

治療師需要表現真誠、關懷、與完全接納，讓兒童感覺在遊戲室內是非常自由、安全的。在這種包容的氣氛中，兒童藉由與玩具的互動，將會顯現自己內在的感受，以達到自我瞭解、自尊、自信，並進而產生自我成長的動力。

3.兒童對真實經驗的試探

兒童對治療關係的接納與包容，也會藉由測試以瞭解遊戲室是否真的安全。當兒童體會到真誠、接納、與包容關係的存在時，將會逐漸放鬆、減少防衛，而願意到遊戲室來。

(二)治療階段

在治療階段有可能出現以下的狀況：

1.兒童對治療師產生移情作用（transference）

在信任、安全的治療關係建立以後，兒童可能出現諸如身體距離的接近、身體碰觸、笑容、透露私密的資訊、甚至對治療師的個人狀況充滿好奇等自發的移情作用。

2.退化作用（regression）

當兒童確認信任、安全的治療關係後，有可能出現一些退化行為。退化行為是兒童早期經驗的顯現，有助於瞭解兒童行為的原因。

3.其他如攻擊、退縮的反應、壓抑情感的宣洩等，皆可能在包容、信任、安全的治療關係中顯露出來，而有助於治療師對兒童問題的評估與介入。

(三)結束階段

經過治療階段之後，兒童的思想、態度、與行為皆獲得成長，而逐漸達到以下遊戲治療的目標時（高淑貞，2005），應該是結束遊戲治療的時候了：

1.發展出更正向的自我概念。

2. 承擔更大的自我責任。

3. 更能自我指導。

4. 更能自我接納。

5. 能更具彈性。

6. 能為自己做決定。

7. 經驗控制的感覺

8. 自我控制的能力增加。

9. 對問題處理的過程更敏感。

10. 發展出內在的評價系統。

11. 更信任自己。

12. 能更恰當地表達自己的情緒與需求。

二、遊戲治療服務對象

　　遊戲治療適用的年齡層多介於托兒所、幼稚園至小學高年級的兒童（約三歲至十二歲）。至於需要遊戲治療的兒童，多屬行為適應、情緒困擾的兒童。大多數兒童在成長過程中，皆或多或少會出現適應的問題；例如，有的在學校出現學習困難、人際關係不良，有的在家裡發生親子衝突、父母婚姻問題所產生的困擾，或有些兒童更經歷了諸如家庭暴力、性侵害、在意外中失去親人等的創傷。一般而言，如果發現兒童確有適應或學習上的困難，遊戲治療是一個很好的介入方式。

　　特殊幼兒由於多有身心適應上的困難，他們出現行為、情緒、學習問題的可能性是比較高的。因此，若經評量後發現他們確有接受遊戲治療的需求，即可將之納入其個別化服務計畫（IFSP 或 IEP）中，以作為提供彼等遊戲治療的依據。

三、遊戲治療基本原理

特殊幼兒遊戲治療的實施跟一般心理治療一樣，需要治療師和當事人之間先建立良好的關係，在此一良好關係的基礎上，治療師再運用心理學的方法，以達到改變當事人的目標。因此治療師和當事人之間良好關係的建立，是遊戲治療的要務。這種關係的建立，治療師除了需具備營造此種關係的專業知能外，對兒童遊戲行為的發展有正確的認知也是必要的。一般而言，兒童遊戲行為的發展大致可分為以下幾個階段（Sheridan, Foley & Radlinkski, 1995）：

㈠感覺動作遊戲（sensorimotor play）

遊戲的感覺動作階段出現在出生後的前面幾個月。大部分早期的行為是屬於反射性與未分化的。這種遊戲從整個身體感官的活動，特別是口腔，所經驗到的愉悅開始。在這種遊戲中，嬰兒很難區分自我與他人。這類未分化的遊戲在諸如伸手、嚐、觸摸、揮擊、抓握等簡單視覺動作的操弄方面，會逐漸精巧與協調。透過這些物件操弄的遊戲，兒童將能熟悉物件的性質，吸收感覺的信息，節制緊張，並認識身體的形貌與行為的性能。

㈡功能組合遊戲（functional-combinatory play）

此一遊戲形式多出現於嬰兒滿週歲前幾個月。這種遊戲剛開始是偶發的，然後反覆出現，終至多少能預知行為對物件的影響。當嬰兒應用所學到物件屬性的資訊時，他們會發現有目的的行為與結果，然後再有意地應用已知的方法到新的情境。此時，他們開始有目的地以所要的方式去使用物件。他們讓東西發揮功能，將東西湊在一起，並發現行為的作用。開始時隨意湊合的東西，慢慢學到彼此的關聯與組合，如帽子戴在頭上、湯匙放在杯子裡等。

(三)建構性遊戲（constructive play）

此一遊戲階段多起自兒童滿週歲之後。兒童有目的地以所要的方式使用東西，但透過主動嘗試錯誤的試驗，也發現新奇的組合與可能性。從這種遊戲中，兒童能逐漸發現與區分東西之間的異同。他們也漸漸更加瞭解東西的感覺與物理屬性、以及東西間的功能、空間、因果等方面的關係。從這種遊戲中，兒童建構與修正他們內在的認知圖像以及生活世界的運作模式。建構性遊戲像一條線展開，跨越以後的遊戲階段，而在學前的年齡迅速發展。建構性遊戲可以是表徵性的、或符號與表達性的。總之，建構性遊戲可以說是屬於行動取向的發現、解決問題、與精進。

(四)自我表徵遊戲（autorepresentational play）

此一遊戲階段也在一歲以後出現。它包括自我對東西遊戲裝扮性的使用。兒童會透過事後的模仿依傳統的方式使用東西，如兒童裝扮使用玩具電話即是。此時兒童心中存有的乃是和有形的東西一一對應的觀念。這種遊戲類似於簡單的說出名字或東西的名稱。

(五)其他表徵遊戲（allorepresentational play）

在這個遊戲階段，兒童開始利用事後模仿去重新建構簡短的遊戲場景，不過是在新情境對新的人或物這樣做。例如，兒童會用玩具杯子和湯匙餵父母吃東西，然後再餵洋娃娃吃東西。這種在早期裝扮遊戲從自我轉變到他人，開始於嬰兒十八個月大左右，而二歲以後的遊戲則十分常見。二歲之後，兒童的遊戲就逐漸不再自我中心或會針對別人而來，且能逐漸適應與融入新的環境。

(六)符號性遊戲（symbolic play）

當兒童的遊戲不用有具體東西的參照，而能從事事後的模仿時，即具符號性遊戲的性質。這似乎遵循一種發展性的進程，或形

成一種抽象化的階層。這種進程從東西替代的層次（如自稱一塊積木是一輛汽車）開始，其次進到社會劇的遊戲（sociodramatic play），此時兒童在個人經驗的層次組合與擴展其行動與想法，最後在想像的層次，兒童超越個人經驗而創造觀念，並打破在東西使用、場面、或角色的傳統。當兒童能邁過單純具體東西與內在表徵間的一一對應而發現意義時，則他們已從圖像進到真正抽象或符號的層次了。一旦實現了這種思想的自由，兒童是到了表達想像與創造力的門檻了。因而，透過擴散性思考（divergent thinking）能量的發展，符號性遊戲對兒童創造力與問題的解決，似提供持續表現的機會。

　　從上述兒童遊戲行為的發展，我們可以發現這些發展階段有些是彼此重疊的，我們似不必拘泥其一定有階段間的界限，可以看做是大致的發展方向。對於從事遊戲治療者而言，其重點應是如何從兒童這些發展的知識，去解讀其遊戲行為的意義。

　　此外，治療師在從事遊戲治療時，除了對遊戲的性質與兒童遊戲行為的發展應瞭然於胸外，更應該對所運用的心理學方法，特別是遊戲理論（theories of play）拿捏得宜。遊戲理論與技術之應用於遊戲治療者甚多，除了前面曾提過的兒童中心遊戲治療外，在幼兒教育中三種主要的遊戲理論取向為心理動力情意模式（psychodynamic-affective model）、常態成熟模式（normative-maturational model）、以及認知互動模式（cognitive-interactional model），茲分別簡介於後（Sheridan, Foley & Radlinkski, 1995）：

(一)心理動力情意模式

　　心理動力情意模式將遊戲視為兒童的作為與表達，他們藉此以自然、有組織的方式，而不需要外加的心智作業，對自己與環境就可獲致愉悅的掌握。兒童遊戲的能量是從其在可靠物件的經驗衍生出來的。在遊戲當中，兒童感知、試驗、與從環境獲取資訊，並減少緊張、宣洩被禁制的衝動、且以讓他們超越身體及環境限制的方式克服創傷的事件。心理動力情意模式最主要認為遊戲可作為瞭解

兒童內在世界的窗口，同時它也可作為調適內化的衝突、對外在事物的曲解、本能的需要、以及感受的方式。

　　當採用遊戲作為治療的方式時，Freud（1964）認為成人應承擔廣泛的教育角色，以協助兒童透過遊戲對衝動作適應性的轉化，藉此以強化其自我的發展。Klein（1937）鼓勵對兒童遊戲的內容做直接的解讀，而將重點置於瞭解戀母情結前與無意識的幻想之動力。Axline（1947）主張營造自由、非指導的環境，兒童在裡頭可以玩出問題，而治療師的參與則在扮演反映與澄清的角色。Erikson（1940）視治療師為具有同情心的成人，他們允許兒童玩出自然的矛盾情感與不安全感（因怨恨和恐懼而產生）。藉著成人適當的支持，這種遊戲的行為可作為自然的教學與治療之媒介，由此將會產生寧靜的感覺，從而導致適應與掌控能力的增進。

　　由心理動力情意模式的主張來看，治療師對治療關係的營造，應該是遊戲治療非常重要的起步。特殊幼兒也只有在一個開放、自由、溫暖、與包容的遊戲環境，才可真正的宣洩與表露他們的內在情緒、需慾、及意念，從而治療師也才有介入協助的著力點。

㈡常態成熟模式

　　遺傳和發展的影響是常態成熟模式所強調的。年齡常模是瞭解兒童行為發展的重要指標，而準備度（readiness）是學到任何新的技能之一種假定的必要條件。遊戲提供成人世界部分角色與關係排演的機會，並可作為發展先天能力的工具。

　　常態成熟模式的主要支持者Dewey（1916），認為兒童當受到適當環境的激勵時，他們會有所表現，受到用心的成人支持時，將會成長、養成興趣，並且當他們準備就緒時也會學習。Gesell（1940）尤其認為兒童的發展是具有序列與階段性的，這種觀念已成為常態成熟模式的重要基礎。

　　從常態成熟模式的觀點看來，兒童的遊戲行為若與其年齡常模比較，似可瞭解他們的發展水準。治療師如欲改變兒童，則積極主

動的提供激勵與支持的治療環境，才有助於兒童循序漸進的改變、成長、與發展。

㈢認知互動模式

認知互動模式認為知識的獲得需要兒童的主動學習。此一模式也主張遊戲是在預備好的環境，透過引導性的發現之學習方式。Montessori（1964）強調預備好的環境與發展各式各樣教材教法，以提供兒童系統化的發現與學習經驗。Piaget（1962）的認知發展理論則強調，由具有發展敏銳性的成人所安排與監控之互動環境的重要性。此外，成人運用對話與善加提供認知失衡的情境，以引導兒童的發現過程，也是在遊戲治療中可採用的策略。

認知互動模式的論點似乎在告訴我們，兒童的改變是需要靠學習的。因此，在特殊幼兒的遊戲治療中，治療師如何激發孩子主動學習、探索、和發現的興趣與潛能，應該相當重要。為了讓兒童的學習具有成效，治療師的確需要努力去安排具有激勵、挑戰、與啟發性的互動環境，以引導兒童因認知的改變，進而改變相關的行為與態度。

雖然兒童遊戲治療因所依據的理論取向的不同，而可能在治療策略的方向會各有所偏，不過不管治療師採用的是何種理論取向，作者認為兒童中心遊戲治療所強調的非指導式的治療關係應該具有普遍的應用價值。而為營造這種關係，治療師必須把握下列八個基本原則（程小危、黃惠玲，1983；鍾鳳嬌，1999）：

1. 治療師應儘早和兒童建立溫暖、友善的投契關係（rapport）。
2. 治療師必須接納兒童真實的一面。
3. 治療師必須表現寬容的態度，讓兒童覺得自由與安全，而能充分表達他們的感受。
4. 治療師必須能敏銳地掌握兒童所表露的感受，並適時回應給孩子，讓他們知道治療師也感同身受。
5. 治療師必須尊重兒童有選擇、決定、與解決自己的問題之能

力。

6. 治療師必須避免指導兒童的行動或談話，而應由兒童帶頭，治療師跟隨。

7. 遊戲治療須循序漸進，治療師應避免催促治療的進度。

8. 治療師只能建立一些必要的限制，如對遊戲時間、行動、遊戲室等的適度規範，以符合真實生活世界的情形，並讓兒童瞭解在治療關係中應負的責任。

Chapter 14　特殊幼兒輔助科技

第一節　輔助科技的性質

　　對於特殊幼兒身心狀況的獨特需求，吾人固然可以透過治療與教育的方式，以幫助他們充分發展潛能，以期達到適應與獨立的人生目標。然而，吾人在治療與教育的努力之外，若能善用輔助科技（assistive technology）以對特殊幼兒提供必要協助，則對彼等身心功能的發揮，或許可以產生令人意想不到的效果。本節將就輔助科技的概念、輔助科技運用的基本原理、以及輔助科技對特殊幼兒的影響分別加以討論。

一、輔助科技的概念

　　在醫療體系中，通常使用的治療策略包括完全消除醫學上的損傷、運用內、外科、或復健治療降低醫學上的損傷、利用個人殘餘的功能代替喪失的功能、或運用器具（devices）以協助個人克服某些障礙。使用器具去改善功能的專門知識，即被稱為輔助科技。而輔助科技之應用於醫學領域，則屬於復健工程（rehabilitation engineering）之範疇。

　　具體而言，所謂輔助科技是指不管是從商品架上取下、修改過、或訂製的，而用來增進、維持、或改善身心障礙者的功能之任何器具、設備、或產品系統（Swenson, Barnett, Pond & Schoenberg, 1998）。輔助科技所涉及的技術層次當然有高有低。低科技（low technology）者如一般的適應性設備（adaptive equipment）與其他手工製作的器具。高科技者如使用電腦的相關輔具產品皆是。在為特殊幼兒提供輔助科技服務時，職能治療師與物理治療師似會扮演提供建議的重要角色。

二、輔助科技運用的基本原理

輔助科技的運用當然要經過適當的評估，然後方能據以提出使用輔具的建議。吾人在運用輔助科技時，一般而言，需要對以下的原則作審慎的考量（Swinth, 1998）：

㈠輔助科技的運用應配合感覺動作技能的水準

兒童皆藉由遺傳決定的發展過程及與環境作有目的之互動，方能獲致較高層次的感覺動作技能。換言之，增進兒童功能獨立的活動，必須是對兒童有意義與有目的的。輔助科技如要誘發適應性反應（adaptive response），它須配合兒童感覺動作技能的水準。吾人可透過對活動的工作分析（task analysis）、非正式與正式評量工具、過去的經驗、專業人員的判斷、及其他專業人員的資源，以評估兒童的發展水準，而決定其是否已達預備使用輔助科技的程度。在適當技能發展完成之前，如冒然引用複雜的科技系統，可能對特殊幼兒及其家庭造成挫折，並打消他們使用輔助科技的念頭。

㈡輔助科技應發揮在功能性技能的角色

功能性技能係透過一種感覺輸入、動作輸出、及感覺回饋之螺旋、交織的過程而達成的。在中樞神經系統損傷的兒童中，這種螺旋的過程是中斷的。輔助科技的運用，可以藉提供變通的輸入或輸出的方法到感覺—動作—感覺回饋的螺旋過程中，而幫助特殊幼兒表現功能性的技能。換言之，科技的支持能增強感覺輸入，調適所需要的動作輸出，並提供活動變通的感覺回饋，而成功地表現功能

性的技能。因此，輔助科技的運用即是針對特殊幼兒在感覺輸入、動作輸出、及感覺回饋上的缺陷，所做的增強、調適、或變通性的協助。

㈢輔助科技的運用應注意人類的職能需求

所有人類的職能（human occupations）皆從天生要去探索與控制環境的驅力而來。這種需求的實現會增強人們的動機與主動性。自我認同與自尊多從兒童有所收穫地遊戲及成功地和他人互動的能力而來。適應性設備與輔助科技能使兒童成功地掌握其遊戲與日常生活的環境。透過輔助科技的運用，特殊幼兒會變得更獨立與具有能力，從而積極地影響其動機、主動性、自尊、與自我認同。因而，吾人實不應忽略輔助科技的設計與運用，對滿足特殊幼兒心理需求的重要性。

㈣應利用輔助科技去克服特殊幼兒的無助感

特殊幼兒若在與環境的互動過程中，由於其身心障礙而一再遭遇失敗挫折，極易養成無助感（helplessness），而認為對環境失去掌控的能力。這種無助感可能會變成他們的第二種障礙，以致影響其功能性技能的表現，並造成在動機、認知、與情緒方面的問題。由於失敗挫折對特殊幼兒可能產生長久的影響，因此及早教導與激勵他們克服可能面對的失敗挫折，讓他們表現可能最大的獨立性，似可減少他們無法掌控環境的無助感。在特殊幼兒的父母與教師所能運用的各種不同的教學策略中，輔助科技無疑是最可行且多功能的方法之一。

以上所提的乃是在運用輔助科技，協助特殊幼兒克服障礙，獲致獨立的身心功能之一般性的指導原則。事實上，吾人實際運用輔助科技時，仍須就特殊幼兒的需要作個別化的考量，方能讓輔助科技發揮最適當的幫助功能。

三、輔助科技對特殊幼兒的影響

輔助科技的運用對身心障礙幼兒的教導以及提昇其生活品質，似可提供十分特別的機會之窗。目前可資運用的科技輔具不少，其中針對動作障礙的幼兒所設計的特別多。對這些特殊幼兒儘早提供適當科技輔具的協助，可以讓他們早一點經驗到重要的學習機會。任何幼兒的缺乏學習機會，會導致他們入學後顯得被動、缺乏動機、且沒有興趣或能力跟環境互動。當在幼兒階段失掉統合基本知覺與認知技能的機會時，孩子即無法發展出學習更高層次概念的基礎。輔助科技將有助於特殊幼兒學到基本的行為與後果之因果關係、分辨的能力、輪流的概念、以及環境控制的能力，而所有這些皆是更高層次概念學習所必要的基礎技能。因此，輔助科技將可為特殊幼兒在他們的環境中提供試探、互動、及發揮功能之富有激勵性的機會。

第二節　輔助科技服務

輔助科技除了它對身心障礙者身心潛能的發揮具有實質的貢獻而受到肯定外，事實上對身心障礙者提供輔助科技服務，已成為包括臺灣在內許多重視身心障礙者教育與福利的國家之重要政策。也正由於政府透過立法支持輔助科技服務，輔助科技才能在最近蓬勃發展。因此，本節將先就美國與臺灣在身心障礙者輔助科技服務的立法情形先做討論，其次再就輔助科技服務應有的過程提出說明。

一、輔助科技服務的立法基礎

美國 1973 年的復健法（Rehabilitation Act）即支持使用科技以

協助身心障礙者對他們的生活更能掌控，能參與家庭、學校、及工作環境之活動，能和非身心障礙同儕交往，且能用別的方法進行非身心障礙者視為理所當然的活動。美國 1975 年所制定的全體殘障兒童教育法（the Education for All Handicapped Children Act; PL 94-142），則提供身心障礙者教育在設計、調適、與運用科技方面的支援。1986 年障礙者教育法修正案（the Education of the Handicapped Act Amendments; PL 99-457），特別鼓勵專業人員評估兒童在最早的適當時間使用科技協助的可能性。1990 年的殘障者教育法（the Individuals with Disabilities Education Act，簡稱 IDEA; PL 101-476）則規定須提供身心障礙兒童在免費、適當、公共教育所需之輔助科技器具。具體而言，此一法案對身心障礙兒童所提供的輔助科技服務包括以下的重點：

　　㈠評估身心障礙兒童在其所習慣的環境之功能表現。

　　㈡協助身心障礙兒童選擇、獲取、或運用輔助科技器具。

　　㈢安裝、維護、及調換輔助科技器具。

　　㈣借用或購置輔助科技器具。

　　㈤提供身心障礙兒童及其家人和相關教育人員，在協調與運用和輔助科技相結合的治療、訓練、及技術協助。

　　至於臺灣對身心障礙者輔助科技服務的支援，亦可從最近身心障礙者保護法與特殊教育法的制定與增修上見其端倪。茲將國內對身心障礙者輔助科技服務的重要內容列舉如下：

　　㈠為加強身心障礙者之醫療復健服務及醫療復健輔助器具之研究發展，當地衛生主管機關應依據各類身心障礙者之人口數及需要，設立或獎勵設立復健醫療機構、醫療復健輔助器具之研究發展機構與護理之家機構。（身心障礙者保護法第 18 條，民 93）

　　㈡身心障礙者醫療復健所需之醫療費及醫療輔助器具，尚未納入全民健康保險給付範圍時，直轄市、縣（市）主管機關應視其障礙等級補助之。前項補助辦法，由中央主管機關會同

中央衛生主管機關定之。（身心障礙者保護法第19條，民93）

㈢各級教育主管機關辦理身心障礙者教育，應依其障礙情況及學習需要，提供各項必須之專業人員、特殊教材與各種教育輔助器材、無障礙校園環境、點字讀物及相關教育資源，以符公平合理接受教育之機會。（身心障礙者保護法第23條，民93）

㈣就讀特殊學校（班）及一般學校普通班之身心障礙者，學校應依據其學習及生活需要，提供無障礙環境、資源教室、錄音及報讀服務、提醒、手語翻譯、調頻助聽器、代抄筆記、盲用電腦、擴視鏡、放大鏡、點字書籍、生活協助、復健治療、家庭支援、家長諮詢等必要之教育輔助器材及相關支持服務；其實施辦法，由各級主管教育行政機關定之。（特殊教育法第24條，民93）

從上述我國與美國對身心障礙者輔助科技服務的立法來看，可見兩國皆已將輔助科技視為對身心障礙者重要的福利服務。就立法精神所顯示的差異而言，我們可以感覺到美國的立法似乎對輔助科技服務的過程十分重視，因此在提供服務的過程所涉及諸如評估、選擇、獲取、安裝、運用、維護、及調換輔助科技器具、人員協調等概念，皆已納入其立法之中，而提供輔助科技服務明確的執行方向，這應該是值得我們借鏡的。

二、輔助科技服務的過程

吾人如欲對特殊幼兒提供輔助科技服務，我們所關注的當然是某一身心障礙幼兒的獨特需求及其所具有的優勢為何。因為就是具有相同障礙的兩個幼兒，某種科技輔具對某一幼兒有用，卻未必適用於另外的幼兒。因此輔助科技服務的提供，確有必要實施審慎的評估、設計、及選用科技輔具的過程。而此一過程則以透過團隊的運用，方可能提出最適當的建議。Swinth（1998）曾舉出下列為特

殊幼兒評估、設計、及選用科技輔具的過程，以供輔助科技服務團隊作決策的參考：

　　㈠列出重要的團隊成員以組成服務團隊。

　　㈡確定家庭的目標與優先事項。

　　㈢指出任何社會文化因素的考慮與關切事項。

　　㈣評估以下和幼兒有關的事項

　　1. 需要及運用科技輔具的情境。

　　2. 幼兒需要表現的活動。

　　3. 幼兒的技能水準（發展性與功能性的）。

　　㈤在資料蒐集好時，列出與考慮輔助科技的類型。

　　㈥執行輔助科技服務並訓練重要人員。

　　㈦持續評鑑與改進對幼兒及其家庭的輔助科技服務。

　　從上述評估、設計、及選用科技輔具的過程，吾人不難理解科技輔具的選用是否適當，其關鍵即在特殊幼兒及其家庭的因素是否能和輔助科技「適配」（matching）的問題。特殊幼兒及其家庭的因素，除了幼兒的技能水準、家庭的目標與優先事項等之考慮外，事實上，屬於社會文化因素的經費因素也十分重要（Swenson, Barnett, Pond & Schoenberg, 1998）。在考慮過為特殊幼兒評估、設計、及選用科技輔具的過程因素之後，我們可以將此一過程利用圖 14-1 作進一步的說明。

　　在圖 14-1 中，整個輔助科技服務流程須從「服務團隊」的組成開始。參與「服務團隊」的成員，可能包括職能治療師、復健工程師（rehabilitation engineer）、物理治療師、語言治療師、物理治療醫師（physiatrist）、個案管理員（case manager）、特殊教育人員、特殊幼兒家人等。不過，實際參與「服務團隊」的成員，會因情境不同而有差異，全視特殊幼兒所需輔具的類型、參與者的專長、及輔具運用的特定場合而定。這樣的服務團隊多採專業間團隊模式進行合作。根據整個團隊與特殊幼兒家人的意見所作的決策，是最可能符合特殊幼兒之多方面需求的。

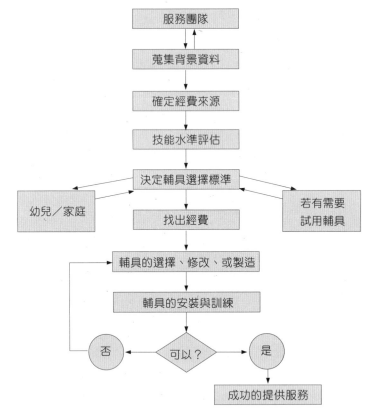

圖 14-1 輔助科技服務流程

（修正自 Swenson, Barnett, Pond & Schoenberg, 1998, p.746）

「服務團隊」的評估工作可能涵蓋「蒐集背景資料」、「確定經費來源」、及「技能水準評估」等幾方面。其中「蒐集背景資料」可能包括最近的醫療紀錄、健康檢查報告、認知及語言測驗、視覺、聽覺、及語言評量、目前和過去使用輔具的情形、特殊幼兒及其家庭的目標、期望、優先事項、及特殊的社會文化因素等。

而「確定經費來源」則旨在瞭解當事人使用科技輔具可能的經費來源，例如，可否獲得政府補助、醫療保險是否可以給付、或個人能否負擔等。其中政府的補助部分，係針對指定的輔助器具項目，而依據身心障礙類別、障礙等級、及當事人收入狀況而決定其

補助的標準。

　　一旦服務團隊確定了特殊幼兒及其家庭的目標與期望後，即可進行特殊幼兒「技能水準評估」。此一評估是針對特殊幼兒諸如感覺、知覺、動作、認知、語言等方面之發展性與功能性的技能水準、需要表現的技能、需要及運用科技輔具的情境等加以瞭解。

　　在服務團隊蒐集了前述各種評估資料並經彙整瞭解後，接著就須「決定輔具選擇標準」。服務團隊在「決定輔具選擇標準」時，基本上需要考量以下五個面向：

㈠特殊幼兒的因素

　　除了注意特殊幼兒的年齡、障礙類別與程度、健康狀況外，瞭解特殊幼兒的發展性與功能性的技能水準當然是必要的。此外，也應注意一般在使用輔具可能需要用到的下列基本技能（Behrmann, Jones & Wilds, 1989）：

1. **動作技能**

　(1)動作的範圍。

　(2)力量與耐力。

　(3)按壓與放鬆。

　(4)可靠與一致的動作表現。

2. **認知－語言技能**

　(1)認識因與果的關係。

　(2)注意廣度（維持或選擇性的）。

　(3)物件的恆定性。

　(4)方法－結局的因果關係。

　(5)模仿能力。

　(6)一對一的對應。

　(7)故意的行為（願意去溝通）。

　(8)符號性表徵（認識圖片）。

　(9)可靠的是與否的反應。

(10)感受性敏銳的理解指示。

(11)做抉擇。

3.視知覺技能

(1)視覺追視與掃瞄。

(2)形象與背景。

(3)形狀分辨。

4.社會與情緒技能

(1)開始與結束互動。

(2)輪流與等待輪到。

(3)注意某一物件或人。

(4)遵循一個步驟的指示。

上述這些技能要是特殊幼兒已經具備,當然對輔具的使用是有利的。如果某些技能尚未具備,則應在使用輔具的訓練時積極培養。

(二)家庭的因素

家庭的因素多涉及家長的目標(目前與未來)、期望、社會文化因素(如財力資源、對獨立性重要程度的態度)等。

(三)環境的特徵

包括社會環境(如熟悉與不熟悉的同儕、陌生人、獨處)、場所(如在家庭、學校、幼稚園、托兒所、社區)、與物理特性(如採光、噪音水準、溫度)。

(四)活動的特性

活動(activity)可說在決定輔具所要達到的目標。特殊幼兒可能進行或參與的活動如自我照顧、遊戲、學習等,可謂性質各異。而每種活動又可細分成一系列的工作(tasks)。每種活動是在某一環境中實施。

㈤**輔具的特性**

　　包括所需要輔具的種類、價格、使用方式與情境、使用訓練期、維修與保養等。

　　前述五個面向的因素，似可用圖 14-2 顯示在決定選擇輔具時應有的考量方向。在圖 14-2 中，「特殊幼兒」、「家庭因素」、與「活動特性」皆可能直接影響輔具選擇的標準。而「環境的特徵」又對「特殊幼兒」、「家庭因素」、「活動特性」、及「輔具的特性」的決定有潛在的影響。服務團隊需要對這些相關因素有充分的掌握與整合，方可能做出適切可行的建議。在這個做決定的過程中，特殊幼兒父母的態度與意見應受到尊重，因為只有父母才是最後決定選擇輔具種類的人。

　　在初步「決定輔具選擇標準」之後，輔助科技服務的專業人員若有需要可以安排「試用輔具」，以確定所選用的輔具是否能達成預期的功能性目標。對於較複雜的輔助科技系統，在做出是否購置的決定之前，可能需要數週的試用期。在這段時間，為了輔具的適應與進一步的訓練，服務團隊的介入可能是需要的。「試用輔具」後，初步的輔具選擇標準經必要的修正後即可定案。然後在「找出經費」之後，該輔具選擇標準即可做為「輔具的選擇、修改、或製造」的依據。

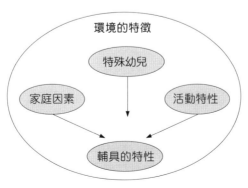

圖 14-2　選擇輔具的考量因素

在特殊幼兒的家庭做了最後購置輔具的決定，個案管理員即可協助這個家庭找出或處理經費來源的問題。涉及政府補助或醫療保險給付的輔具，服務團隊所做的評估報告對經費的申請尤其重要。這種報告必須完整並適時提出。通常經費申請所需的資料多和醫療處方、輔具規格明細與費用、功能性目標、醫學診斷、廠商資料、以及訓練、追蹤、與維護成本有關。

特殊幼兒的輔具不管是透過購置、修改、或訂製而取得，輔具經安裝後，接著對特殊幼兒及照顧者所提供的操作使用訓練也很重要。對較複雜的輔具，如需操作電腦的器材，通常需要較長的訓練時間。特殊幼兒開始使用輔具之後，輔具提供者的定期追蹤是有必要的，以便對特殊幼兒需求的改變能在輔具上作適當的調適，並對輔具作必要的維護，且可防止放棄使用輔具。

在「輔具的安裝與訓練」後，如果輔具發揮預期的功能，算是「成功的提供服務」，否則須從新回到「輔具的選擇、修改、或製造」的問題。然後再按圖 14-1 輔助科技服務流程，去進行後續的服務。

第三節　輔助科技的應用

針對身心障礙者的需要而研發的輔助科技產品門類甚多，本節擬先介紹身心障礙者輔助器具的類別，其次再就特殊幼兒輔助器具加以討論。

一、身心障礙者輔助器具的類別

根據國際標準化組織（ISO）在 1998 年的標準（ISO 9999:1998）中，身心障礙者輔具共可分為十大類別（class）。各類別之下分次類別（subclass），而各次類別下再細分為若干區域（division）。整

個標準共有十個類別、一百三十五個次類別、以及七百一十七個區域。茲將此一「身心障礙者輔助器具分類標準」（Technical aids for disabled persons-Classification, ISO 9999:1998）的十大類別分列並舉例如下：

(一)治療與訓練輔具（Aids for therapy and training）

如：

1. 呼吸治療輔具（Aids for respiratory therapy）。
2. 透析治療輔具（Aids for dialysis therapy）。
3. 視覺訓練輔具（Aids for visual training）。
4. 溝通治療與訓練輔具（Aids for communication therapy and training）。

(二)矯具與義肢（Orthoses and prostheses）

如：

1. 脊柱矯具系統（Spinal Orthotic Systems）。
2. 上肢義肢系統（Upper limb prosthetic systems）。

(三)個人照顧與保護輔具（Aids for personal care and protection）

如：

1. 身上穿著保護輔具（Body-worn protective aids）。
2. 如廁輔具（Aids for toileting）。
3. 牙齒照顧輔具（Aids for dental care）。

(四)個人移動輔具（Aids for personal mobility）

如：

1. 單手操作步行輔具（Walking aids manipulated by one arm）。
2. 輪椅（Wheelchairs）。

3. 移位輔具（Transfer aids）。

㈤居家輔具（Aids for housekeeping）

如：
1. 準備食物與飲料輔具（Aids for preparing food and drink）。
2. 清洗餐盤輔具（Aids for dishwashing）。

㈥居家與周遭環境之傢俱與改裝（Furnishings and adaptations to homes and other premises）

如：
1. 燈光固定器（Light fixtures）。
2. 傢俱高度可調整輔具（Aids for height adjustment of furniture）。

㈦溝通、資訊、與信號輔具（Aids for communication, information and signaling）

如：
1. 畫圖與手寫輔具（Aids for drawing and handwriting）。
2. 聽覺輔具（Hearing-aids）。
3. 信號與指示輔具（Aids for signaling and indicating）。

㈧處理產品與貨物輔具（Aids for handling products and goods）

如：
1. 操作控制器與器具（Operating controls and devices）。
2. 環境控制系統（Environmental control systems）。
3. 固定用輔具（Aids for fixation）。

㈨**環境改善之設備及輔具、工具與機器**（Aids and equipment for environmental improvement, tools and machines）

如：

1. 環境改善輔具（Aids for environmental improvement）。
2. 手操作工具（Manually operated tools）。

㈩**休閒用輔具**（Aids for recreation）。

如：

1. 練習與運動輔具（Aids for exercise and sports）。
2. 攝影輔具（Aids for photography）。

從上述國際標準化組織（ISO）對身心障礙者輔助器具分類的情形來看，我們似乎可以肯定輔助科技所提供的幫助，幾乎已涵蓋了身心障礙者食、衣、住、行、育、樂、醫療等大部分的層面。由於輔助科技的化不可能為可能，吾人似不應忽視此一專業領域的研究發展，以期對身心功能有缺損者提供必要的協助。

二、特殊幼兒輔助器具

前面所介紹的國際標準化組織（ISO）之身心障礙者十大類別的輔具，皆可能透過購置、修改、或定製，而用以協助滿足特殊幼兒在醫療、訓練、學習、溝通、行動、生活適應、休閒等方面的需要。因此，輔助科技對特殊幼兒身心潛能的發揮的確可以做出顯著的貢獻。

雖然可用於特殊幼兒的輔助器具門類，和用於成年身心障礙者的應該沒有兩樣，但平常我們常看到的似乎以擺位輔具（如站姿輔具、坐姿輔具、俯臥輔具、側躺輔具、仰臥輔具、副木）、移位輔具（如站姿行走輔具、坐姿移位輔具、趴姿移位輔具、別人協助移動之移位輔具）、踝足部支架鞋、飲食輔具等居多（廖華芳，

2004）。為滿足特殊幼兒在適應環境、表現獨立功能之個別化需求，吾人尚可「量身設計」他們所需要的其他各種輔助器具。

事實上，吾人只要稍加留意並發揮創意，「量身設計」特殊幼兒日常生活環境中輔助器具的機會，似乎隨處可見。茲舉數例以供參考（Swinth, 1998）：

(一)單一開關的玩具

特殊幼兒只要打開玩具的開關，玩具就會有動作表現出來。這算是最簡單的電動玩具。它通常是剛開始教特殊幼兒運用科技輔助器具時最好的輔具。由於是單一開關，孩子很容易辨識（感覺輸入）與操作（動作輸出），又馬上可以得到回應（感覺回饋），因此功能性技能很容易便表現出來。藉著玩有開關的玩具，孩子可以培養出在物件的恒定性以及因果關係方面的基本技能。孩子也學到他們能控制周遭的環境。因為許多身心障礙幼兒由於動作控制能力欠佳，無法獨立操縱玩具，簡單的玩具開關讓他們如同非身心障礙同儕一樣，可以接觸玩具並參與遊戲活動。這些遊戲活動可以作為使用溝通輔具、駕駛電動輪椅、以及操作環境控制輔具與電腦前之預備的互動訓練。

(二)環境控制輔具

單一開關也可被用來操作環境控制輔具以及使用電腦系統。只要對家電用品稍作修改，特殊幼兒也能使用單一開關去控制其家庭環境（如打開電燈或電視）。隨著孩子的成長，更複雜的開關設計能用以控制環境，而增加孩子的掌控感（如操作一個以上的器具、轉換頻道、改變音量）。

當考慮特殊幼兒對環境的控制時，須先決定孩子在環境中要去控制的最重要的是甚麼。經由評估孩子的環境、日常例行活動、以及功能與動機的狀況，輔具服務團隊和孩子的家庭即可決定環境控制輔具的好處與需要性。

㈢個人電腦

個人電腦可以做為激勵一般幼兒學習的工具，而幫助他們學到許多知識技能。個人電腦如果針對特殊幼兒的需要略加修改，對他們也可以發揮同樣的學習效果。個人電腦之所以有這樣的效能，主要是它具有和使用者互動並回應使用者資訊輸入的特性。電腦所提供的模擬經驗，多是有動作障礙的幼兒無法用別的方法經驗到的。電腦對反覆練習也具有無限的耐性，而能提供某些幼兒所需要的重複學習。也常有電腦軟體提供一系列的活動，教導孩子類化他們新學到的技能。同時透過電腦遊戲也可以促進孩子的社會化（socialization）。

為特殊幼兒所提供的個人電腦，主要是針對其可能操作的困難，而在電腦的輸入裝置如鍵盤、滑鼠等部分作個別化的調適與設計。此外，有些個人電腦也有語音合成的輸出裝置。這些特殊的設計使身心障礙幼兒也可以透過電腦進行學習活動。個人電腦有了輸入輸出的便利裝置後，如有適合特殊幼兒學習的軟體（software）內容，則個人電腦無疑就成了他們另一種學習方式的選擇了。

㈣輔助溝通器具

所謂輔助溝通（augmentative communication）係指不需要說話，且針對個人獨特需求而個別化設計的溝通方式。輔助溝通的目的係使個人能透過產出或選擇的方法以傳達訊息。輔助溝通的可能方式甚多，其中最為人熟知的即是溝通板（communication board）。溝通輔具主要是由顯示溝通內容的一系列如圖形、文字、符號等的選項、對溝通內容選擇行動的設計如肢體觸、按、目光接觸等、以及溝通內容表出的設計如語音合成、電腦螢幕的文字顯示等三個部分所構成。

各式各樣的溝通輔具其複雜程度不一，愈是複雜的溝通輔具對使用者的能力要求也會跟著提高。語言治療師和職能治療師在協助

選用並訓練特殊幼兒使用溝通輔具方面，常須扮演重要的角色。

(五)電動行動輔具

電動行動輔具最常見的型態應是電動輪椅（powered wheelchair）。許多肢體障礙幼兒由於行動不便，無形中即構成他們極為重大的發展上的限制。行動不便的特殊幼兒使用電動行動輔具後，被發現對環境更感興趣，且似乎更具主動性，而不至於出現無助感。電動行動輔具的使用，對特殊幼兒的動機、認知、情緒、獨立性等方面的發展，將會有明顯的助益。

電動行動輔具的使用，對特殊幼兒所需要作的調適，多半是在電動行動輔具的操控方式與座椅的設計方面。由於電動輪椅價格多較為昂貴，有時將以電池為動力的玩具汽車適當修改，也可以發揮跟電動輪椅相同的功能。

參考文獻

一、中文部分

內政部社會司（2005）：發展遲緩兒童早期療育通報、轉介、評估、暨安置辦理流程。（2005/3/2）http://www.moi.gov.tw/dsa/

王洐生（2005）：感覺統合之簡介。（2005/8/3）http://www.ckids.com.tw/gn/kids_1814.htm

王有煌（2005）：淺談藝術治療在兒童輔導的應用。（2005/8/5）http://www.aerc.nhctc.edu.tw/paper/%A4%FD-%C3%C0%B3N%AAv%C0%F8.htm

白偉男（2005）：物理治療師在早期療育中扮演的角色。（2005/7/26）http://www.istec.iii.org.tw/care/nsc/discussion/w_44.htm

朱秉欣（1996）：心理復健導論。臺北市：五南。

行政院衛生署（2000）：婦女健康政策。

行政院衛生署（2005）：及早發現、及早治療。（2005/3/2）http://www.doh.gov.tw/new/page/9005/90-24.htm

呂佳璇（2002）：音樂治療教學對一般國小兒童自我概念與行為困擾之研究。南華大學美學與藝術管理研究所碩士論文。

呂俊甫、吳靜吉、王煥琛、曾志朗（1972）：教育心理學。臺北市：大中國圖書公司。

何華國（2000）：澳洲特殊學生之融合教育，嘉義大學學報，69期，161-181頁。

何華國（2004）：特殊兒童心理與教育。臺北市：五南。

何華國（2005）：特殊兒童親職教育。臺北市：五南。

汪延芬（2005）：語言治療與家長的互動（下）。（2005/1/31）www.

aftygh.gov.tw

林口長庚醫院（2005a）：兒童職能治療。（2005/8/3）http://www.cgmh.
org.tw/intr/intr2/c3390/pot.htm

林口長庚醫院（2005b）：溝通障礙。（2005/8/3）http://www.cgmh.org.
tw/intr/intr2/c3390/pst.htm

林口長庚醫院（2005c）：音樂治療轉介準則。（2005/8/3）http://www.
cgmh.org.tw/intr/intr2/c3390/music.htm

林貴美（2001）：音樂治療與教育手冊：音樂治療與教育的基本概念
與活動設計。臺北市：心理。

林麗英（2005）：跨專業科技整合中語言治療之角色。（2005/8/4）
http://www.istec.iii.org.tw/care/nsc/discussion/w_33.htm

若尾欲（1997）：兒童音樂治療法。張初穗譯。臺北：天同。

高淑貞（2005）：運用遊戲治療技巧於兒童輔導。（2005/8/5）http://
kbteq.ascc.net/archive/moe/moe-p23.html

教育部社會教育司（1981）：中華民國特殊教育概況。

莊勝發（2005）：語言發展遲緩之矯治。（2005/7/31）http://www.psy.
kmu.edu.tw/94_clinical_psychology_seminar/seminar19.doc

梁培勇（2001）：遊戲治療──理論與實務。臺北市：心理。

張梅蘭（2001）：張梅蘭的物理治療 PDA。臺北市：時報文化出版公
司。

國立彰化仁愛實驗學校（2005）：國立彰化仁愛實驗學校簡史。
（2005/3/2）。取自 https://www.pchjh.chc.edu.tw

陸雅青（1994）：藝術治療：繪畫詮釋──從美術進入孩子的心靈世
界。臺北市：心理。

許晉銘（2004）：全民健康保險門診語言治療利用情形之分析。國立
高雄師範大學溝通障礙教育研究所碩士學位論文

郭逸玲、卓妙如（2004）：發展遲緩兒早期療育之概念與模式。身心
障礙研究，2（2），68-76。

程小危、黃惠玲（1983）：兒童遊戲治療。臺北市：張老師。

廖華芳（2004）：小兒物理治療學。臺北市：禾楓。

廖華芳（2005）：小兒物理治療之適應症、方法與療效。（2005/7/26）

http://www.istec.iii.org.tw/care/nsc/discussion/w_31.htm

廖靜芝（2005）：臺灣發展遲緩兒童早期療育服務的團隊合作模式的
發展與困境。（2005/7/19）http://www.ccswf.org.tw/taiwan/2A4.doc

鄭信雄（1994）：突破孩童學習障礙：暴躁、好動不安兒童的感覺統
合治療實務。臺北市：遠流。

劉焜輝（1994a）：音樂治療的理論與實施（一）。諮商與輔導，104，
21-25。

劉焜輝（1994b）：音樂治療的理論與實施（二）。諮商與輔導，105，
23-30。

蔡麗婷（2005）：視覺障礙兒童之職能治療。（2005/7/27）
http://assist.batol.net/academic/academic-detail.asp? id ＝ 44

臺北縣政府社會局（2005）：早期療育通報轉介中心。（2005/7/17）
http：//www.sw.tpc.gov.tw

蕭瑞玲（2003）：音樂治療訓練感官協調。（2003/12/20）自由時報。

鍾鳳嬌（1999）：兒童遊戲治療的歷程分析。行政院國家科學委員會
專題研究計畫成果報告。

二、英文部分

Ackerman, P. R., Jr. & Moore, M. G. (1976). Delivery of educational services to preschool handicapped children. In T. Tjossem (Ed.), *Intervention strategies for high-risk infants and young children* (pp. 669-688). Baltimore: University Park Press.

Alvin, J. (1965). *Music for handicapped children*. New York: Oxford University Press.

Anastasiow, N. J. (1978). Strategies and models for early childhood intervention programs in integrated settings. In M. Guralnick (Ed.), *Early intervention and the integration of handicapped and non-handicapped children* (pp. 85-111). Baltimore: University Park Press.

Axline, V. M. (1947). *Play therapy*. New York: Ballantine Books.

Bachevalier, J. (1992). Cortical versus limbic immaturity: Relationship to infantile amnesia. In M. R. Gunnar & C. A. Nelson (Eds.), *Minnesota symposia on child psychology: Vol. 24. Developmental behavioral neuroscience* (pp. 129-53). Hillsdale, NJ: Erlbaum.

Bagnato, S. J. & Neisworth, J. T. (1991). *Assessment for early intervention: Best practices for professionals.* New York: Guilford Press.

Bagnato, S. J., Neisworth, J. T. & Munson, S. M. (1997). *LINKing assessment and early intervention: An authentic curriculum-based approach.* Baltimore: Paul H. Brookes.

Bailey, D. B. & Wolery, M. (1992). *Teaching infants and preschoolers with disabilities.* Englewood Cliffs, NJ: Prentice Hall.

Barksdale, A. L. (2003). *Music therapy and leisure for persons with disabilities.* Champaign, Illinois: Sagamore.

Batshaw, M. L. &Perret, Y. M. (1992). *Children with disabilities: A medical primer.* Baltimore: Brookes.

Beckman, A. A. & Brent, R. L. (1986). Mechanism of known environmental teratogens: Drugs and chemicals. *Clinics in Perinatology, 13,* 649-687.

Behrmann, M. M., Jones, J. K. & Wilds, M. L. (1989). Technology intervention for very young children with disabilities. *Infants and Young Children, 1,* 66-77.

Beirne-Smith, M., Patton, J. & Ittenbach, R. (1994). *Mental retardation.* New York: Macmillan College Publishing Company.

Bijou, S. W. & Baer, D. M. (1978). *Behavior analysis of child development.* Englewood Cliffs, NJ: Prentice Hall.

Biringen, Z. & Robinson, J. L. (1991). Emotional availability in mother-child dyads. *American Journal of Orthopsychiatry, 61,* 258-71.

Blair, C. & Ramey, C. T. (1997). Early intervention for low-birth-weight infants and the path to second-generation research. In M. J. Guralnick. (Ed.). *The effectiveness of early intervention* (pp.77-97). Baltimore: Paul H. Brookes.

Bourgeois, J. P & Rakic, P. (1993). Changes in synaptic density in the primary visual cortex of the Macaque monkey from fetal to adult stage. *Journal of Neuroscience, 13,* 2801-20.

Boxhill, E. H. (1985). *Music therapy for the developmentally disabled.* Austin, TX: PRO-ED.

Bredekamp, S. (1987). *Developmentally appropriate practice in early childhood programs serving children from birth through age 8.* Washington, DC: National Association for the Education of Young Children.

Bredekamp, S. & Copple, C. (1997). *Developmentally appropriate practice in early childhood programs.* Washington, DC: National Association for the Education of Young Children.

Bredekamp, S. & Rosegrant, T. (1992). *Reaching potentials: Appropriate curriculum and assessment for young children.* Washington, DC: National Association for the Education of Young Children.

Bremner, J.D., Randall, P., Scott, T. M., Bronen, R. A., Seibyl, J. P., Southwick, S. M., Delaney, R. C., McCarthy, G., Charney, D. S. & Innis, R. B. (1995). MRI-based measurement of hippocampal volume in patients with combat-related posttraumatic stress disorder. *American Journal of Psychiatry, 152,* 973-81.

Bricker, D. (1996). Using assessment outcomes for intervention planning: A necessary relationship. In M. Brambring, H. Rauh, and A. Beelmann (Eds.), *Early childhood intervention: Theory, evaluation and practice* (pp. 305-334). Berlin, New York: Walter de Gruyter.

Byrne, M. C. & Shervanian, C. C. (1977). *Introduction to communicative disorders.* New York: Harper & Row.

Cairns, R. B.(1983). The emergence of developmental psychology. In W. Kessen (Ed.), *Handbook of child psychology: Vol. 1* (4th ed.), pp.41-102. New York: Wiley.

Casaer, P. (1993). Old and new facts about perinatal brain development. *Journal of Child Psychology and Psychiatry and Allied Disciplines, 34,* 101-109.

Chatlin-McNichols, J. P.(1981). The effects of Montessori school experience. *Young Children, 36*(5), 49-66.

Chugani, H. T. (1994). Development of regional brain glucose metabolism in relation to behavior and plasticity. In G. Dawson & K. Fischer (Eds.), *Human behavior and the developing brain* (pp.153-75). New York: Guilford Press.

Clarke, A. S., Soto, A., Bergholz, T. & Schneider, M. L. (1996). Maternal gestational stress alters adaptive and social behavior in adolescent Rhesus monkey offspring. *Infant Behavior and Development, 19,* 451-61.

Department of Health and Human Services. (1994, September). *The Statement of the Advisory Committee on Services for Families with infants and Toddlers.* Washington, DC: Author.

Diamond, A. (1990). The development and neural bases of memory functions as indexed by the AB and delayed response tasks in human infants and infant monkeys. In A. Diamond (Ed.), *Development and neural bases of higher cognitive functions* (pp.267-317). New York: New York Academy of Sciences Press.

Dodson, W. E. (1992). Deleterious effects of intrauterine drug exposure on the nervous system. In R. A. Polin & W. W. Fox (Eds.), *Fetal and neonatal physiology* (pp.1613-1623). Philadelphia: W. B. Saunders.

Drew, C. J., Hardman, M. L. & Logan, D. R. (1996). *Mental retardation: A life cycle approach.* Englewood Cliffs, New Jersey: Prentice Hall.

Dumars, K. W., Duran-Flores, D., Foster, C. & Stills, S. (1987). Screening for developmental disabilities. In H. M. Wallace, R. F. Biehl, L. Taft & A. C. Oglesby (Eds.). *Handicapped children and Youth* (pp.111-125). New York: Human Sciences Press.

Dunn, J. (1988). *The beginnings of social understanding.* Cambridge, MA: Harvard University Press.

Dunst, C. J. (1981). Infant learning: *A cognitive-linguistic intervention strategy.* Hingham, MA: Teaching Resources Corp.

Dunst, C. J. (1985). Rethinking early intervention. *Analysis and Intervention in Developmental Disabilities, 5,* 165-201.

Dunst, C. J. (1996). Early intervention in the USA. In M. Branbring, A. Beelman & H. Rauh (Eds.), Intervention in early childhood (pp.157-180). New York: Aldine de Gruyter.

Elbert, T., Pantev, C., Wienbruch, C., Rockstroh, B. & Taub, E. (1995). Increased cortical representation of the fingers of the left hand in string players. *Science, 270,* 305-7.

Emde, R. N. & Robinson, J. (2003). Guiding principles for a theory of early intervention: A developmental-psychoanalytic perspective. In J. P. Shonkoff & S. J. Meisels (Eds.). *Handbook of early childhood intervention* (pp. 160-178). New York: Cambridge University Press.

Erikson, E. H. (1940). Studies in the interpretation of play: I. Clinical observation of play disruption in young children. *Genetic Psychology Monographs, 22,* 557-671.

Erikson, E. (1950). *Childhood and society.* New York: Norton.

Feldman, M. A. (2004). Introduction: What is early intervention? In M. A. Feldman (Ed.), *Early intervention: The essential readings* (pp.1-4). Malden, MA: Blackwell.

Feldman, M. A. (2004). Conclusion: The future of early intervention research and practice. *Early intervention: The essential readings* (pp. 341-346). Malden, MA: Blackwell.

Fleming, J. & Benedek, T. (1966). *Psychoanalytic supervision.* New York: Grune & Stratton.

Fox, L., Hanline, M. F., Vail, C. & Galant, K. (1994). Developmentally appropriate practices: applications for young children with disabilities. *Journal of Early Intervention, 18*(3), 243-257.

Freud, A. (1964). *The psychoanalytical treatment of children.* New York: Schocken Books.

Freud, S. (1920). Beyond the pleasure principle. In J. Strachey (Ed. And Tran.), *The standard edition of the complete psychological works of Sigmund Freud* (Vol. 18, pp.7-64). London: Hogarth Press.

Furstenberg, F. F., Jr., Cook, T., Eccles, J., Elder, G. H. & Sameroff, A. J. (1999). *Urban families and adolescent success.* Chicago: University of Chicago Press.

Gargiulo, R. M. & Kilgo, J. L. (2005). *Young children with special needs.* Clifton Park, NY: Thomson Delmar Learning.

Gibson, D. & Harris, A. (1988). Aggregated early intervention effects for Down's syndrome persons: Patterning and longevity of benefits. *Journal of Mental Deficiency Research, 32,* 1-17.

Gleick, J. (1988). *Chaology.* London and New York: Heinemann.

Goldman, P. S. (1971). Functional development of the prefrontal cortex in early life and the problem of neuronal plasticity. *Experimental Neurology, 32,* 366-87.

Goodman, J. (1994). "Empowerment" versus "best interests": Client-professional relationships. *Infants and Young Children, 6*(4), vi-x.

Gottlieb, G. (1992). *Individual development and evolution.* New York: Oxford University Press.

Greenough, W. T. & Black, J. E. (1992). Induction of brain structure by experience: Substrates for cognitive development. In M. R. Gunnar & C. A. Nelson (Eds.), *The Minnesota symposia on child psychology: Vol. 24. Developmental behavioral neuroscience* (pp.155-200). Hillsdale, NJ: Erlbaum.

Greenspan, S. I. & Meisels, S. J. (1996). Toward a new vision for the developmental assessment of infants and young children. In S. J. Meisels & E. Fenichel (Eds.), *New visions for the developmental assessment of infants and young children* (pp.11-26). Washington, DC: ZERO TO THREE.

Guralnick, M. J. (Ed.). (1997). *The effectiveness of early intervention.* Baltimore: Paul H. Brookes.

Guralnick, M. J. (1997). Second generation research in the field of early intervention. In M. J. Guralnick (Ed.), *The effectiveness of early intervention.* Baltimore: Paul H. Brookes.

Guralnick, M. J. (1998). Effectiveness of early intervention for vulnerable children: A developmental perspective. American Journal on Mental Retardation, 102(4), 319-45.

Hanson, M. J. & Lynch, E. W. (1995). *Early Intervention: Implementing child and family services for infants and toddlers who are at risk or disabled.* Austin, Texas: PRO-ED.

Harbin, G. L. (1993). Family issues of children with disabilities: How research and theory have modified practice in intervention. In N. J. Anastasiow & S. Harel (Eds.), *At-risk infants: Interventions, families and research* (pp. 101-14). Baltimore, MD: Paul H. Brookes.

Harbin, G. L., Mcwilliam, R. A. & Gallagher, J. J. (2003). Services for young children with disabilities and their families. In J. P. Shonkoff & S. J. Meisels (Eds.). *Handbook of early childhood intervention* (pp.387-415). New York: Cambridge University Press.

Harbin, G. L. & West, T. (1998). *Early intervention service delivery models: What are they like?* Chapel Hill, NC: Early Childhood Research Institute: Service Utilization, Frank Porter Graham Child Development Center, University of North Carolina at Chapel Hill.

Harris, S. R. (1997). The effectiveness of early intervention for children with cerebral palsy and related motor disabilities. In M. J. Guralnick. (Ed.). *The effectiveness of early intervention* (pp.327-347). Baltimore: Paul H. Brookes.

Hinde, R. A. (1992). Developmental psychology in the context of older behavioral sciences. *Developmental Psychology, 28,* 1018-29.

Hirshberg, L. M. (1996). History-making, not history-taking: Clinical interviews with infants and their families. In S. J. Meisels & E. Fenichel (Eds.), *New visions for the developmental assessment of infants and young children* (pp. 85-124). Washington, DC: Zero to Three.

Hunt, J. (1961). *Intelligence and experience.* New York: Ronald Press.

Huttenlocher, P. R. (1994). Synaptogenesis, synapse elimination, and neural plasticity in human cerebral cortex. In C. A. Nelson (Ed.), *Minnesota symposium on child psychology: Vol. 27. Threats to optimal development: Integrating biological, psychological, and social risk factors* (pp.35-54). Hillsdale, NJ: Erlbaum.

Itard, J. M. G. (1962). *The wild boy of Aveyron* (C. Humphrey & M. Humphrey, Trans.). New York: Appleton-Century-Crofts (Original work published 1894).

Jacobs, B., Chugani, H. T., Llada, V., Chen, S., Phelps, M. E., Pollacls, D. B., and Raleigh, M. J. (1995). Developmental changes in brain metabolism in destaed rhesus macaques and vervet monkeys revealed by positron emission tomography. *Cerebral Cortex, 3,* 222-33.

Johnson-Martin, N. M., Hacker, B. J. & Attermeier, S. M. (2004). *The Carolina curriculum for preschoolers with special needs* (second edition). Baltimore: Paul H. Brookes.

Karoly, L. A., Greenwood, P. W., Everingham, S. S., Hoube, J., Kilburn, M. R., Rydell, C. P., Sanders, M. & Chiesa, J. (1998). Investing in our children: What we know and don't know about the costs and benefits of early childhood interventions. Santa Monica, CA: RAND Corp.

Kaufman Children's Center (2005). *Occupational therapy and sensory integration evaluation and therapy.* (2005/7/27) http://www.kidspeech.com/index.php? page=45

Kirk, S. A., Gallagher, J. J. & Anastasiow, N. J. (2000). *Educating exceptional children.* Boston: Houghton Mifflin.

Klein, M. (1937). *The psycho-analysis of children.* (A. Strachey, Trans.). London: Holgarth Press.

Klein, N. & Campbell, P. (1991). Preparing personnel to serve at-risk and disabled infants, toddlers, and preschoolers. In S. Meisels & J. Shonkoff (Eds.), *Handbook of early intervention* (pp.671-699). New York: Cambridge University Press.

Kochanska, G. & Aksan, N. (1995). Mother-child mutually positive affect, the quality of child compliance to requests and prohibitions, and maternal control as correlates of early internalization. *Child Development, 66,* 236-54.

Kolstoe, O. P. (1972). *Mental retardation: An educational viewpoint.* New York: Holt, Rinehart and Winston.

Kuhl, P. K., Williams, K. A., Lacerda, F., Stevens, K. N. & Lindblom, B. (1992). Linguistic experience alters phonetic perception in infants by 6 months of age. Science, 255, 606-8.

Landesman, S., Jaccard, J. & Gunderson, V. (1991). The family environment: The combined influence of family behavior, goals, strategies, resources, and individual experiences. In M. Lewis & S. feinman (Eds.), *Social influ-*

ences and socialization in infancy (pp.63-96). New York: Plenum.

Lewis, M. (1984). Developmental principles and their implications for at-risk and handicapped infants. In M. J. Hanson (Ed.), *Atypical infant development,* pp. 3-24, Austin, TX: PRO-ED.

Linder, T. (1983). *Early childhood special education.* Baltimore: Brookes.

Lloyd-Still, J. D. (1976). *Malnutrition and intellectual development.* Littleton, MA: Publishing Sciences Group.

Mahoney, M. J. & Arnkoff, D. (1978). Cognitive and self-control therapies. In S. L. Garfield & A. E. Bergin (Eds.), *Handbook of psychotherapy and behavior change* (pp. 689-722). New York: John Wiley & Sons.

McConachie, H., Smyth, D. & Bax, M. (1997). Services for children with disabilities in European countries. *Developmental Medicine and Child Neurology, 39* (Suppl. 76), 5.

McDermott, Dennis E. (1994). Jean Itard: The first child and youth counsellor. *Journal of Child and Youth Care, 9* (1) 59 - 71.

Mclean, L. K. & Cripe, J. W. (1997). The effictiveness of early intervention for children with communication disorders. In M. J. Guralnick. (Ed.). *The effectiveness of early intervention* (pp. 349-428). Baltimore: Paul H. Brookes.

Meisels, S. J. & Atkins-Burnett, S. (2003). The elements of early childhood assessment. In J. P. Shonkoff & S. J. Meisels (Eds.). *Handbook of early childhood intervention.* (pp. 231-257). New York: Cambridge University Press.

Meisels, S. & Shonkoff, J. (Eds.). (1990). *Handbook of early intervention.* New York: Cambridge University Press.

Meisels, S. & Shonkoff, J. (2003). Early childhood intervention: A continuing evolution. In J. P. Shonkoff & S. J. Meisels (Eds.). *Handbook of early childhood intervention.* (pp.3-31). New York: Cambridge University Press.

Mitchell, E. D. & Mason, B. S. (1948). *The theory of play.* New York: A. S. Barnes and Company.

Montessori, M. (1964). *The Montessori method.* New York: Schocken.

Nelson, C. A. (2003). The neurobiological bases of early intervention. In J. P. Shonkoff & S. J. Meisels (Eds.). *Handbook of early childhood intervention* (pp.204-227). New York: Cambridge University Press.

Nordoff, P. & Robbins, C. (2004). *Therapy in music for handicapped children.* Gilsum NH 03448: Barcelona.

O'connor, K. & Braverman, L. M. (Eds.). (1997). *Play therapy theory and practice: A comparative presentation.* New York: John Wiley & Sons.

O'connor, K. J. & Schaefer, C. E. (Eds.). (1994). *Handbook of play therapy: Volume two: Advances and innovations.* New York: John Wiley & Sons.

Pakula, A. L. & Palmer, F. B. (1997). Early intervention for children at risk for neuromotor problems. In M. J. Guralnick. (Ed.). *The effectiveness of early intervention* (pp.99-108). Baltimore: Paul H. Brookes

Parmelee, A., Werner, W., & Schulz, H. (1964). Infant sleep patterns from birth to 16 weeks of age. *Journal of Pediatrics, 65,* 576-582.

Piaget, J. (1962). *Play, dreams and imitation in childhood.* (C. Gattegno & M. F. Hodgson, Trans.). New York: Norton.

Prinsley, M. (1986). Music therapy in geriatric care. *Australian Nurse Journal, 15*(9), 48-49.

Provence, S. & Lipton, R. C. (1962). *Infants in institutions.* New York: International Universities Press.

Rakic, P., Bourgeois, J. P., Eckenhoff, M. F., Zecevic, N. & Goldman-Rakic, P. S. (1986). Concurrent overproduction of synapses in diverse regions of the primate cerebral cortex. *Science, 232,* 232-5.

Ramachandran, V. S., Rogers-Ramachandran, D. & Stewart, M. (1992). Perceptual correlates of massive cortical reorganization. *Science, 258,* 1159-60.

Ramey, C. T. & Ramey, S. L. (1998). Early intervention and early experience. *American Psychologist, 53,* 109-20.

Rapaport, D. (1959). The structure of psychoanalytic theory: A systematizing attempt. *Psychological Issues, Monograph #6.* New York: International Universities Press.

Reynolds, A. J. & Temple, J. A. (1998). Extended early childhood intervention and school achievement: Age thirteen findings from the Chicago Longitudinal Study. *Child Development, 69,* 231-246.

Robinson, P. D., Schutz, C. K., Macciardi, F., White, B. N. & Holden, J. J. (2001). Genetically determined low maternal serum dopamine beta-hydroxylase levels and the etiology of autism spectrum disorders. *American Journal of Medical Genetics, 100,* 30-36.

Rosal, M. L. (2000). *Approaches to art therapy with children.* 陸雅青譯：兒童藝術治療。臺北市：五南。

Rutter, M. & Gould, M. (1985). Classification. In M. Rutter & L. Hersov (Eds.), *Child and adolescent psychiatry: Modern approaches* (pp.304-21). London: Blackwell Scientific Publications.

Sameroff, A. J. (1995). General systems theories and developmental psychopathology. In D. Cicchetti & D. Cohen (Eds.), *Manual of developmental psychopathology* (Vol. 1, pp.659-95). New York: Wiley.

Sameroff, A. J. & Chandler, M. J. (1975). Reproductive risk and the continuum of caretaking causality. In F. D. Horowitz (Ed.), *Review of child development research* (Vol. 4, pp.187-244). Chicago: University of Chicago Press.

Sameroff, A. J. & Fiese, B. H. (2003). Transactional regulation: The developmental ecology of early intervention. In J. P. Shonkoff & S. J. Meisels (Eds.). *Handbook of early childhood intervention* (pp.135-159). New York: Cambridge University Press.

Sameroff, A. J., Seifer, R., Baldwin, A. & Baldwin, C. (1993). Stability of intelligence from preschool to adolescence: The influence of social and family risk factors. *Child Development, 64,* 80-97.

Sameroff, A. J., Seifer, R., Barocas, B., Zax, M. & Greenspan, S. (1987). IQ scores of 4-year-old children: Social-environmental risk factors. *Pediatrics, 79* (3), 343-50.

Sandall, S., McLean, M. E. & Smith, B. J. (Eds.). (2000). *DEC recommended practices in early intervention/early childhood special education.* Reston, VA: Council for Exceptional Children. Division for Early Childhood.

Sayeed, Z. & Guerin, E. (2000). *Early years play: A happy medium for assessment and intervention.* London: David Fulton.

Scarr, S. (1992). Developmental theories for the 1990s: Development and individual differences. Child Development, 63, 1-19.

Shattuck, R. (1980). The forbidden experiment: The story of the wild boy of Aveyron. New York: Farrar Straus Giroux.

Sheehan, R. & Snyder, S. (1996). Recent trends and issues in program evaluation in early intervention. In M. Brambring, H. Rauh, and A. Beelmann (Eds.), *Early childhood intervention: Theory, evaluation and practice* (pp. 281-304). Berlin, New York: Walter de Gruyter.

Sheridan, M. K., Foley, G. M. & Radlinkski, S. H. (1995). *Using the supportive play model: Individualized intervention in early childhood practice.* New York: Teachers College Press.

Shonkoff, J. P. & Meisels, S. J. (2003). Preface. In J. P. Shonkoff & S. J. Meisels (Eds.). *Handbook of early childhood intervention.* New York: Cambridge University Press.

Skeels, H. M. & Dye, H. B. (1939). A study of the effects of differential stimulation on mentally retarded children. *Proceedings of the American Association on Mental Deficiency, 44,* 114-36.

Skeels, H. M. (1966). Adult status of children with contrasting early life experiences: A follow up study. *Monographs of the Society for Research in Child Development, 31.* (3, Series No.105).

Skinner, B. F. (1953). *Science and human behavior.* New York: Macmillan.

Skodak, M. (1968). Adult status of individuals who experienced early intervention. In B. W. Richards (Ed.), *Proceedings of the 1st Congress of the Association for the Scientific Study of Mental Deficiency,* pp.11-18. Reigate, England: Michael Jackson.

Slavik, B., Holloway, E. & Milburn, D. (1989). A changing perspective: Early intervention. In C. J. Semmler (Ed.). *A guide to care and management of very low birth weight infants: A team approach* (pp.53-76). Tucson, AZ: Therapy Skill Builders.

Spitz, R. A. (1945). Hospitalism: An inquiry into the genesis of psychiatric conditions in early childhood. In R. S. Eissler (Ed.), *Psychoanalytic study of the child.* New Haven, CT: Yale University Press.

Stallings-Sahler, S. (1998). Sensory integration: Assessment and intervention with infants and young children. In J. Case-Smith (Ed.). *Pediatric occupational therapy and early intervention*(223-254). Boston: Butterworth-Heinemann.

Steiner, G. Y. (1976). *The children's cause.* Washington, DC: The Brookings Institution.

Stern, D. (1985). *The interpersonal world of the infant.* New York: Basic Books.

Strain, P. S. & Odom, S. L. (1986). Peer social initiations: Effective intervention for social skills development of exceptional children. *Exceptional Children, 52*(6), 543-551.

Swenson, J. R., Barnett, L. L., Pond, B. & Schoenberg, A. A. (1998). Assistive technology for rehabilitation and reduction of disability. In J. A. DeLisa and B. M. Gans (Eds.). *Rehabilitation medicine: Principles and practice.* Philadelphia: Lippincott-Raven Publishers.

Swinth, Y. (1998). Assistive technology in early intervention: Theory and practice. In J. Case-Smith (Ed.). *Pediatric occupational therapy and early intervention.* (pp. 277-298). Boston: Butterworth-Heinemann.

The ERIC Clearinghouse on Disabilities and Gifted Education (2005). The Individual Family Service Plan (IFSP). (2005/7/26) http://ericec.org/

Tjossem, T. (1976). Early intervention: issues and approaches. In T. Tjossem (Ed.), *Intervention strategies for high-risk and handicapped children* (pp. 3-33). Baltimore: University Park Press.

Trivette, C. M., Dunst, C. J. & Deal, A. G. (1997). Resource-based approach to early intervention. In S. K. Thurman, J. R. Cornwell, & S. R. Gottwald (Eds.), *Contexts of early intervention: Systems and settings* (pp.73-92). Baltimore, MD: Paul H. Brookes.

Udell, T., Peters, J. & Templeman, T. (1998). From philosophy to practice in inclusive early childhood programs. *Teaching Exceptional Children.* Jan./Feb., 44-49.

Uno, H.,Tarara, R., Else, J. G., Suleman, M. A. & Sapolsky, R. M. (1989). Hippocampal damage associated with prolonged and fatal stress in primates.

Journal of Neuroscience, 9, 1705-11.

Utley, C. A., Hoehn, T. P., Soraci, S. A. & Baumeister, A. A. (1993). Span of apprehension in mentally retarded children: An initial investigation. *Journal of Intellectual Disability Research, 37,* 183-7.

Weikart, D. P. (1998). Changing early childhood development through educational intervention. *Preventive Medicine, 27,* 233-237.

Winders, P. C. (2005). *Why physical therapy?* (2005/7/27) http://www.ds-health.com/physther.htm

Wolery, M. (2003). Behavioral and educational approaches to early intervention. In J. P. Shonkoff & S. J. Meisels (Eds.). *Handbook of early childhood intervention* (179-203). New York: Cambridge University Press.

Wolery, M. Bailey, D. B. & Sugai, G. M. (1988). *Effective teaching: Principles and procedures of applied behavior analysis with exceptional students.* Boston: Allyn and Bacon.

Wolery, M. & Bredekamp, S. (1994). Developmentally appropriate practices and young children with disabilities: Contextual issues in the discussion. *Journal of Early Intervention, 18*(4). 331-341.

Wolery, M., Strain, P. S. & Bailey, D. B. (1992). Reaching the potentials of children with special needs. In S. Bredekamp & T. Rosegrant (Eds.), *Reaching potentials: Appropriate curriculum and assessment for young children* (pp. 92-111). Washington, DC: National Association for the Education of Young Children.

Wolfensberger, W. (1972). *The principle of normalization in human services.* Toronto, Canada: National Institute on Mental Retardation.

附　錄

一　身心障礙者保護法

（民國 93 年 6 月 23 日修正）

第一章　總則

第 1 條　為維護身心障礙者之合法權益及生活，保障其公平參與社會生活之機會，結合政府及民間資源，規劃並推行各項扶助及福利措施，特制定本法；本法未規定者，適用其他法律之規定。

第 2 條　本法所稱主管機關：在中央為內政部；在直轄市為直轄市政府；在縣（市）為縣（市）政府。

本法所定事項，涉及各目的事業主管機關職掌者，由各目的事業主管機關辦理。

前二項各級主管機關及各目的事業主管機關權責劃分如下：

一、主管機關：主管身心障礙者人格及合法權益之維護、個人基本資料之建立、身心障礙手冊之核發、托育、養護、生活、諮詢、育樂、在宅服務等福利服務相關事宜之規劃及辦理。

二、衛生主管機關：主管身心障礙者之鑑定、醫療復健、早期醫療、健康保險與醫療復健輔助器具之研究發展等相關事宜之規劃及辦理。

三、教育主管機關：主管身心障礙者之教育及所需經費之補助、特殊教育教材、教學、輔助器具之研究發展、特殊教育教師之檢定及本法各類專業人員之教育培育，與身心障礙者就學及社會教育等相關事宜之規劃及辦理。

四、勞工主管機關：主管身心障礙者之職業訓練及就業服務、定額進用及就業保障之執行、薪資及勞動條件之維護、就業職業種類與輔助器具之研究發展、身心障礙者就業基金專戶經費之管理及運用等就業相關事宜之規劃及辦理。

五、建設、工務、國民住宅主管機關：提供身心障礙者申請公有公共場所零售商店、攤位、國民住宅、公共建築物停車位優惠事宜、公共設施及建築物無障礙生活環境等相關事宜之規劃及辦理。

六、交通主管機關：提供身心障礙者公共交通工具及公共停車場地
　　優惠事宜、無障礙公共交通工具與生活通訊等相關事宜之規劃
　　及辦理。

七、財政主管機關：主管身心障礙者及身心障礙福利機構稅捐之減
　　免等相關事宜之規劃及辦理。

八、其他措施由各相關目的事業主管機關依職權辦理。

第 3 條　　本法所稱身心障礙者，係指個人因生理或心理因素致其參與社會及
　　　　　從事生產活動功能受到限制或無法發揮，經鑑定符合中央衛生主管
　　　　　機關所定等級之下列障礙並領有身心障礙手冊者為範圍：

一、視覺障礙者。

二、聽覺機能障礙者。

三、平衡機能障礙者。

四、聲音機能或語言機能障礙者。

五、肢體障礙者。

六、智能障礙者。

七、重要器官失去功能者。

八、顏面損傷者。

九、植物人。

十、失智症者。

十一、自閉症者。

十二、慢性精神病患者。

十三、多重障礙者。

十四、頑性（難治型）癲癇症者。

十五、經中央衛生主管機關認定，因罕見疾病而致身心功能障礙者。

十六、其他經中央衛生主管機關認定之障礙者。

前項障礙類別之等級、第七款重要器官及第十六款其他障礙類別之
項目，由中央衛生主管機關定之。

第 4 條　　身心障礙者之人格及合法權益，應受尊重與保障，除能證明其無勝
　　　　　任能力者外，不得單獨以身心障礙為理由，拒絕其接受教育、應
　　　　　考、進用或予其他不公平之待遇。

第 5 條　　為預防、減低身心障礙之發生，各級政府相關目的事業主管機關，
　　　　　應有計劃地推動身心障礙預防工作、優生保健、預防身心障礙之知
　　　　　識，針對遺傳、疾病、災害、環境污染和其他致殘因素，並推動相

關宣導及社會教育。

第6條　中央與直轄市、縣（市）主管機關及各目的事業主管機關應設專責單位或置專責人員辦理身心障礙者權益相關事宜，其人數依其提供服務之實際需要定之。

身心障礙福利相關業務應遴用專業人員辦理。

前項專業人員之遴用、資格、訓練及培訓之辦法，由中央主管機關及中央各目的事業主管機關定之。

第7條　各級主管機關應設立身心障礙者保護委員會，以行政首長為主任委員，各目的事業主管機關、身心障礙者或其監護人代表、身心障礙福利學者或專家、民意代表及民間相關機構、團體代表等為委員；其中身心障礙者或其監護人代表、民意代表及民間相關機構、團體代表等，不得少於三分之一。

前項保護委員會辦理下列事項：

一、整合規劃、研究、諮詢、協調推動促進身心障礙者保護相關事宜。

二、審議身心障礙者權益受損申訴事宜。

三、其他促進身心障礙者權益及福利保護相關事宜。

第一項保護委員會組織與會議及前項第二款身心障礙者權益受損申訴之處理，由各該主管機關定之。

身心障礙者權益遭受損失時，其最終申訴之審議，由中央主管機關之保護委員會辦理。

第8條　各級政府應至少每三年定期於十二月舉辦身心障礙者生活需求調查、出版統計報告。

行政院每十年辦理全國人口普查時，應將身心障礙者人口調查納入普查項目。

第9條　身心障礙福利經費來源如下：

一、各級政府按年專列之身心障礙福利預算。

二、社會福利基金。

三、身心障礙者就業基金專戶。

四、私人或團體捐款。

五、其他收入。

前項第一款身心障礙福利預算，應以前條之調查報告為依據，按年從寬專列。

第一項第一款身心障礙福利預算，直轄市、縣（市）主管機關財政

確有困難者，應由中央政府補助。

第 10 條　直轄市及縣（市）衛生主管機關應設鑑定小組指定醫療機構或鑑定作業小組辦理第三條第一項之鑑定服務；對設戶籍於轄區內經鑑定合於規定者，應由主管機關主動核發身心障礙手冊。

前項鑑定作業辦法，由中央衛生主管機關定之；身心障礙手冊核發辦法，由中央主管機關定之。

第 11 條　身心障礙者因障礙情況改變時，應依鑑定小組之指定或自行申請重新鑑定。

對鑑定結果有異議時，應於收到鑑定結果次日起三十日內，以書面向鑑定小組提出申請複檢，並以一次為限，且負擔百分之四十之鑑定費；其異議成立時，應退還之。

第 12 條　有關身心障礙鑑定與免役鑑定間之相關問題，由內政部、教育部、衛生署會同國防部共同研商之。

第 13 條　身心障礙者於障礙事實變更或消失時，應將身心障礙手冊繳還原發給機關變更或註銷。

原發給機關發現身心障礙者持有之身心障礙手冊，所記載之障礙類別及等級顯與事實不符時，應限期令其重新鑑定；逾期未重新鑑定者，原發給機關得逕行註銷其身心障礙手冊。

第 14 條　為適時提供療育與服務，中央相關目的事業主管機關應建立彙報及下列通報系統：

一、衛生主管機關應建立疑似身心障礙六歲以下嬰幼兒早期發現通報系統。

二、教育主管機關應建立疑似身心障礙學生通報系統。

三、勞工主管機關應建立職業傷害通報系統。

四、警政主管機關應建立交通事故通報系統。

五、消防主管機關應建立緊急醫療救護通報系統。

六、戶政主管機關應建立身心障礙人口異動通報系統。

各目的事業主管機關依前項通報系統，發現有疑似本法所稱身心障礙者時，應即時通知當地主管機關主動協助。

第 15 條　各級主管機關及目的事業主管機關應建立個別化專業服務制度，經由專業人員之評估，依身心障礙者實際需要提供服務，使其獲得最適當之輔導及安置。

前項個別化專業服務制度包括個案管理、就業服務、特殊教育、醫

療復健等制度；其實施由各級主管機關及目的事業主管機關依各相關法規規定辦理或委託、輔導民間辦理。

第 16 條　為促進身心障礙復健與無障礙環境之研究發展及整合規劃之功能，中央應設立或輔導民間設立身心障礙復健研究發展中心。

第二章　醫療復健

第 17 條　中央衛生主管機關應整合全國醫療資源，辦理嬰幼兒健康檢查，提供身心障礙者適當之醫療復健及早期醫療等相關服務。
各級衛生主管機關對於安置於學前療育機構、相關服務機構及學校之身心障礙者，應配合提供其所需要之醫療復健服務。

第 18 條　為加強身心障礙者之醫療復健服務及醫療復健輔助器具之研究發展，當地衛生主管機關應依據各類身心障礙者之人口數及需要，設立或獎勵設立復健醫療機構、醫療復健輔助器具之研究發展機構與護理之家機構。

第 19 條　身心障礙者醫療復健所需之醫療費及醫療輔助器具，尚未納入全民健康保險給付範圍時，直轄市、縣（市）主管機關應視其障礙等級補助之。
前項補助辦法，由中央主管機關會同中央衛生主管機關定之。

第三章　教育權益

第 20 條　中央與直轄市、縣（市）主管機關應根據身心障礙者人口調查之資料，規劃設立各級特殊教育學校、特殊教育班或以其他方式教育不能就讀於普通學校或普通班級之身心障礙者，以維護其受教育之權益。
前項學齡身心障礙兒童無法自行上下學者，應由政府免費提供交通工具；確有困難，無法提供者，應補助其交通費；直轄市、縣（市）主管機關經費不足者，由中央政府補助之。

第 21 條　各級教育主管機關應主動協助身心障礙者就學，各級學校亦不得因其障礙類別、程度、或尚未設置特殊教育班（學校）而拒絕其入學。

第 22 條　教育主管機關應視身心障礙者之障礙等級，優惠其本人及子女受教育所需相關經費；其補助辦法由中央教育主管機關定之。

第 23 條　各級教育主管機關辦理身心障礙者教育及入學考試時，應依其障礙

情況及學習需要，提供各項必需之專業人員、特殊教材與各種教育輔助器材、無障礙校園環境、點字讀物及相關教育資源，以符公平合理接受教育之機會與應考條件。

第 24 條　各級政府應設立及獎勵民間設立學前療育機構，並獎勵幼稚園、托兒所及其他學前療育機構，辦理身心障礙幼兒學前教育、托育服務及特殊訓練。

第 25 條　為鼓勵並獎助身心障礙者繼續接受高級中等學校以上之教育，中央教育主管機關應訂定獎助辦法獎助之。

前項提供身心障礙者就讀之學校，其無障礙軟、硬體設施，得向中央教育主管機關申請補助。

第四章　促進就業

第 26 條　各級政府應依身心障礙者之障礙類別及等級，提供無障礙個別化職業訓練及就業服務。其辦理情形，每半年應送各級民意機構備查。

第 27 條　勞工主管機關應設立或獎勵設立職業訓練及就業服務機構，依身心障礙者實際需要，提供職業訓練、就業服務與就業所需輔助器具之研究發展及相關服務。

第 28 條　勞工主管機關協助身心障礙者就業時，應先辦理職業輔導評量，以提供適當之就業服務。

前項職業輔導評量辦法，由中央勞工主管機關定之。

第 29 條　勞工主管機關應視身心障礙者需要提供職業重建、創業貸款及就業所需輔助器具等相關經費補助。

前項職業重建係指職業訓練、職業輔導評量、就業服務、追蹤及輔導再就業等。

第一項之職業重建、創業貸款及就業所需輔助器具等相關補助辦法，由中央勞工主管機關定之。

第 30 條　勞工主管機關對於具有工作能力，但尚不足於進入競爭性就業市場之身心障礙者應提供支持性及個別化就業服務；對於具有工作意願，但工作能力不足之身心障礙者，應提供庇護性就業服務。主管機關及各目的事業主管機關得設立或獎勵設立庇護工場或商店。

第 31 條　各級政府機關、公立學校及公營事業機構員工總人數在五十人以上者，進用具有工作能力之身心障礙者人數，不得低於員工總人數百分之二。

私立學校、團體及民營事業機構員工總人數在一百人以上者，進用具有工作能力之身心障礙者人數，不得低於員工總人數百分之一。

前二項各級政府機關、公、私立學校、團體及公、民營事業機構為進用身心障礙者義務機關（構），其進用身心障礙者人數，未達前二項標準者，應定期向機關（構）所在地之直轄市或縣（市）勞工主管機關設立之身心障礙者就業基金專戶繳納差額補助費；其金額依差額人數乘以每月基本工資計算。

依第一項、第二項進用重度身心障礙者，每進用一人以二人核計。

警政、消防、關務及法務等單位定額進用總人數之計算，得於本法施行細則另定之。

第 32 條　各級政府機關、公立學校及公營事業機構為進用身心障礙者，應洽請考試院依法舉行身心障礙人員特種考試，並取銷各項公務人員考試對身心障礙人員體位之不合理限制。

第 33 條　進用身心障礙者之機關（構），應本同工同酬之原則，不得為任何歧視待遇，且其正常工作時間所得不得低於基本工資。

身心障礙者就業，薪資比照一般待遇，於產能不足時，可酌予減少。但不得低於百分之七十。

前項產能不足之認定及扣減工資之金額遇有爭議時，得向本法第七條成立之保護委員會申訴之。

第 34 條　直轄市及縣（市）勞工主管機關對於進用身心障礙者達一定標準以上之機關（構），應以身心障礙就業基金專戶，補助其因進用身心障礙者必須購置、改裝、修繕器材、設備及其他為協助進用必要之費用。對於私立機構並得核發獎勵金，其金額按超額進用人數乘以每月基本工資二分之一計算；其運用以協助進用身心障礙者必要之支出為限。

第 35 條　各級勞工主管機關對於進用身心障礙者工作績優之機關（構）應予獎勵。

前項獎勵辦法由中央勞工主管機關定之。

第 36 條　直轄市及縣（市）勞工主管機關依第三十一條第三項收取之差額補助費，應開立身心障礙者就業基金專戶儲存，除依本法補助進用身心障礙者機關（構）外，並作為辦理促進身心障礙者就業權益相關事項之用。

前項基金不列入政府年度預算，其專戶之收支、保管及運用辦法，

由直轄市、縣（市）勞工主管機關定之。

第 37 條　非本法所稱視覺障礙者，不得從事按摩業。但醫護人員以按摩為病人治療者，不在此限。

視覺障礙者經專業訓練並取得資格者，得在固定場所從事理療按摩工作。

視覺障礙者從事按摩或理療按摩，應向執業所在地主管機關申請按摩或理療按摩執業許可證。

前項執業之資格與許可證之核發、換發、補發、廢止及其他應遵行事項之辦法，由中央主管機關會同中央衛生主管機關定之。

第五章　福利服務

第 38 條　直轄市及縣（市）主管機關對設籍於轄區內之身心障礙者，應依其障礙類別、等級及家庭經濟狀況提供生活、托育、養護及其他生活必要之福利等經費補助，並不得有設籍時間之限制。

前項經費補助辦法，由中央主管機關定之。

直轄市及縣（市）主管機關為辦理第一項業務，應於會計年度終了前，主動將已核定補助案件相關資料併同有關機關提供之資料重新審核。但主管機關於申領人申領資格變更或審核認有必要時，得請申領人提供相關證明文件。

第 39 條　直轄市、縣（市）主管機關得按需要，以提供場地、設備、經費或其他方式結合民間資源辦理身心障礙福利服務；其辦法，由中央主管機關定之。

第 40 條　為協助身心障礙者得到所需之持續性照顧，直轄市、縣（市）主管機關應提供或結合民間資源提供下列居家服務：

一、居家護理。

二、居家照顧。

三、家務助理。

四、友善訪視。

五、電話問安。

六、送餐到家。

七、居家環境改善。

八、其他相關之居家服務。

第 41 條　為強化家庭照顧身心障礙者之意願及能力，直轄市、縣（市）主管

機關應提供或結合民間資源提供下列社區服務：

一、復健服務。

二、心理諮詢。

三、日間照顧。

四、臨時及短期照顧。

五、餐飲服務。

六、交通服務。

七、休閒服務。

八、親職教育。

九、資訊提供。

十、轉介服務。

十一、其他相關之社區服務。

第 42 條　為使身心障礙者不同之生涯福利需求得以銜接，直轄市、縣（市）主管機關相關部門，應積極溝通、協調，制定生涯轉銜計畫，以提供身心障礙者整體性及持續性服務。

第 43 條　為使身心障礙者於其直系親屬或扶養者老邁時，仍受到應有照顧及保障，中央主管機關應會同相關目的事業主管機關，共同建立身心障礙者安養監護制度及財產信託制度。

第 44 條　身心障礙者參加社會保險，政府應視其家庭經濟狀況及障礙等級，補助其自付部分之保險費。但極重度及重度身心障礙者之保險費由政府全額負擔。

前項保險費補助辦法，由中央主管機關定之。

第 45 條　政府規劃國民年金制度時，應優先將身心障礙者納入辦理。

第 46 條　對於身心障礙者或其扶養者應繳納之稅捐，政府應按障礙等級及家庭經濟狀況，依法給予適當之減免。

納稅義務人或與其合併申報納稅之配偶或撫養親屬為身心障礙者，應准予列報身心障礙特別扣除額，其金額於所得稅法定之。

身心障礙者或其扶養者依本法規定所得之各項補助，應免納所得稅。

第 47 條　身心障礙者申請在公有公共場所開設零售商店或攤販，申請購買或承租國民住宅、停車位，政府應保留名額優先核准。

前項受核准者，須親自經營、居住或使用達一定期間；如需出租或轉讓，應以其他身心障礙者優先。但經親自居住五年以上，且主管機關公告後仍無人願承租或受讓者，主管單位得將其列為一般國民

住宅，按照各地國民住宅主管機關所定辦法辦理。

身心障礙者購買或承租第一項之商店或攤販、國民住宅、停車位，政府應提供低利貸款；其辦法，由中央主管機關定之。

第一項應保留名額之比例，由直轄市、縣（市）政府定之。

第 48 條　公共停車場應保留百分之二比例做為身心障礙者專用停車位，車位未滿五十個之公共停車場，至少應保留一個身心障礙者專用停車位。非領有專用停車位識別證明之身心障礙者或其家屬，不得違規占用。

前項身心障礙者專用停車位之設置地點、空間規劃、使用方式、識別證明之核發及違規佔用之罰則等由中央主管機關會同交通、營建等相關單位定之。

第 49 條　直轄市、縣（市）主管機關對於身心障礙者及其同住扶養者，因無自有房屋而需租賃房屋居住者，或首次購屋所需之貸款利息，應視其家庭經濟狀況，酌予補助。

前項房屋租金及貸款利息之補助辦法，由中央主管機關定之。

第 50 條　身心障礙者及其監護人或必要陪伴者一人搭乘國內公、民營水、陸、空公共交通工具，憑身心障礙手冊，應予半價優待。

前項公共交通工具，身心障礙者得優先乘坐。

前二項實施辦法，由中央目的事業主管機關定之。

第 51 條　身心障礙者及其監護人或必要之陪伴者一人進入收費之公立風景區、康樂場所或文教設施，憑身心障礙手冊應予免費。其為私人者，應予半價優待。

第 51-1 條　視覺障礙者由合格導盲犬陪同或導盲犬專業訓練人員於執行訓練時帶同導盲幼犬，得自由出入公共場所、公共建築物、營業場所、公共交通工具及其他公共設施。

前項公共場所、公共建築物、營業場所、公共交通工具及其他公共設施之所有人、管理人或使用人，不得對導盲幼犬及合格導盲犬收取額外費用，且不得拒絕其自由出入或附加其他出入條件。

有關合格導盲犬及導盲幼犬之資格認定、使用管理及其他應遵行事項之辦法，由中央主管機關會同各目的事業主管機關定之。

第 52 條　任何擁有、出租（或租用）或經營公共設施場所者，不得單獨以身心障礙為理由，使其無法完全公平地享用物品、服務、設備、權利、利益或設施。

第 53 條　各級政府及民間應採取下列措施豐富身心障礙者之文化及精神生活：

一、透過廣播、電視、電影、報刊、圖書等方式，反映身心障礙者生活。

二、設立並獎助身心障礙者各障礙類別之讀物，開辦電視手語節目，在部分影視作品中增加字幕及解說。

三、舉辦並鼓勵身心障礙者參與各項文化、體育、娛樂等活動、特殊才藝表演，參加重大國際性比賽和交流。

前項實施辦法，由中央主管機關會同各目的事業主管機關定之。

第 54 條　各級政府及民間資源應鼓勵、協助身心障礙者進行文學、藝術、教育、科學、技術或其他方面的創造性活動。

第 55 條　通訊業者應對身心障礙者提供電訊轉接或其他特別傳送服務；其實施辦法由中央目的事業主管機關定之。

第 56 條　各項新建公共建築物、活動場所及公共交通工具，應規劃設置便於各類身心障礙者行動與使用之設施及設備。未符合規定者，不得核發建築執照或對外開放使用。

前項公共建築物、活動場所及公共交通工具之無障礙設備與設施之設置規定，由中央各目的事業主管機關於其相關法令定之。

第一項已領建築執照或對外開放使用之公共建築物、活動場所及公共交通工具，其無障礙設備與設施不符合前項規定或前項規定修正後不符合修正後之規定者，各級目的事業主管機關應令其所有權人或管理機關負責人改善。但因軍事管制、古蹟維護、自然環境因素、建築物構造或設備限制等特殊情形，設置無障礙設備與設施確有困難者，得由所有權人或管理機關負責人提具替代改善計畫，申報各級目的事業主管機關核備並核定改善期限。有關作業程序及認定原則，由中央各目的事業主管機關定之。

第 57 條　實施刑事訴訟程序之公務員，於身心障礙者涉案或作證時，應就其障礙類別之特別需要，提供必要之協助。

第六章　福利機構

第 58 條　各級政府應按需要自行或結合民間資源，設立下列身心障礙福利機構：

一、身心障礙者之教育、醫療、護理及復健機構。

二、視障者讀物出版社及視障者圖書館。

三、身心障礙庇護工場。

四、職業訓練及就業服務機構。

五、身心障礙收容及養護機構。

六、身心障礙服務及育樂機構。

七、其他身心障礙福利機構。

前項機構之業務應遴用專業人員辦理，並定期予以在職訓練；另得就其所提供之設施或服務，酌收必要費用。

第一項各類機構得單獨或綜合設立；其設立許可、籌設、獎助、查核之辦法及設施、人員配置、任用資格之標準，由中央主管機關及中央各目的事業主管機關定之。

第 59 條　設立障礙福利機構，應向各目的事業主管機關申請許可。

依前項許可設立者，應於許可設立之日起三個月內依有關法令辦理財團法人登記，於登記完成後，得接受補助或報經主管機關核准後對外募捐並專款專用。但有下列情形之一者，得免辦理財團法人登記：

一、依其他法律申請設立之財團法人或公益社團法人申請附設者。

二、小型設立且不對外募捐、接受補助或享受租稅減免者。

未依前項規定辦理財團法人登記或未符合前項免辦理財團法人登記之機構，其有對外募捐行為時，主管機關應限期令其辦理財團法人登記或停止對外募捐行為。

第 60 條　身心障礙福利機構設立之規模，應以社區化、小型化為原則；其設置標準，由直轄市、縣（市）主管機關定之。

第 61 條　主管機關應定期輔導與評鑑身心障礙福利機構，經評鑑成績優良者，應予獎勵。

身心障礙福利機構，辦理不善或違反設立標準者，主管機關應限期令其改善。

第一項評鑑工作應由中央主管機關成立評鑑委員會為之，其辦法由中央主管機關定之。

第 62 條　身心障礙福利機構或團體所生產之物品及其可提供之服務，於合理價格及一定金額以下者，各級政府機關、公、私立學校、公營事業機構及接受政府補助之機構或團體應優先採購。

各級主管機關應定期公告或發函各義務採購單位，告知前項物品及服務，並應參酌相關法令規定，扶助身心障礙福利機構或團體承包

或分包該物品及服務至一定比例。

前二項物品及服務項目、比例、一定金額、合理價格、扶助及其他應遵循事項之辦法，由中央主管機關定之。

第 63 條　身心障礙福利機構或團體申請在公共場所設立庇護工場、福利工廠或商店；申請在國民住宅設立社區家園或團體家庭者，應保留名額，優先核准。

前項受核准者，須親自經營、居住或使用並達一定期間；如需出租或轉讓，應以身心障礙福利機構或團體為限。

第七章　罰則

第 64 條　公務員執行職務違反第四條規定時，應受懲戒。

違反第四條或第三十三條第一項或第二項規定者，處新臺幣十萬元以上五十萬元以下罰鍰。

第 64-1 條　公務員執行職務無正當理由違反第三十一條第一項或第六十二條規定者，應受懲戒。

私立學校、機構及團體無正當理由違反第三十一條第二項或第六十二條規定者，處新臺幣二萬元以上十萬元以下罰鍰。

第 65 條　違反第三十七條第一項者，處新臺幣一萬元以上三萬元以下罰鍰並限期改善。

前項違法事件如於營業場所內發生並依前項標準加倍處罰場所之負責人或所有權人。

前兩項罰鍰之收入不列入年度預算，應納入視障者就業基金專戶專款專用，專供作推動視障者職業訓練、就業服務與安置、創業貸款、示範按摩中心（院）補助之用。該基金管理及運用之辦法，由中央勞工主管機關會同各目的事業主管機關定之。

第 65-1 條　違反第五十一條之一第二項規定者，得予以勸導並限期改善，逾期未改善者，處新臺幣一萬元以上三萬元以下罰鍰，並得按次連續處罰。

第 66 條　未依第五十九條第一項規定申請許可設立而辦理身心障礙福利機構者，處其負責人新臺幣六萬元以上三十萬元以下罰鍰。

經主管機關限期申請設立許可或依第五十九條第三項規定期限令其辦理財團法人登記或停止對外募捐行為，仍不遵辦者，處其負責人新臺幣十萬元以上五十萬元以下罰鍰，得按次連續處罰，並公告其

名稱，且得令其停辦。

第 67 條　身心障礙福利機構經主管機關依第六十一條第二項規定限期令其改善，屆期未改善者，得令其停辦一個月以上一年以下，並公告其名稱。停辦期限屆滿仍未改善或違反法令情節重大者，應廢止其許可；其屬法人者，得予解散。

第 68 條　身心障礙福利機構經主管機關依第六十六條或第六十七條規定令其停辦而拒不遵守者，再處新臺幣二十萬元以上一百萬元以下罰鍰。並得按次連續處罰。

第 69 條　身心障礙福利機構停辦或決議解散時，主管機關對於該機構服務之身心障礙者，應即予適當之安置，身心障礙福利機構應予配合。不予配合者，強制實施之，並處新臺幣六萬元以上六十萬元以下罰鍰。

第 70 條　違反第四十七條第一項規定者，不得核發零售商店、攤販之營利事業登記證及國民住宅、停車位之使用執照。違反同條第二項規定者，目的事業主管機關得強制收回，並優先出售或出租予其他身心障礙者。

第 71 條　違反第五十六條第三項規定未改善或未提具替代改善計畫或未依核定改善計畫之期限改善完成者，除應勒令停止其使用外，處其所有權人或管理機關負責人新臺幣六萬元以上三十萬元以下罰鍰，並限期改善；逾期未改善者，得按次連續處罰至其改善完成為止。必要時得停止供水、供電或封閉、強制拆除。

前項罰鍰收入應成立基金，供作改善及推動無障礙設備與設施經費使用。

該基金管理及運用之辦法，由中央各目的事業主管機關定之。

第 72 條　依本法所處之罰鍰及依第三十一條第三項應繳納之金額，經通知限期繳納；逾期仍未繳納者，移送法院強制執行。

第八章　附則

第 73 條　各級政府每年應向其民意機關報告本法之執行情形。

第 74 條　本法施行細則，由中央主管機關會商中央各目的事業主管機關定之。

第 75 條　本法自公布日施行。

二　身心障礙者保護法施行細則

（民國 92 年 2 月 21 日修正）

第 1 條　本細則依身心障礙者保護法（以下簡稱本法）第七十四條規定訂定之。

第 2 條　各級主管機關及各目的事業主管機關應依本法規定之權責，編訂年度預算規劃辦理。

第 3 條　本法第六條第一項所稱專責人員，指全職辦理身心障礙福利工作，未兼辦其他業務者。

　　　　本法第六條第二項所稱專業人員，指從事身心障礙相關福利工作，並符合專業人員之遴用標準及培訓辦法者。

第 4 條　（刪除）

第 5 條　依本法第十條辦理身心障礙鑑定服務所需之鑑定費，由直轄市、縣（市）衛生主管機關編列預算支應。

　　　　直轄市、縣（市）衛生主管機關應公告轄區內身心障礙鑑定之醫療機構。

第 6 條　醫療機構或鑑定作業小組依本法第十條第一項辦理鑑定時，對於可經由醫療復健或其他原因而改變原鑑定結果者，得指定期限辦理重新鑑定。

　　　　身心障礙手冊原發給機關應依據前項重新鑑定期限，註明身心障礙手冊之有效時間，並於有效時間屆滿三十日前主動通知身心障礙者或其監護人辦理重新鑑定。

第 7 條　身心障礙者依本法第十一條第二項申請複檢，應於收到鑑定結果次日起三十日內以書面向鑑定小組提出，逾期不得再對鑑定結果提出異議。

第 8 條　本法第十三條所稱障礙事實變更，指經重新鑑定障礙類別或等級已變更者；所稱障礙事實消失，指經重新鑑定已不符障礙類別或等級標準，或已逾身心障礙手冊所註明之有效時間者。

第 9 條　本法第十三條第二項所定重新鑑定之限期為三十日。

第 10 條　身心障礙手冊原發給機關應對轄區內身心障礙者建立檔案，並將其基本資料送戶政機關。

　　　　身心障礙者之戶籍有異動或死亡登記時，戶政機關應通報社政機關。

第 11 條　本法第十四條第二項所稱主動協助，指主管機關於接到各目的事業

主管機關通報後，應於七日內協助疑似身心障礙者申辦鑑定；如合於身心障礙資格，應轉請各目的事業主管機關提供相關專業服務。

第 12 條　本法第三十一條之各級政府機關、公、私立學校、團體及公、民營事業機構員工總人數之計算方式，以勞工保險局、中央信託局所統計各該機關、學校、團體或機構每月一日參加勞保、公保人數為準。但下列單位人員不予計入：

一、警政單位：警察官。

二、消防單位：實際從事救災救護之員工。

三、關務單位：擔任海上及陸上查緝、驗貨、調查、燈塔管理之員工。

四、法務單位：檢察官、書記官、法醫師、檢驗員、法警、調查人員、矯正人員及駐衛警。

前項總人數之計算，因機關被裁減，其人員被資遣或退休而仍繼續參加勞保者，不予計入。

本法第三十一條第一項及第二項所定進用具有工作能力之身心障礙者人數，以整數為計算標準，未達整數部分不予計入。

第 13 條　進用身心障礙者之義務機關（構）進用人數未達法定比例時，應於每月十日前，向所在地直轄市或縣（市）勞工主管機關設立之身心障礙者就業基金專戶，繳納上月之差額補助費。

第 14 條　直轄市及縣（市）勞工主管機關應建立進用身心障礙者之義務機關（構）名冊，通知其定期申報進用身心障礙者或不定期抽查進用身心障礙者之實際狀況。

第 14-1 條　身心障礙者就業基金專戶之會計事務，應由直轄市、縣（市）勞工主管機關之主計機構或人員，依會計法、決算法、政府採購法及相關法令規定辦理；該基金專戶經費之管理及運用，並應依直轄市、縣（市）勞工主管機關之規定辦理。

前項基金專戶之收支明細，每年應定期公告之。

第 15 條　本法第四十二條所稱生涯轉銜計畫，指對身心障礙者各個人生階段，由社會福利、教育、衛生及勞工等專業人員以團隊方式，會同身心障礙者或其家屬訂定之轉銜計畫。

前項轉銜計畫內容如下：

一、身心障礙者基本資料。

二、各階段專業服務資料。

三、家庭輔導計畫。

四、身心狀況評估。

五、未來安置協助建議方案。

六、轉銜準備服務事項。

第 16 條　本法第四十七條第二項所定一定期間為二年。

第 17 條　本法第六十二條第二項所定定期為六個月。

第 18 條　本法第六十三條第二項所定一定期間為二年。

第 19 條　本法第七十二條所定限期繳納之期間為三十日，自各目的事業主管機關通知送達之次日起算。

第 20 條　本細則自發布日施行。

三　特殊教育法

（民國 93 年 6 月 23 日修正）

第 1 條　為使身心障礙及資賦優異之國民，均有接受適性教育之權利，充分
　　　　發展身心潛能，培養健全人格，增進服務社會能力，特制定本法；
　　　　本法未規定者，依其他有關法律之規定。

第 2 條　本法所稱主管教育行政機關：在中央為教育部；在直轄市為直轄市
　　　　政府；在縣（市）為縣（市）政府。
　　　　本法所定事項涉及各目的事業主管機關業務時，各該機關應配合辦
　　　　理。

第 3 條　本法所稱身心障礙，係指因生理或心理之顯著障礙，致需特殊教育
　　　　和相關特殊教育服務措施之協助者。
　　　　本法所稱身心障礙，指具有左列情形之一者：
　　　　一、智能障礙。
　　　　二、視覺障礙。
　　　　三、聽覺障礙。
　　　　四、語言障礙。
　　　　五、肢體障礙。
　　　　六、身體病弱。
　　　　七、嚴重情緒障礙。
　　　　八、學習障礙。
　　　　九、多重障礙。
　　　　十、自閉症。
　　　　十一、發展遲緩。
　　　　十二、其他顯著障礙。
　　　　前項各款鑑定之標準，由中央主管教育行政機關會商相關機關定之。

第 4 條　本法所稱資賦優異，係指在左列領域中有卓越潛能或傑出表現者：
　　　　一、一般智能。
　　　　二、學術性向。
　　　　三、藝術才能。
　　　　四、創造能力。
　　　　五、領導能力。
　　　　六、其他特殊才能。

前項各款鑑定之標準，由中央主管教育行政機關定之。

第 5 條　特殊教育之課程、教材及教法，應保持彈性，適合學生身心特性及
　　　　需要；其辦法，由中央主管教育行政機關定之。

對身心障礙學生，應配合其需要，進行有關復健、訓練治療。

第 6 條　各級主管教育行政機關為研究改進特殊教育課程、教材教法及教具
　　　　之需要，應主動委託學術及特殊教育學校或特殊教育機構等相關單
　　　　位進行研究。

中央主管教育行政機關應指定相關機關成立研究發展中心。

第 7 條　特殊教育之實施，分下列三階段：

一、學前教育階段，在醫院、家庭、幼稚園、托兒所、特殊幼稚園
　　（班）、特殊教育學校幼稚部或其他適當場所實施。

二、國民教育階段，在醫院、國民小學、國民中學、特殊教育學校
　　（班）或其他適當場所實施。

三、國民教育階段完成後，在高級中等以上學校、特殊教育學校
　　（班）、醫院或其他成人教育機構等適當場所實施。

為因應特殊教育學校之教學需要，其教育階段及年級安排，應保持
彈性。

第 8 條　學前教育及國民教育階段之特殊教育，由直轄市或縣（市）主管教
　　　　育行政機關辦理為原則。

國民教育完成後之特殊教育，由各級主管教育行政機關辦理。

各階段之特殊教育，除由政府辦理外，並鼓勵或委託民間辦理。主
管教育行政機關對民間辦理特殊教育應優予獎助；其獎助對象、條
件、方式、違反規定時之處理及其他應遵行事項之辦法，由中央主
管教育行政機關定之。

第 9 條　各階段特殊教育之學生入學年齡及修業年限，對身心障礙國民，除
　　　　依義務教育之年限規定辦理外，並應向下延伸至三歲，於本法公布
　　　　施行六年內逐步完成。

國民教育階段身心障礙學生因身心發展狀況及學習需要，得經該管
主管教育行政機關核定延長修業年限，並以延長二年為原則。

第 10 條　為執行特殊教育工作，各級主管教育行政機關應設專責單位，各級
　　　　政府承辦特殊教育業務人員及特殊教育學校之主管人員，應優先任
　　　　用相關專業人員。

第 11 條　各師範校院應設特殊教育中心，負責協助其輔導區內特殊教育學生

之鑑定、教學及輔導工作。

大學校院設有教育院、系、所、學程或特殊教育系、所、學程者，應鼓勵設特殊教育中心。

第 12 條　直轄市及縣（市）主管教育行政機關應設特殊教育學生鑑定及就學輔導委員會，聘請衛生及有關機關代表、相關服務專業人員及學生家長代表為委員，處理有關鑑定、安置及輔導事宜。有關之學生家長並得列席。

第 13 條　各級學校應主動發掘學生特質，透過適當鑑定，按身心發展狀況及學習需要，輔導其就讀適當特殊教育學校（班）、普通學校相當班級或其他適當場所。身心障礙學生之教育安置，應以滿足學生學習需要為前提下，最少限制的環境為原則。直轄市及縣（市）主管教育行政機關應每年重新評估其教育安置之適當性。

第 14 條　對於就讀普通班之身心障礙學生，應予適當安置及輔導；其安置原則及輔導方式之辦法，由各級主管教育行政機關定之。

為使普通班老師得以兼顧身心障礙學生及其他學生之需要，身心障礙學生就讀之普通班應減少班級人數；其減少班級人數之條件及核算方式之辦法，由各級主管教育行政機關定之。

第 15 條　各級主管教育行政機關應結合特殊教育機構及專業人員，提供普通學校輔導特殊教育學生之有關評量、教學及行政支援服務；其支援服務項目及實施方式之辦法，由中央主管教育行政機關定之。

第 16 條　特殊教育學校（班）之設立，應力求普及，以小班、小校為原則，並朝社區化方向發展。少年矯正學校、社會福利機構及醫療機構附設特殊教育班，應報請當地主管教育行政機關核准後辦理。

第 17 條　為普及身心障礙兒童及青少年之學前教育、早期療育及職業教育，各級主管教育行政機關應妥當規劃加強推動師資培訓及在職訓練。特殊教育學校置校長，其聘任資格依教育人員任用條例之規定，聘任程序比照各該校所設學部最高教育階段之學校法規之規定。特殊教育學校（班）、特殊幼稚園（班），應依實際需要置特殊教育教師、相關專業人員及助理人員。特殊教育教師之資格及聘任，依師資培育法及教育人員任用條例之規定；相關專業人員及助理人員之類別、職責、遴用資格、程序、報酬及其他權益事項之辦法，由中央主管教育行政機關定之。

特殊教育學校（班）、特殊幼稚園（班）設施之設置，應以適合個

別化教學為原則，並提供無障礙之學習環境及適當之相關服務。

前二項人員之編制、設施規模、設備及組織之設置標準，由中央主管教育行政機關定之。

第 18 條　設有特殊教育系（所）之師範大學、師範學院或一般大學，為辦理特殊教育各項實驗研究，並供教學實習，得附設特殊教育學校（班）。

第 19 條　接受國民教育以上之特殊教育學生，其品學兼優或有特殊表現者，各級政府應給予獎助；家境清寒者，應給予助學金、獎學金或教育補助費。

前項學生屬身心障礙者，各級政府應減免其學雜費，並依其家庭經濟狀況，給予個人必需之教科書及教育補助器材。

身心障礙學生於接受國民教育時，無法自行上下學者，由各級政府免費提供交通工具；確有困難，無法提供者，補助其交通費。

前三項獎助之對象、條件、金額、名額、次數及其他應遵行事項之辦法，由各級政府定之。

第 20 條　身心障礙學生，在特殊教育學校（班）修業期滿，依修業情形發給畢業證書或修業證書。

對失學之身心障礙國民，應辦理學力鑑定及規劃實施免費成人教育；其辦理學力鑑定及實施成人教育之對象、辦理單位、方式及其他相關事項之辦法，由各級主管教育行政機關定之。

第 21 條　完成國民教育之身心障礙學生，依其志願報考各級學校或經主管教育行政機關甄試、保送或登記、分發進入各級學校，各級學校不得以身心障礙為由拒絕其入學；其升學輔導辦法，由中央主管教育行政機關定之。

各級學校入學試務單位應依考生障礙類型、程度，提供考試適當服務措施，由各試務單位於考前訂定公告之。

第 22 條　身心障礙教育之診斷與教學工作，應以專業團隊合作進行為原則，集合衛生醫療、教育、社會福利、就業服務等專業，共同提供課業學習、生活、就業轉銜等協助；身心障礙教育專業團隊設置與實施辦法，由中央主管教育行政機關定之。

第 23 條　各級主管教育行政機關應每年定期舉辦特殊教育學生狀況調查及教育安置需求人口通報，出版統計年報，並依據實際需求規劃設立各級特殊學校（班）或其他身心障礙教育措施及教育資源的分配，以維護特殊教育學生接受適性教育之權利。

第 24 條　就讀特殊學校（班）及一般學校普通班之身心障礙者，學校應依據其學習及生活需要，提供無障礙環境、資源教室、錄音及報讀服務、提醒、手語翻譯、調頻助聽器、代抄筆記、盲用電腦、擴視鏡、放大鏡、點字書籍、生活協助、復健治療、家庭支援、家長諮詢等必要之教育輔助器材及相關支持服務；其實施辦法，由各級主管教育行政機關定之。

第 25 條　為提供身心障礙兒童及早接受療育之機會，各級政府應由醫療主管機關召集，結合醫療、教育、社政主管機關，共同規劃及辦理早期療育工作。

對於就讀幼兒教育機構者，得發給教育補助費。

第 26 條　各級學校應提供特殊教育學生家庭包括資訊、諮詢、輔導、親職教育課程等支援服務，特殊教育學生家長至少一人為該校家長會委員。

第 27 條　各級學校應對每位身心障礙學生擬定個別化教育計畫，並應邀請身心障礙學生家長參與其擬定與教育安置。

第 28 條　對資賦優異者，得降低入學年齡或縮短修業年限；縮短修業年限之資賦優異學生，其學籍、畢業資格及升學，比照應屆畢業學生辦理；其降低入學年齡、縮短修業年限與升學及其他相關事項之辦法，由中央主管教育行政機關定之。

第 29 條　資賦優異教學，應以結合社區資源、參與社區各類方案為主，並得聘任具特殊專才者為特約指導教師。

各級學校對於身心障礙及社經文化地位不利之資賦優異學生，應加強鑑定與輔導。

第 30 條　各級政府應按年從寬編列特殊教育預算，在中央政府不得低於當年度教育主管預算百分之三；在地方政府不得低於當年度教育主管預算百分之五。

地方政府編列預算時，應優先辦理身心障礙學生教育。

中央政府為均衡地方身心障礙教育之發展，應視需要補助地方人事及業務經費以辦理身心障礙教育。

第 31 條　各級主管教育行政機關為促進特殊教育發展及處理各項權益申訴事宜，應聘請專家、學者、相關團體、機構及家長代表為諮詢委員，並定期召開會議。

為保障特殊教育學生教育權利，應提供申訴服務；其申訴案件之處理程序、方式及其他相關服務事項之辦法，由中央主管教育行政機

關定之。

第 31-1 條　公立特殊教育學校之場地、設施與設備提供他人使用、委託經營、
獎勵民間參與，與學生重補修、辦理招生、甄選、實習、實施推廣
教育等所獲之收入及其相關支出，應設置專帳以代收代付方式執
行，其賸餘款並得滾存作為改善學校基本設施或充實教學設備之
用，不受預算法第十三條、國有財產法第七條及地方公有財產管理
相關規定之限制。

前項收支管理作業規定，由中央主管教育行政機關定之。

第 32 條　本法施行細則，由中央主管教育行政機關定之。

第 33 條　本法自公布日施行。

四 特殊教育法施行細則

（民國 92 年 8 月 7 日修正）

第 1 條　本細則依特殊教育法（以下簡稱本法）第三十二條規定訂定之。

第 2 條　（刪除）

第 3 條　本法第七條第一項第一款所稱特殊幼稚園，指為身心障礙或資賦優異者專設之幼稚園；所稱特殊幼稚班，指在幼稚園為身心障礙或資賦優異者專設之班。

　　　　本法第七條第一項第二款及第三款所稱特殊教育學校，指為身心障礙或資賦優異者專設之學校；所稱特殊教育班，指在國民小學、國民中學、高級中學、職業學校或依本法第十六條第二項為身心障礙或資賦優異者專設之班。

　　　　本法第七條第一項第三款所稱高級中等以上學校，指高級中學、職業學校、專科學校及大學。

第 4 條　政府、民間依本法第八條規定辦理特殊教育學校（班）者，其設立、變更及停辦之程序如下：

　　　　一、公立特殊教育學校：

　　　　　㈠國立者，由中央主管教育行政機關核定。

　　　　　㈡直轄市及縣（市）立者，由直轄市及縣（市）主管教育行政機關核定，報請中央主管教育行政機關備查。

　　　　二、公立學校之特殊教育班：由學校之主管教育行政機關核定。

　　　　三、私立特殊教育學校：依私立學校法規定之程序辦理。

　　　　四、私立學校之特殊教育班：由學校之主管教育行政機關核定。

　　　　各階段特殊教育除依前項規定辦理外，公、私立學校並得依學生之特殊教育需要，自行擬具特殊教育方案，向各級主管教育行政機關申請辦理之；其方案之基本內容及申請程序，由各級主管教育行政機關定之。

第 5 條　各級主管教育行政機關得依本法第八條第三項委託民間辦理特殊教育學校（班）或其他教育方案，其委託方式及程序，由各該主管教育行政機關定之。

第 6 條　為辦理本法第九條第一項身心障礙學生入學年齡向下延伸至三歲事項，直轄市、縣（市）政府應普設學前特殊教育設施，提供適當之相關服務。

直轄市、縣（市）政府對於前項接受學前特殊教育之身心障礙學生，應視實際需要提供教育補助費。

第一項所稱學前特殊教育設施，指在本法第七條第一項第一款所定場所設置之設備或提供之措施。

第 7 條　學前教育階段身心障礙兒童，應以與普通兒童一起就學為原則。

第 8 條　本法第十條所稱專責單位，指於各級主管教育行政機關置專任人員辦理特殊教育行政工作之單位。

第 9 條　本法第十二條所稱特殊教育學生鑑定及就學輔導委員會（以下簡稱鑑輔會），應以綜合服務及團隊方式，辦理下列事項：

一、議決鑑定、安置及輔導之實施方式與程序。

二、建議專業團隊及特殊教育資源中心應遴聘之專業人員。

三、評估特殊教育工作績效。

四、執行鑑定、安置及輔導工作。

五、其他有關特殊教育鑑定、安置及輔導事項。

直轄市、縣（市）主管教育行政機關應從寬編列鑑輔會年度預算，必要時，由中央主管教育行政機關補助之。

鑑輔會應置主任委員一人，由直轄市、縣（市）主管教育行政機關首長兼任之；並指定專任人員辦理鑑輔會事務。鑑輔會之組織及運作方式，由直轄市、縣（市）主管教育行政機關定之。

第 10 條　直轄市、縣（市）主管教育行政機關應結合鑑輔會、特殊教育資源中心、特殊教育諮詢委員會、身心障礙教育專業團隊及其他相關組織，建立特殊教育行政支援系統；其聯繫及運作方式，由直轄市、縣（市）主管教育行政機關定之。

前項所稱特殊教育資源中心，指直轄市、縣（市）主管教育行政機關為協助辦理特殊教育相關事項所設之任務編組；其成員，由直轄市、縣（市）主管教育行政機關就學校教師、學者專家或相關專業人員聘兼之。

第 11 條　鑑輔會依本法第十二條安置身心障礙學生，應於身心障礙學生教育安置會議七日前，將鑑定資料送交學生家長；家長得邀請教師、學者專家或相關專業人員陪同列席該會議。

鑑輔會應就前項會議所為安置決議，於身心障礙學生入學前，對安置機構以書面提出下列建議：

一、安置場所環境及設備之改良。

二、復健服務之提供。

三、教育輔助器材之準備。

四、生活協助之計畫。

前項安置決議，鑑輔會應依本法第十三條每年評估其適當性；必要時，得視實際狀況調整安置方式。

第 12 條　國民教育階段特殊教育學生之就學以就近入學為原則。但其學區無合適特殊教育場所可安置者，得經其主管鑑輔會鑑定後，安置於適當學區之特殊教育場所。

前項特殊教育學生屬身心障礙者，直轄市、縣（市）主管教育行政機關應依本法第十九條第三項規定，提供交通工具或補助其交通費。

第 13 條　依本法第十三條輔導特殊教育學生就讀普通學校相當班級時，該班級教師應參與特殊教育專業知能研習，且應接受特殊教育教師或相關專業人員所提供之諮詢服務。

本法第十三條所稱輔導就讀特殊教育學校（班），指下列就讀情形：

一、學生同時在普通班及資源班上課者。

二、學生同時在特殊教育班及普通班上課，且其在特殊教育班上課之時間超過其在校時間之二分之一者。

三、學生在校時間全部在特殊教育班上課者。

四、學生在特殊教育學校上課，且每日通學者。

五、學生在特殊教育學校上課，且在校住宿者。

第 14 條　資賦優異學生入學後，學校應予有計畫之個別輔導；其輔導項目，應視學生需要定之。

第 15 條　資賦優異學生，如須轉入普通班或一般學校就讀者，原就讀學校應輔導轉班或轉校，並將個案資料隨同移轉，以便追蹤輔導。

第 16 條　各級主管教育行政機關於依本法第二十三條實施特殊教育學生狀況調查後，應建立各階段特殊教育學生通報系統，並與衛生、社政主管機關所建立之通報系統互相協調、結合。

本法第二十三條所定出版統計年報，應包含接受特殊教育服務之學生人數與比率、教育安置狀況、師資狀況及經費狀況等項目。

第 17 條　本法第二十六條所定提供特殊教育學生家庭支援服務，應由各級學校指定專責單位辦理。其服務內容應於開學後二週內告知特殊教育學生家長；必要時，應依據家長之個別需要調整服務內容及方式。

第 18 條　本法第二十七條所稱個別化教育計畫，指運用專業團隊合作方式，

針對身心障礙學生個別特性所擬定之特殊教育及相關服務計畫，其內容應包括下列事項：

一、學生認知能力、溝通能力、行動能力、情緒、人際關係、感官功能、健康狀況、生活自理能力、國文、數學等學業能力之現況。

二、學生家庭狀況。

三、學生身心障礙狀況對其在普通班上課及生活之影響。

四、適合學生之評量方式。

五、學生因行為問題影響學習者，其行政支援及處理方式。

六、學年教育目標及學期教育目標。

七、學生所需要之特殊教育及相關專業服務。

八、學生能參與普通學校（班）之時間及項目。

九、學期教育目標是否達成之評量日期及標準。

十、學前教育大班、國小六年級、國中三年級及高中（職）三年級學生之轉銜服務內容。

前項第十款所稱轉銜服務，應依據各教育階段之需要，包括升學輔導、生活、就業、心理輔導、福利服務及其他相關專業服務等項目。

參與擬定個別化教育計畫之人員，應包括學校行政人員、教師、學生家長、相關專業人員等，並得邀請學生參與；必要時，學生家長得邀請相關人員陪同。

第 19 條　前條個別化教育計畫，學校應於身心障礙學生開學後一個月內訂定，每學期至少檢討一次。

第 20 條　依本法第二十九條第二項鑑定身心障礙之資賦優異學生及社經文化地位不利之資賦優異學生時，應選擇適用該學生之評量工具及程序，得不同於一般資賦優異學生。

依本法第二十九條第二項輔導身心障礙之資賦優異學生及社經文化地位不利之資賦優異學生時，其教育方案應保持最大彈性，不受人數限制，並得跨校實施。

學校對於身心障礙之資賦優異學生之教學，應就其身心狀況，予以特殊設計及支援。

第 21 條　各教育階段特殊教育之評鑑，該管主管教育行政機關，應至少每二年辦理一次；其評鑑項目，由各級主管教育行政機關定之。

直轄市及縣（市）主管教育行政機關辦理特殊教育之績效，中央主管教育行政機關應至少每二年訪視評鑑一次。

前二項之評鑑，必要時，該管主管教育行政機關得委任或委託大學
校院或民間團體辦理之。

第 22 條　本細則自發布日施行。

五　兒童及少年福利法

（民國 92 年 5 月 28 日公布）

第一章　總則

第 1 條　為促進兒童及少年身心健全發展，保障其權益，增進其福利，特制定本法。

兒童及少年福利依本法之規定，本法未規定者，適用其他法律之規定。

第 2 條　本法所稱兒童及少年，指未滿十八歲之人；所稱兒童，指未滿十二歲之人；所稱少年，指十二歲以上未滿十八歲之人。

第 3 條　父母或監護人對兒童及少年應負保護、教養之責任。對於主管機關、目的事業主管機關或兒童及少年福利機構依本法所為之各項措施，應配合及協助。

第 4 條　政府及公私立機構、團體應協助兒童及少年之父母或監護人，維護兒童及少年健康，促進其身心健全發展，對於需要保護、救助、輔導、治療、早期療育、身心障礙重建及其他特殊協助之兒童及少年，應提供所需服務及措施。

第 5 條　政府及公私立機構、團體處理兒童及少年相關事務時，應以兒童及少年之最佳利益為優先考量；有關其保護及救助，並應優先處理。

兒童及少年之權益受到不法侵害時，政府應予適當之協助及保護。

第 6 條　本法所稱主管機關：在中央為內政部；在直轄市為直轄市政府；在縣（市）為縣（市）政府。

前項主管機關在中央應設兒童及少年局；在直轄市及縣（市）政府應設兒童及少年福利專責單位。

第 7 條　下列事項，由中央主管機關掌理。但涉及各中央目的事業主管機關職掌，依法應由各中央目的事業主管機關掌理者，從其規定：

一、全國性兒童及少年福利政策、法規與方案之規劃、釐定及宣導事項。

二、對直轄市、縣（市）政府執行兒童及少年福利之監督及協調事項。

三、中央兒童及少年福利經費之分配及補助事項。

四、兒童及少年福利事業之策劃、獎助及評鑑之規劃事項。

五、兒童及少年福利專業人員訓練之規劃事項。

六、國際兒童及少年福利業務之聯繫、交流及合作事項。

七、兒童及少年保護業務之規劃事項。

八、中央或全國性兒童及少年福利機構之設立、監督及輔導事項。

九、其他全國性兒童及少年福利之策劃及督導事項。

第 8 條　下列事項，由直轄市、縣（市）主管機關掌理。但涉及各地方目的事業主管機關職掌，依法應由各地方目的事業主管機關掌理者，從其規定：

一、直轄市、縣（市）兒童及少年福利政策、自治法規與方案之規劃、釐定、宣導及執行事項。

二、中央兒童及少年福利政策、法規及方案之執行事項。

三、兒童及少年福利專業人員訓練之執行事項。

四、兒童及少年保護業務之執行事項。

五、直轄市、縣（市）兒童及少年福利機構之設立、監督及輔導事項。

六、其他直轄市、縣（市）兒童及少年福利之策劃及督導事項。

第 9 條　本法所定事項，主管機關及各目的事業主管機關應就其權責範圍，針對兒童及少年之需要，尊重多元文化差異，主動規劃所需福利，對涉及相關機關之兒童及少年福利業務，應全力配合之。

主管機關及各目的事業主管機關權責劃分如下：

一、主管機關：主管兒童及少年福利法規、政策、福利工作、福利事業、專業人員訓練、兒童及少年保護、親職教育、福利機構設置等相關事宜。

二、衛生主管機關：主管婦幼衛生、優生保健、發展遲緩兒童早期醫療、兒童及少年心理保健、醫療、復健及健康保險等相關事宜。

三、教育主管機關：主管兒童及少年教育及其經費之補助、特殊教育、幼稚教育、兒童及少年就學、家庭教育、社會教育、兒童課後照顧服務等相關事宜。

四、勞工主管機關：主管年滿十五歲少年之職業訓練、就業服務、勞動條件之維護等相關事宜。

五、建設、工務、消防主管機關：主管兒童及少年福利機構建築物管理、公共設施、公共安全、建築物環境、消防安全管理、遊

樂設施等相關事宜。

六、警政主管機關：主管兒童及少年保護個案人身安全之維護、失
　　蹤兒童及少年之協尋等相關事宜。

七、交通主管機關：主管兒童及少年交通安全、幼童專用車檢驗等
　　相關事宜。

八、新聞主管機關：主管兒童及少年閱聽權益之維護、媒體分級等
　　相關事宜之規劃與辦理。

九、戶政主管機關：主管兒童及少年身分資料及戶籍相關事宜。

十、財政主管機關：主管兒童及少年福利機構稅捐之減免等相關事
　　宜。

十一、其他兒童及少年福利措施由各相關目的事業主管機關依職權
　　　辦理。

第 10 條　主管機關為協調、研究、審議、諮詢及推動兒童及少年福利政策，
應設諮詢性質之委員會。

前項委員會以行政首長為主任委員，學者、專家及民間團體代表之
比例不得低於委員人數之二分之一。委員會每年至少應開會四次。

第 11 條　政府及公私立機構、團體應培養兒童及少年福利專業人員，並應定
期舉辦職前訓練及在職訓練。

第 12 條　兒童及少年福利經費之來源如下：

一、各級政府年度預算及社會福利基金。

二、私人或團體捐贈。

三、依本法所處之罰鍰。

四、其他相關收入。

第二章　身分權益

第 13 條　胎兒出生後七日內，接生人應將其出生之相關資料通報戶政及衛生
主管機關備查。

接生人無法取得完整資料以填報出生通報者，仍應為前項之通報。

戶政主管機關應於接獲通報後，依相關規定辦理；必要時，得請求
主管機關、警政及其他目的事業主管機關協助。

出生通報表由中央衛生主管機關定之。

第 14 條　法院認可兒童及少年收養事件，應基於兒童及少年之最佳利益，斟
酌收養人之人格、經濟能力、家庭狀況及以往照顧或監護其他兒童

及少年之紀錄決定之。滿七歲之兒童及少年被收養時，兒童及少年之意願應受尊重。兒童及少年不同意時，非確信認可被收養，乃符合其最佳利益，法院應不予認可。

法院認可兒童及少年之收養前，得准收養人與兒童及少年先行共同生活一段期間，供法院決定認可之參考；共同生活期間，對於兒童及少年權利義務之行使或負擔，由收養人為之。

法院認可兒童及少年之收養前，應命主管機關或兒童及少年福利機構進行訪視，提出調查報告及建議。收養人或收養事件之利害關係人亦得提出相關資料或證據，供法院斟酌。

前項主管機關或兒童及少年福利機構進行前項訪視，應調查出養之必要性，並給予必要之協助。其無出養之必要者，應建議法院不為收養之認可。

法院對被遺棄兒童及少年為收養認可前，應命主管機關調查其身分資料。

父母對於兒童及少年出養之意見不一致，或一方所在不明時，父母之一方仍可向法院聲請認可。經法院調查認為收養乃符合兒童及少年之最佳利益時，應予認可。

法院認可或駁回兒童及少年收養之聲請時，應以書面通知主管機關，主管機關應為必要之訪視或其他處置，並作成報告。

第 15 條　收養兒童及少年經法院認可者，收養關係溯及於收養書面契約成立時發生效力；無書面契約者，以向法院聲請時為收養關係成立之時；有試行收養之情形者，收養關係溯及於開始共同生活時發生效力。

聲請認可收養後，法院裁定前，兒童及少年死亡者，聲請程序終結。收養人死亡者，法院應命主管機關或其委託機構為調查，並提出報告及建議，法院認收養於兒童及少年有利益時，仍得為認可收養之裁定，其效力依前項之規定。

第 16 條　養父母對養子女有下列之行為，養子女、利害關係人或主管機關得向法院聲請宣告終止其收養關係：

一、有第三十條各款所定行為之一。

二、違反第二十六條第二項或第二十八條第二項規定，情節重大者。

第 17 條　中央主管機關應自行或委託兒童及少年福利機構設立收養資訊中心，保存出養人、收養人及被收養兒童及少年之身分、健康等相關

資訊之檔案。

收養資訊中心、所屬人員或其他辦理收出養業務之人員，對前項資訊，應妥善維護當事人之隱私並負專業上保密之責，未經當事人同意或依法律規定者，不得對外提供。

第一項資訊之範圍、來源、管理及使用辦法，由中央主管機關定之。

第18條　父母或監護人因故無法對其兒童及少年盡扶養義務時，於聲請法院認可收養前，得委託有收出養服務之兒童及少年福利機構，代覓適當之收養人。

前項機構應於接受委託後，先為出養必要性之訪視調查；評估有其出養必要後，始為寄養、試養或其他適當之安置、輔導與協助。

兒童及少年福利機構從事收出養服務項目之許可、管理、撤銷及收出養媒介程序等事項，由中央主管機關定之。

第三章　福利措施

第19條　直轄市、縣（市）政府，應鼓勵、輔導、委託民間或自行辦理下列兒童及少年福利措施：

一、建立發展遲緩兒童早期通報系統，並提供早期療育服務。

二、辦理兒童托育服務。

三、對兒童及少年及其家庭提供諮詢輔導服務。

四、對兒童及少年及其父母辦理親職教育。

五、對於無力撫育其未滿十二歲之子女或被監護人者，予以家庭生活扶助或醫療補助。

六、對於無謀生能力或在學之少年，無扶養義務人或扶養義務人無力維持其生活者，予以生活扶助或醫療補助。

七、早產兒、重病兒童及少年與發展遲緩兒童之扶養義務人無力支付醫療費用之補助。

八、對於不適宜在家庭內教養或逃家之兒童及少年，提供適當之安置。

九、對於無依兒童及少年，予以適當之安置。

十、對於未婚懷孕或分娩而遭遇困境之婦嬰，予以適當之安置及協助。

十一、提供兒童及少年適當之休閒、娛樂及文化活動。

十二、辦理兒童課後照顧服務。

十三、其他兒童及少年及其家庭之福利服務。

前項第九款無依兒童及少年之通報、協尋、安置方式、要件、追蹤之處理辦法,由中央主管機關定之。

第一項第十二款之兒童課後照顧服務,得由直轄市、縣(市)政府指定所屬國民小學辦理,其辦理方式、人員資格等相關事項標準,由教育部會同內政部定之。

第 20 條　政府應規劃實施三歲以下兒童醫療照顧措施,必要時並得補助其費用。

前項費用之補助對象、項目、金額及其程序等之辦法,由中央主管機關定之。

第 21 條　疑似發展遲緩兒童或身心障礙兒童及少年之父母或監護人,得申請警政主管機關建立疑似發展遲緩兒童或身心障礙兒童及少年之指紋資料。

第 22 條　各類兒童及少年福利、教育及醫療機構,發現有疑似發展遲緩兒童或身心障礙兒童及少年,應通報直轄市、縣(市)主管機關。直轄市、縣(市)主管機關應將接獲資料,建立檔案管理,並視其需要提供、轉介適當之服務。

第 23 條　政府對發展遲緩兒童,應按其需要,給予早期療育、醫療、就學方面之特殊照顧。

父母、監護人或其他實際照顧兒童之人,應配合前項政府對發展遲緩兒童所提供之各項特殊照顧。

早期療育所需之篩檢、通報、評估、治療、教育等各項服務之銜接及協調機制,由中央主管機關會同衛生、教育主管機關規劃辦理。

第 24 條　兒童及孕婦應優先獲得照顧。

交通及醫療等公、民營事業應提供兒童及孕婦優先照顧措施。

第 25 條　少年年滿十五歲有進修或就業意願者,教育、勞工主管機關應視其性向及志願,輔導其進修、接受職業訓練或就業。

雇主對年滿十五歲之少年員工應提供教育進修機會,其辦理績效良好者,勞工主管機關應予獎勵。

第四章　保護措施

第 26 條　兒童及少年不得為下列行為:

一、吸菸、飲酒、嚼檳榔。

二、施用毒品、非法施用管制藥品或其他有害身心健康之物質。

三、觀看、閱覽、收聽或使用足以妨害其身心健康之暴力、色情、猥褻、賭博之出版品、圖畫、錄影帶、錄音帶、影片、光碟、磁片、電子訊號、遊戲軟體、網際網路或其他物品。

四、在道路上競駛、競技或以蛇行等危險方式駕車或參與其行為。

父母、監護人或其他實際照顧兒童及少年之人，應禁止兒童及少年為前項各款行為。

任何人均不得供應第一項之物質、物品予兒童及少年。

第 27 條　出版品、電腦軟體、電腦網路應予分級；其他有害兒童及少年身心健康之物品經目的事業主管機關認定應予分級者，亦同。

前項物品列為限制級者，禁止對兒童及少年為租售、散布、播送或公然陳列。

第一項物品之分級辦法，由目的事業主管機關定之。

第 28 條　兒童及少年不得出入酒家、特種咖啡茶室、限制級電子遊戲場及其他涉及賭博、色情、暴力等經主管機關認定足以危害其身心健康之場所。

父母、監護人或其他實際照顧兒童及少年之人，應禁止兒童及少年出入前項場所。

第一項場所之負責人及從業人員應拒絕兒童及少年進入。

第 29 條　父母、監護人或其他實際照顧兒童及少年之人，應禁止兒童及少年充當前條第一項場所之侍應或從事危險、不正當或其他足以危害或影響其身心發展之工作。

任何人不得利用、僱用或誘迫兒童及少年從事前項之工作。

第 30 條　任何人對於兒童及少年不得有下列行為：

一、遺棄。

二、身心虐待。

三、利用兒童及少年從事有害健康等危害性活動或欺騙之行為。

四、利用身心障礙或特殊形體兒童及少年供人參觀。

五、利用兒童及少年行乞。

六、剝奪或妨礙兒童及少年接受國民教育之機會。

七、強迫兒童及少年婚嫁。

八、拐騙、綁架、買賣、質押兒童及少年，或以兒童及少年為擔保之行為。

九、強迫、引誘、容留或媒介兒童及少年為猥褻行為或性交。

十、供應兒童及少年刀械、槍砲、彈藥或其他危險物品。

十一、利用兒童及少年拍攝或錄製暴力、猥褻、色情或其他有害兒童及少年身心發展之出版品、圖畫、錄影帶、錄音帶、影片、光碟、磁片、電子訊號、遊戲軟體、網際網路或其他物品。

十二、違反媒體分級辦法，對兒童及少年提供或播送有害其身心發展之出版品、圖畫、錄影帶、影片、光碟、電子訊號、網際網路或其他物品。

十三、帶領或誘使兒童及少年進入有礙其身心健康之場所。

十四、其他對兒童及少年或利用兒童及少年犯罪或為不正當之行為。

第 31 條　孕婦不得吸菸、酗酒、嚼檳榔、施用毒品、非法施用管制藥品或為其他有害胎兒發育之行為。

任何人不得強迫、引誘或以其他方式使孕婦為有害胎兒發育之行為。

第 32 條　父母、監護人或其他實際照顧兒童之人不得使兒童獨處於易發生危險或傷害之環境；對於六歲以下兒童或需要特別看護之兒童及少年，不得使其獨處或由不適當之人代為照顧。

第 33 條　兒童及少年有下列情事之一，宜由相關機構協助、輔導者，直轄市、縣（市）主管機關得依其父母、監護人或其他實際照顧兒童及少年之人之申請或經其同意，協調適當之機構協助、輔導或安置之：

一、違反第二十六條第一項、第二十八條第一項規定或從事第二十九條第一項禁止從事之工作，經其父母、監護人或其他實際照顧兒童及少年之人盡力禁止而無效果。

二、有品行不端、暴力等偏差行為，情形嚴重，經其父母、監護人或其他實際照顧兒童及少年之人盡力矯正而無效果。

前項機構協助、輔導或安置所必要之生活費、衛生保健費、學雜各費及其他相關費用，由扶養義務人負擔。

第 34 條　醫事人員、社會工作人員、教育人員、保育人員、警察、司法人員及其他執行兒童及少年福利業務人員，知悉兒童及少年有下列情形之一者，應立即向直轄市、縣（市）主管機關通報，至遲不得超過二十四小時：

一、施用毒品、非法施用管制藥品或其他有害身心健康之物質。

二、充當第二十八條第一項場所之侍應。

三、遭受第三十條各款之行為。

四、有第三十六條第一項各款之情形。

五、遭受其他傷害之情形。

其他任何人知悉兒童及少年有前項各款之情形者，得通報直轄市、縣（市）主管機關。

直轄市、縣（市）主管機關於知悉或接獲通報前二項案件時，應立即處理，至遲不得超過二十四小時，其承辦人員並應於受理案件後四日內提出調查報告。

第一項及第二項通報及處理辦法，由中央主管機關定之。

第一項及第二項通報人之身分資料，應予保密。

第 35 條　兒童及少年罹患性病或有酒癮、藥物濫用情形者，其父母、監護人或其他實際照顧兒童及少年之人應協助就醫，或由直轄市、縣（市）主管機關會同衛生主管機關配合協助就醫；必要時，得請求警察主管機關協助。

前項治療所需之費用，由兒童及少年之父母、監護人負擔。但屬全民健康保險給付範圍或依法補助者，不在此限。

第 36 條　兒童及少年有下列各款情形之一，非立即給予保護、安置或為其他處置，其生命、身體或自由有立即之危險或有危險之虞者，直轄市、縣（市）主管機關應予緊急保護、安置或為其他必要之處置：

一、兒童及少年未受適當之養育或照顧。

二、兒童及少年有立即接受診治之必要，而未就醫者。

三、兒童及少年遭遺棄、身心虐待、買賣、質押，被強迫或引誘從事不正當之行為或工作者。

四、兒童及少年遭受其他迫害，非立即安置難以有效保護者。

直轄市、縣（市）主管機關為前項緊急保護、安置或為其他必要之處置時，得請求檢察官或當地警察機關協助之。

第一項兒童及少年之安置，直轄市、縣（市）主管機關得辦理家庭寄養、交付適當之兒童及少年福利機構或其他安置機構教養之。

第 37 條　直轄市、縣（市）主管機關依前條規定緊急安置時，應即通報當地地方法院及警察機關，並通知兒童及少年之父母、監護人。但其無父母、監護人或通知顯有困難時，得不通知之。

緊急安置不得超過七十二小時，非七十二小時以上之安置不足以保護兒童及少年者，得聲請法院裁定繼續安置。繼續安置以三個月為限；必要時，得聲請法院裁定延長之。

繼續安置之聲請，得以電訊傳真或其他科技設備為之。

第 38 條　直轄市、縣（市）主管機關、父母、監護人、受安置兒童及少年對於前條第二項裁定有不服者，得於裁定送達後十日內提起抗告。對於抗告法院之裁定不得再抗告。

聲請及抗告期間，原安置機關、機構或寄養家庭得繼續安置。

安置期間因情事變更或無依原裁定繼續安置之必要者，直轄市、縣（市）主管機關、父母、原監護人、受安置兒童及少年得向法院聲請變更或撤銷之。

直轄市、縣（市）主管機關對於安置期間期滿或依前項撤銷安置之兒童及少年，應續予追蹤輔導一年。

第 39 條　安置期間，直轄市、縣（市）主管機關或受其交付安置之機構或寄養家庭在保護安置兒童及少年之範圍內，行使、負擔父母對於未成年子女之權利義務。

法院裁定得繼續安置兒童及少年者，直轄市、縣（市）主管機關或受其交付安置之機構或寄養家庭，應選任其成員一人執行監護事務，並負與親權人相同之注意義務。直轄市、縣（市）主管機關應陳報法院執行監護事務之人，並應按個案進展作成報告備查。

安置期間，兒童及少年之父母、原監護人、親友、師長經主管機關許可，得依其指示時間、地點及方式，探視兒童及少年。不遵守指示者，直轄市、縣（市）主管機關得禁止之。

主管機關為前項許可時，應尊重兒童及少年之意願。

第 40 條　安置期間，非為貫徹保護兒童及少年之目的，不得使其接受訪談、偵訊、訊問或身體檢查。

兒童及少年接受訪談、偵訊、訊問或身體檢查，應由社會工作人員陪同，並保護其隱私。

第 41 條　兒童及少年因家庭發生重大變故，致無法正常生活於其家庭者，其父母、監護人、利害關係人或兒童及少年福利機構，得申請直轄市、縣（市）主管機關安置或輔助。

前項安置，直轄市、縣（市）主管機關得辦理家庭寄養、交付適當之兒童及少年福利機構或其他安置機構教養之。

直轄市、縣（市）主管機關、受寄養家庭或機構負責人依第一項規定，在安置兒童及少年之範圍內，行使、負擔父母對於未成年子女之權利義務。

第一項之家庭情況改善者，被安置之兒童及少年仍得返回其家庭，並由主管機關續予追蹤輔導一年。

第二項及第三十六條第三項之家庭寄養，其寄養條件、程序與受寄養家庭之資格、許可、督導、考核及獎勵之辦法，由直轄市、縣（市）主管機關定之。

第 42 條　直轄市、縣（市）主管機關依第三十六條第三項或前條第二項對兒童及少年為安置時，因受寄養家庭或安置機構提供兒童及少年必要服務所需之生活費、衛生保健費、學雜各費及其他與安置有關之費用，得向扶養義務人收取；其收費規定，由直轄市、縣（市）主管機關定之。

第 43 條　兒童及少年有第三十條或第三十六條第一項各款情事，或屬目睹家庭暴力之兒童及少年，經直轄市、縣（市）主管機關列為保護個案者，該主管機關應提出兒童及少年家庭處遇計畫；必要時，得委託兒童及少年福利機構或團體辦理。

前項處遇計畫得包括家庭功能評估、兒童少年安全與安置評估、親職教育、心理輔導、精神治療、戒癮治療或其他與維護兒童及少年或其他家庭正常功能有關之扶助及福利服務方案。

處遇計畫之實施，兒童及少年本人、父母、監護人、實際照顧兒童及少年之人或其他有關之人應予配合。

第 44 條　依本法保護、安置、訪視、調查、評估、輔導、處遇兒童及少年或其家庭，應建立個案資料，並定期追蹤評估。

因職務上所知悉之秘密或隱私及所製作或持有之文書，應予保密，非有正當理由，不得洩漏或公開。

第 45 條　對於依少年事件處理法所轉介或交付安置輔導之兒童及少年及其家庭，當地主管機關應予以追蹤輔導，並提供必要之福利服務。

前項追蹤輔導及福利服務，得委託兒童及少年福利機構為之。

第 46 條　宣傳品、出版品、廣播電視、電腦網路或其他媒體不得報導或記載遭受第三十條或第三十六條第一項各款行為兒童及少年之姓名或其他足以識別身分之資訊。兒童及少年有施用毒品、非法施用管制藥品或其他有害身心健康之物質之情事者，亦同。

行政機關及司法機關所製作必須公開之文書，不得揭露足以識別前項兒童及少年身分之資訊。

除前二項以外之任何人亦不得於媒體、資訊或以其他公示方式揭示

有關第一項兒童及少年之姓名及其他足以識別身分之資訊。

第 47 條　直轄市、縣（市）主管機關就本法規定事項，必要時，得自行或委
　　　　　託兒童及少年福利機構、團體進行訪視、調查及處遇。

　　　　　直轄市、縣（市）主管機關或受其委託之機構或團體進行訪視、調
　　　　　查及處遇時，兒童及少年之父母、監護人、實際照顧兒童及少年之
　　　　　人、師長、雇主、醫事人員及其他有關之人應予配合並提供相關資
　　　　　料；必要時，該主管機關並得請求警政、戶政、財政、教育或其他
　　　　　相關機關或機構協助，被請求之機關或機構應予配合。

第 48 條　父母或監護人對兒童及少年疏於保護、照顧情節嚴重，或有第三十
　　　　　條、第三十六條第一項各款行為，或未禁止兒童及少年施用毒品、
　　　　　非法施用管制藥品者，兒童及少年或其最近尊親屬、主管機關、兒
　　　　　童及少年福利機構或其他利害關係人，得聲請法院宣告停止其親權
　　　　　或監護權之全部或一部，或另行選定或改定監護人；對於養父母，
　　　　　並得聲請法院宣告終止其收養關係。

　　　　　法院依前項規定選定或改定監護人時，得指定主管機關、兒童及少
　　　　　年福利機構之負責人或其他適當之人為兒童及少年之監護人，並得
　　　　　指定監護方法、命其父母、原監護人或其他扶養義務人交付子女、
　　　　　支付選定或改定監護人相當之扶養費用及報酬、命為其他必要處分
　　　　　或訂定必要事項。

　　　　　前項裁定，得為執行名義。

第 49 條　有事實足以認定兒童及少年之財產權益有遭受侵害之虞者，主管機
　　　　　關得請求法院就兒童及少年財產之管理、使用、收益或處分，指定
　　　　　或改定社政主管機關或其他適當之人任監護人或指定監護之方法，
　　　　　並得指定或改定受託人管理財產之全部或一部。

　　　　　前項裁定確定前，主管機關得代為保管兒童及少年之財產。

第五章　福利機構

第 50 條　兒童及少年福利機構分類如下：

　　　　　一、托育機構。

　　　　　二、早期療育機構。

　　　　　三、安置及教養機構。

　　　　　四、心理輔導或家庭諮詢機構。

　　　　　五、其他兒童及少年福利機構。

前項兒童及少年福利機構之規模、面積、設施、人員配置及業務範圍等事項之標準，由中央主管機關定之。

第一項兒童及少年福利機構，各級主管機關應鼓勵、委託民間或自行創辦；其所屬公立兒童及少年福利機構之業務，必要時，並得委託民間辦理。

第 51 條　兒童及少年福利機構之業務，應遴用專業人員辦理；其專業人員之類別、資格、訓練及課程等之辦法，由中央主管機關定之。

第 52 條　私人或團體辦理兒童及少年福利機構，應向當地主管機關申請設立許可；其有對外勸募行為且享受租稅減免者，應於設立許可之日起六個月內辦理財團法人登記。

未於前項期間辦理財團法人登記，而有正當理由者，得申請核准延長一次，期間不得超過三個月；屆期不辦理者，原許可失其效力。

第一項申請設立之許可要件、申請程序、審核期限、撤銷與廢止許可、督導管理及其他應遵行事項之辦法，由中央主管機關定之。

第 53 條　兒童及少年福利機構不得利用其事業為任何不當之宣傳；其接受捐贈者，應公開徵信，並不得利用捐贈為設立目的以外之行為。

主管機關應辦理輔導、監督、檢查、評鑑及獎勵兒童及少年福利機構。

前項評鑑對象、項目、方式及獎勵方式等辦法，由主管機關定之。

第六章　罰則

第 54 條　接生人違反第十三條規定者，由衛生主管機關處新臺幣六千元以上三萬元以下罰鍰。

第 55 條　父母、監護人或其他實際照顧兒童及少年之人，違反第二十六條第二項規定情節嚴重者，處新臺幣一萬元以上五萬元以下罰鍰。

供應菸、酒或檳榔予兒童及少年者，處新臺幣三千元以上一萬五千元以下罰鍰。

供應毒品、非法供應管制藥品或其他有害身心健康之物質予兒童及少年者，處新臺幣六萬元以上三十萬元以下罰鍰。

供應有關暴力、猥褻或色情之出版品、圖畫、錄影帶、影片、光碟、電子訊號、電腦網路或其他物品予兒童及少年者，處新臺幣六千元以上三萬元以下罰鍰。

第 56 條　父母、監護人或其他實際照顧兒童及少年之人，違反第二十八條第二項規定者，處新臺幣一萬元以上五萬元以下罰鍰。

違反第二十八條第三項規定者，處新臺幣二萬元以上十萬元以下罰鍰，並公告場所負責人姓名。

第 57 條　父母、監護人或其他實際照顧兒童及少年之人，違反第二十九條第一項規定者，處新臺幣二萬元以上十萬元以下罰鍰，並公告其姓名。

違反第二十九條第二項規定者，處新臺幣六萬元以上三十萬元以下罰鍰，公告行為人及場所負責人之姓名，並令其限期改善；屆期仍不改善者，除情節嚴重，由主管機關移請目的事業主管機關令其歇業者外，令其停業一個月以上一年以下。

第 58 條　違反第三十條規定者，處新臺幣三萬元以上十五萬元以下罰鍰，並公告其姓名。

違反第三十條第十二款規定者，處新臺幣十萬元以上五十萬元以下罰鍰，並得勒令停業一個月以上一年以下。

第 59 條　違反第三十一條第二項規定者，處新臺幣一萬元以上五萬元以下罰鍰。

第 60 條　違反第三十二條規定者，處新臺幣三千元以上一萬五千元以下罰鍰。

第 61 條　違反第三十四條第一項規定而無正當理由者，處新臺幣六千元以上三萬元以下罰鍰。

第 62 條　違反第十七條第二項、第三十四條第五項、第四十四條第二項、第四十六條第三項而無正當理由者，處新臺幣六千元以上三萬元以下罰鍰。

第 63 條　違反第四十六條第一項規定者，各目的事業主管機關對其負責人及行為人，得各處新臺幣三萬元以上三十萬元以下罰鍰，並得沒入第四十六條第一項規定之物品。

第 64 條　兒童及少年之父母、監護人、實際照顧兒童及少年之人、師長、雇主、醫事人員及其他有關之人違反第四十七條第二項規定而無正當理由者，處新臺幣六千元以上三萬元以下罰鍰，並得按次處罰，至其配合或提供相關資料為止。

第 65 條　父母、監護人或其他實際照顧兒童及少年之人有下列情事之一者，直轄市、縣（市）主管機關得令其接受八小時以上五十小時以下之親職教育輔導，並收取必要之費用；其收費規定，由直轄市、縣（市）主管機關定之：

一、對於兒童及少年所為第二十六條第一項第二款行為，未依同條第二項規定予以禁止。

二、違反第二十八條第二項、第二十九條第一項、第三十條或第三十二條規定，情節嚴重。

三、有第三十六條第一項各款情事之一者。

經直轄市、縣（市）主管機關令其接受前項親職教育輔導，有正當理由無法如期參加者，得申請延期。

拒不接受第一項親職教育輔導或時數不足者，處新臺幣三千元以上一萬五千元以下罰鍰；經再通知仍不接受者，得按次連續處罰，至其參加為止。

第 66 條　違反第五十二條第一項規定者，由設立許可主管機關處新臺幣六萬元以上三十萬元以下罰鍰並公告其姓名，並命其限期申辦設立許可，屆期仍不辦理者，得按次處罰。

經設立許可主管機關依第五十二條第一項規定令其立即停止對外勸募之行為，而不遵令者，由設立許可主管機關處新臺幣六萬元以上三十萬元以下罰鍰並限期改善；屆期仍不改善者，得按次處罰並公告其名稱，並得令其停辦一日以上一個月以下。

兒童及少年福利機構有下列各款情形之一者，設立許可主管機關應通知其限期改善；屆期仍不改善者，得令其停辦一個月以上一年以下：

一、虐待或妨害兒童及少年身心健康者。

二、違反法令或捐助章程者。

三、業務經營方針與設立目的不符者。

四、財務收支未取具合法之憑證、捐款未公開徵信或會計紀錄未完備者。

五、規避、妨礙或拒絕主管機關或目的事業主管機關輔導、檢查、監督者。

六、對各項工作業務報告申報不實者。

七、擴充、遷移、停業未依規定辦理者。

八、供給不衛生之餐飲，經衛生主管機關查明屬實者。

九、提供不安全之設施設備者。

十、發現兒童及少年受虐事實未向直轄市、縣（市）主管機關通報者。

十一、依第五十二條第一項須辦理財團法人登記而未登記者，其有對外募捐行為時。

十二、有其他重大情事，足以影響兒童及少年身心健康者。

依前二項規定令其停辦而拒不遵守者，處新臺幣六萬元以上三十萬元以下罰鍰。經處罰鍰，仍拒不停辦者，設立許可主管機關應廢止其設立許可。

兒童及少年福利機構停辦、停業、解散、撤銷許可或經廢止許可時，設立許可主管機關對於該機構收容之兒童及少年應即予適當之安置。兒童及少年福利機構應予配合；不予配合者，強制實施之，並處以新臺幣六萬元以上三十萬元以下罰鍰。

第 67 條　依本法應受處罰者，除依本法處罰外，其有犯罪嫌疑者，應移送司法機關處理。

第 68 條　依本法所處之罰鍰，經限期繳納，屆期仍不繳納者，依法移送強制執行。

第七章　附則

第 69 條　十八歲以上未滿二十歲之人，於緊急安置等保護措施，準用本法之規定。

第 70 條　成年人教唆、幫助或利用兒童及少年犯罪或與之共同實施犯罪或故意對其犯罪者，加重其刑至二分之一。但各該罪就被害人係兒童及少年已定有特別處罰規定者，不在此限。

對於兒童及少年犯罪者，主管機關得獨立告訴。

第 71 條　以詐欺或其他不正當方法領取本法相關補助或獎勵費用者，主管機關應撤銷原處分並以書面限期命其返還，屆期未返還者，依法移送強制執行；其涉及刑事責任者，移送司法機關辦理。

第 72 條　扶養義務人不依本法規定支付相關費用者，如為保護兒童及少年之必要，由主管機關於兒童及少年福利經費中先行支付。

第 73 條　本法修正施行前已許可立案之兒童福利機構及少年福利機構，於本法修正公布施行後，其設立要件與本法及所授權辦法規定不相符合者，應於中央主管機關公告指定之期限內改善；屆期未改善者，依本法規定處理。

第 74 條　本法施行細則，由中央主管機關定之。

第 75 條　本法自公布日施行。

六　兒童及少年福利法施行細則

（民國 93 年 6 月 3 日公布）

第 1 條　本細則依兒童及少年福利法（以下簡稱本法）第七十四條規定訂定
之。

第 2 條　本法第十一條所定政府應培養兒童及少年福利專業人員，除由大專
校院相關系、科培植外，得委託有關機關、學校選訓。

本法第十一條所定政府應定期舉行職前訓練及在職訓練，每年至少
辦理一次。

第 3 條　本法第十二條第三款所定依本法所處之罰鍰，應全數供作促進兒童
及少年福利業務之經費使用。

第 4 條　本法第十三條第一項所定七日內，自胎兒出生之翌日起算，並以網
路通報日或發信郵戳日為通報日；非以網路通報或郵寄者，以主管
機關收受日為通報日。

第 5 條　本法所稱早期療育，指由社會福利、衛生、教育等專業人員以團隊
合作方式，依未滿六歲之發展遲緩兒童及其家庭之個別需求，提供
必要之治療、教育、諮詢、轉介、安置與其他服務及照顧。

經早期療育後仍不能改善者，輔導其依身心障礙者保護法相關規定
申請身心障礙鑑定。

第 6 條　本法所稱發展遲緩兒童，指在認知發展、生理發展、語言及溝通發
展、心理社會發展或生活自理技能等方面，有疑似異常或可預期有
發展異常情形，並經衛生主管機關認可之醫院評估確認，發給證明
之兒童。

經評估為發展遲緩兒童，每年至少應再評估一次。

第 7 條　直轄市、縣（市）政府為及早發現發展遲緩兒童，必要時，得辦理
兒童身心發展篩檢；發現有疑似發展遲緩兒童時，應依本法第二十
二條規定建立檔案管理，並視其需要提供、轉介適當之服務。

第 8 條　直轄市、縣（市）主管機關依本法第十九條第一項第八款、第三十
六條第一項或第四十一條第一項規定安置兒童及少年，應循下列順
序為原則：

一、寄養於合適之親屬家庭。

二、寄養於已登記合格之寄養家庭。

三、收容於經核准立案之兒童及少年安置及教養機構。

四、收容於其他安置機構。

第 9 條　警察機關、學校或直轄市、縣（市）主管機關發現兒童及少年有本法第二十六條第一項第一款或第三款情形，應予以勸導制止，並酌情通知兒童及少年之父母、監護人或實際照顧之人加強管教。

第 10 條　本法第二十八條第一項營業場所之負責人應於場所入口明顯處，張貼禁止未滿十八歲之兒童及少年進入之標誌。對顧客之年齡有懷疑時，應請其出示身分證明；無身分證明或不出示證明者，應拒絕其進入該場所。

第 11 條　本法第三十二條所定不適當之人，指下列各款情形之一：

一、無行為能力人。

二、七歲以上未滿十二歲之兒童。

三、有法定傳染病者。

四、身心有嚴重缺陷者。

五、其他有影響受照顧兒童及少年安全之虞者。

第 12 條　本法第三十七條第二項所定七十二小時，自依本法第三十六條第一項規定緊急安置兒童及少年之時起，即時起算。但下列時間不予計入：

一、在途護送時間。

二、交通障礙時間。

三、其他不可抗力之事由所生不得已之遲滯時間。

第 13 條　依本法第三十七條第二項規定聲請法院裁定延長者，每次得聲請延長三個月。

第 14 條　依本法第三十九條第三項規定申請探視，應以書面為之。直轄市、縣（市）主管機關應就會面過程做成紀錄。

第 15 條　本法第四十條第二項所定社會工作人員，包括下列人員：

一、直轄市、縣（市）主管機關編制內或聘僱之社會工作及社會行政人員。

二、受直轄市、縣（市）主管機關委託之社會福利團體、機構之社會工作人員。

三、醫療機構之社會工作人員。

四、執業之社會工作師。

第 16 條　本法第四十一條第一項所定家庭發生重大變故，致無法正常生活於其家庭者，由居住地主管機關認定之；必要時，得洽商有關機關認

　　　　　　定之。

第 17 條　直轄市、縣（市）主管機關對依本法安置之兒童、少年及其家庭，
　　　　　　應進行個案調查、諮詢，並提供家庭服務。
　　　　　　依本法處理兒童及少年個案時，當地主管機關應通知其居住地及戶
　　　　　　籍所在地主管機關提供資料；認為有續予救助、輔導或保護兒童及
　　　　　　少年之必要者，得移送兒童及少年戶籍所在地之主管機關處理。

第 18 條　直轄市、縣（市）主管機關發現接受安置之兒童及少年，與其交付
　　　　　　安置之親屬家庭、寄養家庭或機構間發生失調情形者，應協調處理
　　　　　　之；其不能適應生活者，應另行安置之。

第 19 條　依本法第四十四條第一項規定建立之個案資料，應記載下列事項：
　　　　　　一、兒童及少年及其家庭、關係人概況。
　　　　　　二、個案問題概述。
　　　　　　三、個案分析及評估。
　　　　　　四、個案處遇結果評估。
　　　　　　五、個案訪視調查及追蹤報告。

第 20 條　本法第四十六條第一項及第三項所定其他足以識別身分之資訊，包
　　　　　　括兒童及少年照片或影像、聲音、住址、親屬姓名或其關係、就讀
　　　　　　學校班級等個人基本資料。

第 21 條　兒童及少年福利機構之目的事業，應受各該目的事業主管機關之輔
　　　　　　導、監督。

第 22 條　主管機關依本法第六十六條第三項規定通知兒童及少年福利機構限
　　　　　　期改善時，應要求受處分者提出改善計畫書，並由主管機關會同目
　　　　　　的事業主管機關評估其改善情形。

第 23 條　主管機關應定期對兒童及少年福利需求、兒童及少年福利機構及服
　　　　　　務現況調查、統計、分析。

第 24 條　本細則自發布日施行。

七　高雄市發展遲緩兒童早期療育服務採行措施具體作為執行表

民國 93 年 1 月 30 日

高雄市發展遲緩兒童早期療育推動委員會第二屆第二次會議審議通過

工作項目	採行措施	具體作為	預期效益	主辦單位	協辦單位	備註
壹、發現與篩檢	一、印發兒童發展量表，提供家長、相關單位及人員運用。	(一)依據每年新生兒數印製，供衛生所及各級醫院診所使用。 (二)宣導及鼓勵民眾自行上網下載或至本局所屬醫療院所索取行政院衛生署研發之簡易兒童發展量表，俾供民眾自行給予嬰幼兒做生長發育評估。	1.使各醫療院所及幼托園所都有足夠之兒童篩檢量表供篩檢。 2.經由家長的參與，強化其對早療的認知，並學習相關技能。 3.於本局《高雄衛生雙月刊》刊登一至二次相關資訊。	衛生局		
	二、加強孕產婦產前照護，減少高危險群新生兒的誕生。	(一)針對高危險孕產婦、外籍新娘、未成年及高齡孕婦予衛生教育、健康管理。	1.落實健康維護，有效減少高危險新生兒誕生，進而減少發展遲緩兒發生率。			

工作項目	採行措施	具體作為	預期效益	主辦單位	協辦單位	備註
壹、發現與篩檢		(二)鼓勵高危險孕產婦做產前檢查及羊水分析，並加強產前照護，減少高危險群新生兒之誕生。	2.對於高危險孕婦、外籍配偶、未成年及高齡孕婦85%予衛生教育或健康管理；高危險孕婦56%接受羊水分析。	衛生局		
	三、推展零至六歲之兒童發展篩檢，以期早期發現異常個案，適時予以妥適之療育。	(一)配合嬰幼兒預防注射，實施嬰幼兒生長發育評估。 (二)由教育局及社會局提供幼稚園、托兒所幼童名冊配合衛重幼托園所、衛生所之責任，貫徹「篩檢及服務管理」理念。	1.掌握入學公、私立幼托園所幼童之身心狀況，並加強衛生局施行五歲兒童之健康檢查每年一次身體健康檢查及生長發育檢查項目。 2.異常個案追蹤管理達80%。	衛生局		
	四、透過《兒童健康手冊》之兒童預防保健服務，以提高學齡前發展遲緩兒童之發現率。	利用《兒童健康手冊》，於各區衛生所及預防注射合約醫院，予嬰幼兒預防注射前做評估及篩檢，提昇篩檢率。	1.利用多方面的生長發育評估管道，有效發現疑似生長遲緩幼童。 2.接受預防注射接種嬰幼兒執行生長發育評估率達100%。	衛生局		

工作項目	採行措施	具體作為	預期效益	主辦單位	協辦單位	備註
壹、發現與篩檢	五、結合新生兒出生通報網路系統及新生兒先天代謝異常疾病篩檢系統，加強高危險群新生兒之追蹤管理。	(一)教育及鼓勵新生兒做先天性代謝疾病篩檢，異常個案予以轉介及追蹤管理。 (二)強化本局「新生兒出生通報網路傳輸系統」功能，俾便各區衛生所及時給予高危險群新生兒（早產兒、低體重兒、缺陷兒等）健康管理。	1.新生兒健康監測、發展之評估，俾便早期發現異常，早期療育，新生兒先天代謝篩檢率達95%，異常個案健康管理率85%。 2.打破時空疆界，提供及時性、方便性及多元性之篩檢服務，給予早期發現、早期治療。	衛生局		
	六、輔導社區保母支持系統、托嬰中心、托兒所、兒童福利機構及身心障礙福利機構確實辦理學齡前兒童發展篩檢，並建立其健康資料、適時轉介就醫等健	(一)責成本市兒童福利機構及身心障礙福利機構隨時通報。 (二)定期舉辦在職訓練，加強保母、托兒所老師等幼兒照顧者對兒童發展篩檢的基本能力，建立兒童健康資料，對疑似發展遲緩者進行通報，	1.確實掌握本市通報個案接受服務動態。 2.透過專業知能訓練，加強保母、托育機構保育人員兒童發展篩檢基本概念，掌握幼童健康資料。	社會局（兒福、四科、五科）		

工作項目	採行措施	具體作為	預期效益	主辦單位	協辦單位	備註
壹、發現與篩檢	康管理制度。	並提供家長相關療育資源，以利持續追蹤。				
	七、輔導幼稚園確實辦理學齡前兒童發展篩檢，建立其健康資料、適時轉介就醫等健康管理制度。	責成所屬公、私立幼稚園將衛生局所送幼童健康資料建檔管理。	掌握幼童健康資料。	教育局		
	八、輔導醫療院所將發現之發展異常個案報請通報轉介中心處理。	(一)於衛生局建立「新生兒出生通報網路傳輸系統」，受理醫療院所通報，並將個案資料彙送通報轉介中心。(二)辦理公、私立醫療院所醫護人員在職訓練。(三)運用公衛護士對轄區內兒科診所及醫院加強輔導及對通報之疑似發展遲緩個案提供輔導追蹤服務。	全面掌握本市通報個案接受服務動態。	衛生局		

工作項目	採行措施	具體作為	預期效益	主辦單位	協辦單位	備註
壹、發現與篩檢	九、推行預防保健服務,辦理社區親職教育、幼童遊戲篩檢活動,以提高疑似發展遲緩兒童通報率。	辦理社區親職教育、幼童遊戲篩檢活動,推行預防保健服務至少兩場。	教育及宣導經由家長的參與隨時監測兒童正常生長發展篩檢,強化其對早療的認知,並學習相關技能。	衛生局教育局社會局(兒福)		
貳、通報與轉介	一、輔導下列機構及人員辦理發展遲緩兒童通報措施: (一)社區保母支持系統、托嬰中心、托兒所、兒童福利機構及身心障礙福利機構。 (二)保育人員、助理保育人員、教保員、助理	(一)責成本市兒童福利機構及身心障礙福利機構隨時通報。 (二)定期舉辦托育機構保育人員、保母、社工人員在職訓練,加強對發展遲緩兒童初篩、通報及相關資源的認識,對疑似發展遲緩者進行通報,並提供家長相關療育資源,以利持續追蹤。 (三)透過宣導品的	1.確實掌握本市通報個案接受服務動態。 2.透過訓練、宣導活動、親職講座方式輔導相關人員能及早對疑似發展遲緩兒童進行通報。	社會局(兒福、四科、五科)		

工作項目	採行措施	具體作為	預期效益	主辦單位	協辦單位	備註
貳、通報與轉介	教保員、社會工作員、社會工作師。 (三)一般家長、監護者或保母人員。	發送、宣導活動或親職講座，宣導一般家長、幼兒照顧者及早發現、及早療育觀念，提昇通報意願。				
	二、輔導下列機構及人員辦理發展遲緩兒童通報措施： (一)各醫療院所。 (二)各衛生所。 (三)醫師、護士。 (四)物理治療師、職能治療師、心理師。	配合各公會及學會辦理公、私立醫療院所醫護人員在職訓練，提昇通報率。	提昇通報率。	衛生局		

工作項目	採行措施	具體作為	預期效益	主辦單位	協辦單位	備註
貳、通報與轉介	三、輔導下列機構及人員辦理發展遲緩兒童通報措施： ㈠各公、私立幼稚園。 ㈡學校。 ㈢特教老師。 ㈣幼教老師。	責成所屬公、私立幼稚園依程序隨時上網通報個案異動狀況，並定期追蹤其後續發展。	全面掌握本市通報個案接受服務動態。	教育局		
	四、設立通報轉介中心，建立單一窗口，統籌彙整疑似發展遲緩兒童資料，辦理下列服務，以利各項轉介工作： ㈠受理通報個案。 ㈡協助轉介個案接受評估。 ㈢安排個案併同其評	持續運作本市發展遲緩兒童早期療育通報及轉介中心單一通報窗口，統籌彙整疑似發展遲緩兒童資料，並由社政單位主動協調教育及衛生單位辦理各項轉介工作。	通報及轉介中心受理通報後於一週內依責任區派案至個管中心，個管中心於二週內進行初訪瞭解個案需求，進而提供各項服務，全面掌握本市通報個案動態及資料，以利各項轉介工作。	社會局（兒福）衛生局教育局		

工作項目	採行措施	具體作為	預期效益	主辦單位	協辦單位	備註
貳、通報與轉介	估報告後送療育服務。 ㈣個案管理及定期追蹤。 ㈤個案再安置或結案。 ㈥個案基本資料、評估報告結果、及安置情形之登錄作業及檔案管理。 ㈦其他有關安置轉介諮詢、追蹤輔導及相關服務。					
	五、建構通報轉介中心、評估中心、及療育單位間的個案轉銜與追蹤機制。	運用早期療育個案管理資訊系統、個案管理服務掌控通報及轉介中心（或個管中心）、聯合評估中心及療育機構間的個案轉銜	全面掌握本市通報個案接受服務動態。	社會局（兒福） 衛生局 教育局		

工作項目	採行措施	具體作為	預期效益	主辦單位	協辦單位	備註
貳、通報與轉介		及追蹤。				
	六、建構個案管理電腦資料庫,掌握個案動態,建立個案追蹤機制。	配合兒童局開發發展遲緩兒童早期療育個案管理電腦系統,掌握個案接受服務動態,並依實務需求建請兒童局增修系統功能。	全面掌握本市通報個案接受服務動態,以提供適切的服務。	社會局(兒福)衛生局		
	七、建構跨縣市資源網絡、早療個案轉介與追蹤制度。	配合兒童局供全國各直轄市暨縣市政府使用之「發展遲緩兒童早期療育個案管理電腦系統」,與各縣市建立電腦通報轉介模式。	1.避免個案因縣市轉換而中斷服務情形發生。 2.全盤掌握個案流向及服務動態。	社會局(兒福)衛生局教育局		
	八、受理家長之申請,建立疑似發展遲緩兒童指紋資料。	本局所屬各分局(刑事組)受理並建立家長申請疑似發展遲緩兒童之指紋、照片等相關資料,報警察局刑警大隊鑑識中心統一彙整,送刑事警察局指紋室建檔。	建立本市疑似發展遲緩兒童或身心障礙之兒童少年之指紋資料檔案,確實保障疑似發展遲緩兒童或身心障礙之兒童少年之權益。	警察局社會局(兒福)		

工作項目	採行措施	具體作為	預期效益	主辦單位	協辦單位	備註
參、聯合評估	一、每一縣市至少設置一所聯合評估中心或建立聯合評估機制，並輔導公、私立醫院規劃組成發展遲緩兒童聯合評估團隊，辦理聯合評估服務事宜，增加評估的可近性。	(一)繼續增設聯合評估中心。 (二)協商醫療機構及衛生所建立聯合評估機制。	增加評估之可近性及方便性。	衛生局 社會局 (兒福)		
	二、建立評估團隊工作人員間之完整評估流程與合作機制。	(一)定期或不定期至醫院督導其服務品質。 (二)配合衛生署檢視與提昇評估中心之醫療評估服務品質。	期使醫院服務品質提昇。	衛生局 社會局 (兒福) 教育局		
	三、輔導聯合評估團隊於個案評估日起四至八週內，填具綜合報告書，提供家長及當地通報轉	(一)定期或不定期至醫院督導其服務品質。 (二)配合衛生署檢視與提昇評估中心之醫療評估服務品質。	期使醫院服務品質提昇。	衛生局 社會局 (兒福)		

工作項目	採行措施	具體作為	預期效益	主辦單位	協辦單位	備註
		介中心，以利後續服務之進行。				
肆、療育與服務	一、輔導托嬰中心、托兒所、兒童福利機構及身心障礙福利機構收托發展遲緩兒童，補助教材及設備，加強兒童融合教育的環境與成效。	(一)責成本市各身心障礙機構加強對教材及設備之充實。 (二)補助招收身心障礙或發展遲緩幼童之托育機構教材教具經費（每招收一名每學期補助 5,000 元），以鼓勵一般托育機構招收該等幼童。	1.確實掌握本府各項或內政部補助之內容及效益。 2.提供發展遲緩及身心障礙幼童學習所需各項特教資源，提昇兒童融合教育之環境。	社會局（四科、五科）		
	二、對生活困苦之發展遲緩兒童提供療育費用補助。	(一)編列療育補助經費，並爭取內政部兒童局經費補助。 (二)訂定「高雄市發展遲緩兒童療育補助計畫」，針對本市發展遲緩兒童提供療育費用補助。	協助生活困苦之發展遲緩兒童積極接受療育訓練，減輕遲緩兒家庭經濟負擔。	社會局（兒福、五科）		

工作項目	採行措施	具體作為	預期效益	主辦單位	協辦單位	備註
肆、療育與服務	三、輔導醫療院所提供發展遲緩兒童醫療復健之服務。	鼓勵及輔導本市醫療機構提供社區醫療服務。	使民眾能獲得可近性之服務。	衛生局		
	四、輔導幼稚園招收發展遲緩兒童、補助教材及設備，加強兒童融合教育的環境與成效。	補助招收身心障礙或發展遲緩幼童之幼托機構教材教具經費（每招收一名每學期補助 5,000 元），以鼓勵一般幼托機構招收該等幼童。	提供發展遲緩及身心障礙幼童學習所需各項特教資源，提昇兒童融合教育之環境。	教育局		
	五、建構發展遲緩兒童學前與國民教育之融合與轉銜服務。	訂定學前身心障礙者入學轉銜作業程序，依限分工辦理轉銜服務。	1. 確實依作業程序之時間及工作項目落實執行。 2. 於年終檢視執行狀況並視實際需求修訂作業程序。	教育局社會局（兒福）衛生局		
	六、在幼稚園、托兒所、或其他適當場所實施發展遲緩兒童特殊教育，並補助其教育費用。	辦理「幼兒教育券」、「托育津貼」、「身心障礙幼兒補助」等多項補助，協助發展遲緩兒童接受教育。	保障發展遲緩兒童接受教育權力，並減輕家庭經濟負擔。	教育局社會局（五科）		

工作項目	採行措施	具體作為	預期效益	主辦單位	協辦單位	備註
肆、療育與服務	七、鼓勵增設社區化之療育機構，並規劃多元與創新性服務計畫。	於北、中、南三區委辦療育機構，以此為據點延伸服務，以提供可近性社區化療育服務。	1. 確實達到本市療育機構社區化，帶動社會大眾之參與。 2. 持續提供四處公設民營療育機構提供日間托育、時段訓練、專業諮詢等服務。	社會局（四科）		
	八、針對幼稚園、托嬰中心、托兒所，提供巡迴輔導服務，加強其發展遲緩兒童早期療育之專業知能。	(一)結合社會、教育及醫療專業，組成專業團隊，針對收托發展遲緩兒童之托育機構提供巡迴輔導服務。 (二)成立高雄市身心障礙教育專業團隊，依幼稚園申請之需求，由個管員前往評估後，視實際狀況再請專業人員或教師助理員至園提供相關服務。	1. 預計每年提供十五至二十所托育機構巡迴輔導服務。 2. 預估每年有七十五至八十位就讀幼稚園身心障礙兒童或遲緩兒受益。	教育局社會局（兒福）		

工作項目	採行措施	具體作為	預期效益	主辦單位	協辦單位	備註
肆、療育與服務	九、建構早療單位（社政、醫療、教育）的合作模式，提供完善、連貫性的服務方案。	㈠社政單位與小港醫院簽訂醫療支援契約，定期指派醫師及復健治療師至兒福中心及無障礙之家提供日間托育班、時段訓練班及接受通報及轉介中心個案管理服務之個案所需之復健醫療服務。 ㈡通報中心與高雄地區發展遲緩兒童聯合評估中心或門診（高醫、高雄長庚、小港、高雄榮總）建立網路通報模式。 ㈢聯合社政及教育單位訂定高雄市學前身心障礙者入學轉銜作業程序，共同合作辦理個案轉銜服務，並掌握個	連結教育、社政及衛生單位，提供發展遲緩兒童完善及連貫性的服務。	社會局（兒福）衛生局教育局		

工作項目	採行措施	具體作為	預期效益	主辦單位	協辦單位	備註
肆、療育與服務		案入學轉銜情形。 (四)隨時處理早期療育個案管理資訊系統與特教網路通報系統之資料轉銜事宜。				
	十、推展在宅療育服務，以滿足早期療育個案之需求。	結合民間團體辦理高雄市發展遲緩兒童在宅療育服務計畫。	預估每年提供十五至二十位遲緩兒童在宅服務。	社會局（兒福） 衛生局 教育局		
	十一、落實家庭支持系統及家長親職教育技巧課程訓練，提昇家庭功能。	(一)辦理家長親職教育講座或成長團體等研習。 (二)補助民間團體辦理家長成長團體、親職講座等研習。	1.預計每年至少辦理二場次家長親職教育相關研習。 2.預計每年約可補助六至八場次相關研習。	社會局（兒福）		
	十二、推展發展遲緩兒童手足輔導、遲緩兒童及其手足之臨托服務。	(一)結合民間團體辦理發展遲緩兒童手足輔導團體。 (二)辦理各項活動時視需要提供臨托服務。	預估每年辦理一至二梯次手足輔導團體。	社會局（兒福）		

工作項目	採行措施	具體作為	預期效益	主辦單位	協辦單位	備註
肆、療育與服務	十三、編印資源手冊提供家長參考運用,協助發展遲緩兒童家庭提昇使用資源能力。	編印《牽囝仔的手──高雄市發展遲緩兒童照護手冊》並分送本市早療機構、聯合評估中心、個案管理中心等單位轉發家長參考運用。	協助發展遲緩兒童家庭提昇使用資源能力。	社會局(兒福)衛生局教育局		
	十四、編製《早期療育服務工作手冊》,以利工作人員依據執行流程提供服務,落實個別化家庭服務計畫與處遇及追蹤輔導,提昇對個案及其家庭之服務品質。	編製《高雄市早期療育服務工作手冊》,並責成相關工作人員依據執行流程提供服務。	確實依工作流程執行,落實個別化家庭服務計畫與處遇及追蹤輔導,提昇對個案及其家庭之服務品質。	社會局(兒福)		
	十五、建置輔具服務傳遞輸送系統,提供可近性且	(一)委請本市身障社團或機構辦理到宅評估輔助器具服務及復健計畫。	1.預計到宅評估服務身心障礙者一年五十人次。2.輔具租借維修暨回收中心一年提	社會局(四科)		

工作項目	採行措施	具體作為	預期效益	主辦單位	協辦單位	備註
肆、療育與服務	以個案需求為考量之專業評估、諮詢、裝配、維修等服務。	(二)本局成立輔具維修及回收中心，提供專業評估、諮詢、裝配及維修等服務。	供服務五百人次。			
伍、宣導與訓練	一、加強宣導孕產婦優生保健，減少高危險群新生兒之誕生。	印製及轉發發展量表等相關宣傳單張於醫療、幼教單位，並放置於民眾易取得處，以推廣孕產婦優生保健，減少高危險群新生兒誕生之概念。	加強宣導增加高危險族群健檢率。	衛生局		
	二、配合中央所製作簡單易懂且多元化之宣導資料、短片，並考量外籍配偶家庭之需求，推廣發展遲緩兒童早期療育宣導工作。	(一)運用中央所製作簡單易懂且多元化之宣導資料、短片，搭配個案管理服務及各類宣導活動、各界參觀活動等機會提供相關工作人員或家長參考運用。 (二)配合利用各語言宣導資料宣導相關資訊，以應外籍配偶	推廣發展遲緩兒童早期療育宣導工作。	社會局(兒福)衛生局教育局		

工作項目	採行措施	具體作為	預期效益	主辦單位	協辦單位	備註
伍、宣導與訓練		家庭之需求。				
	三、加強專業人力培訓，辦理醫療人員、學前教育幼托師資、保母及社工人員之職前或在職訓練，提昇早期療育服務品質。	(一)定期辦理或派員參加早療工作人員在職訓練。 (二)定期辦理托兒機構專業人員特教知能研習。 (三)於保母專業訓練課程中宣導早期療育的觀念，以提昇照顧的品質。 (四)辦理公、私立醫療院所醫護人員在職訓練。 (五)視教學上之需求，辦理學前特教班及融合班教師特教專業知能研習。	1.每年由高高屏澎四縣市輪流辦理一梯次早療工作人員在職訓練。 2.每年辦理一至二梯次托兒機構專業人員特教知能研習。 3.每年至少辦理二場保母人員早期療育宣導課程。 4.每年辦理一梯次醫療專業人員在職訓練。 5.預估每年平均辦理四梯次之「特教網路通報系統實務說明會」、一梯次「學前特教班多元化教學研習」、三梯次「學前特教班學生專業團隊評估活動」、一梯次「教師測驗工具研習」、以及「幼稚園追蹤輔導評鑑暨到園諮詢服務實施計畫」，以增強早	社會局 (兒福、五科) 衛生局 教育局		

工作項目	採行措施	具體作為	預期效益	主辦單位	協辦單位	備註
伍、宣導與訓練			療工作落實之整體效能。			
	四、獎助各早療單位或機構辦理親職講座或成長團體，以促進家長參與，提昇家長之知能。	補助本市各早療相關機構辦理多項親職講座、成長團體等研習。	預計每年約可補助六至八場次相關研習，落實家長之知能及參與。	社會局（兒福）		
	五、配合中央之早期療育研究發展工作，提供地方相關資料，以建立早期療育實務及理論基礎，作為政府施政參考依據。	(一)配合中央之早期療育研究發展工作，提供本市相關資料。 (二)參考中央之早療相關研究，以為本市早療業務參考依據。	依限提供本市相關資料，並為施政參考依據。	社會局（兒福）衛生局教育局		

索　引

◖一、人名部分

㈠漢文人名

十五畫

十七畫

(二)英文人名

A

B

F

G

H

S

T

U

V

W

Z

二、名詞部分

㈠漢英對照

二畫

三畫

四畫

五畫

六畫

七畫

八畫

九畫

十畫

十一畫

十二畫

十三畫

十四畫

十五畫

十六畫

十七畫

十八畫

十九畫

二十二畫

二十三畫

二十四畫

二十七畫

㈡英漢對照

A

B

C

D

E

H

I

L

O

P

R

S

T

國家圖書館出版品預行編目資料

特殊幼兒早期療育 ／何華國著.
—初版.—臺北市：五南，2006〔民95〕
面；　公分.
參考書目：面
含索引
ISBN 978-957-11-4186-2（精裝）
1.特殊教育　　2.學前教育
529.6　　　　　　　　94023527

1IPX
特殊幼兒早期療育

作　　者 — 何華國（52）

發 行 人 — 楊榮川

總 編 輯 — 王翠華

主　　編 — 陳念祖

責任編輯 — 李敏華　石曉蓉

出 版 者 — 五南圖書出版股份有限公司

地　　址：106台北市大安區和平東路二段339號4樓

電　　話：(02)2705-5066　傳　　真：(02)2706-6100

網　　址：http://www.wunan.com.tw

電子郵件：wunan@wunan.com.tw

劃撥帳號：01068953

戶　　名：五南圖書出版股份有限公司

台中市駐區辦公室/台中市中區中山路6號

電　　話：(04)2223-0891　傳　　真：(04)2223-3549

高雄市駐區辦公室/高雄市新興區中山一路290號

電　　話：(07)2358-702　傳　　真：(07)2350-236

法律顧問　林勝安律師事務所　林勝安律師

出版日期　2006年1月初版一刷
　　　　　2014年4月初版五刷

定　　價　新臺幣580元